KB262026

일진사

로또는 가라! 기회의 땅, 인생경영 스토리

아프리칸 드림

일진사

설레는 여행길, 벗이 되어 드리겠습니다.

To

From

책머리에

360만 년 전, 문명의 이기도 없고 문자의 기록조차 상상할 수 없던 까마득한 옛날. 사내와 여자 그리고 한 아이가 걸어가고 있었다. 화산재로 덮인 초원을 벗어나 새 보금자리를 찾아가는 길이었을까. 모두 맨발이다. 이름도 생김새도 알 수 없는 그들이 수백만 년 지난 오늘 우리에게 경이로운 자취를 남겼다. 직립인간! 화석으로 뚜렷이 드러난 발자국을 통해 그들이 현생인류의 조상, 호미니드라는 사실을 일깨워준 것이다. 아, 360만 년 전 여기에 사람의 조상이 살았다니! 탄자니아 등지에서 발견된 이들의 발자국과 화석은 인류의 발상지가 아프리카였음을 웅변한다.

문명과 동떨어졌기에 오래도록 '검은 대륙'으로 불리었던 아프리카. 그 미개(未開)의 땅이 21세기 들어 활짝 열리고 있다. 서구 열강이 수십, 수백 년간 식민지로 지배했던 곳, 원주민을 노예로 팔아넘기고 온갖 자원을 노략질했던 곳, 독립 이후로도 독재와 내전, 기아, 문맹, 에이즈 같은 질병으로 시달려온 검은 대륙이 마침내 깨어 일어나고 있다. 문명과 멀었던 만큼 자연의 품은 훨씬 넉넉하다. 그 땅에서 대를 이어 살아온 원주민도 낙천적이다. 아무리 가난하고 힘들어도 걱정과 한숨에 구속되지 않은 사람들. 온몸을 흔들며 뛰어대는 율동과 춤, 그

유연한 몸놀림으로 그들은 긴 세월 노랫가락에 젖어 살아왔음을 보여준다.

　원주민들에서부터 탐험가, 선교사, 사업가……, 숱한 사람들이 그 땅에서 꿈을 꾸었다. 그들 가운데는 한국인도 한 자리를 차지한다. 유라시아 대륙 저 너머 오지를 찾아간 이들! 헤아려 보면 그 수가 적지 않다. 1960년대 중반에 시작된 아프리카 진출 이후 50년이 되었다. 아프리카의 장구한 역사에 비할 수 없는 시간이다. 그러나 오늘의 10년, 50년 세월을 어찌 수천 수만 년의 시간과 단순비교할 수 있으랴. 짧다고는 해도 21세기를 넘나드는 반 세기. 한국인들은 아프리카에 어떤 발자취를 남기고 있을까…….

　이 글은 아프리카의 풍물과 그곳에 진출한 한인들의 이야기이다. 아프리카의 자연과 역사, 사회·문화적 환경을 배경으로, 한인들은 왜 그곳에 갔으며 어떻게 살고 있는지를 살피고 있다. 주요 내용은 이미 세계일보에 2002년 2월부터 주 1회씩 연재되어 2003년 여름까지 소개된 바 있다. 그새 6~7년이 지났으니 이 책에 소개된 사람들의 신상에는 당연히 크고 작은 변화가 있을 수밖에 없다.

달라진 사항은 확인하여 대부분 추가했으나 몇 분 미처 연락이 닿지 못한 분들도 있다. 이 점 독자들의 양해를 바란다.

뒤늦게나마 책으로 엮게 된 몇 가지 이유가 있다.

첫째, 아프리카 여행기는 시중에서 더러 볼 수 있지만 그곳에 진출한 한인들의 삶을 다룬 책은 별로 없다. 아프리카 한인들의 단편적 성공 사례나 개괄적인 현황을 다룬 예가 간혹 있지만 그들의 땀과 눈물, 삶의 체취를 느낄 수 있는 현장 취재는 찾아보기 어려웠다. 필자의 글을 조각글이나 떠다니는 정보가 아닌, 종이 책자로 남겨 훗날에라도 독자들에게 다소나마 참고가 되었으면 한다.

둘째, 아프리카는 기회의 땅이라는 점, 하지만 사전 준비 없이 만만하게 갈 수 있는 곳은 결코 아니라는 점을 함께 강조하고 싶었다. 필자는 현지에 진출한 한인들의 생생한 체험담에서 그런 사정을 두루 확인할 수 있었다. 외환 위기에 이어 10년 만에 찾아온 경기 침체와 실업난은 기업하는 사람이나 젊은이들로 하여금 해외로 눈을 돌리는 계기가 되었다. 그렇지만 여전히 미국 · 캐나다 · 일본 등 잘 사는 나라에만 눈길을 주고 저마다 몰려가는 실정이 아닌가. 우리의 성장과 발전 경험을 필요로 하는 곳, 활용하기 쉬운 곳까지 함께 살피는 발상의 전환도 필요하지 않을까. 경제나 기술, 문화·종교적인 분야에서도 우리의 경험이 절실하고 요긴하게 쓰일 수 있는 곳이라면 소망찬 활동 무대가 되지 않겠는가.

의욕만 앞세워서는 안 된다. 저개발 국가라고 맨주먹으로 나섰다가 낭패를 본 예가 허다하다. 치밀한 사업계획이나 이해타산만으로도 안 된다. 그곳에 자리 잡은 한인들은 한결같이 밑바닥 체험을 누누이 강조했다. 아프리카 사람들의 생활 방식과 정서, 사고와 문화를 알고 신뢰를 다지는 게 우선이라는 것이다. 종교인들의 선교 활동조차 그들 삶의 의식에 접점을 마련하는 노력 없이는 수월하지 않다는 게 현지 한인들의 당부였다. 아프리카 진출에 관심 있는 분들이 깊이 새겨주었으면 한다.

셋째, 지구촌 흑인 대다수의 본향이랄 수 있는 아프리카 이해에 일조하고 싶은 욕심 때문이다. 음지가 양지 되듯 흑인들의 역할과 위상도 달라지고 있다. 인

종 차별이 상존해 온 미국에 흑인 대통령이 탄생했다는 사실이 그러한 변화를 실증하고 있다.

아프리카를 더 이상 '미개한 땅'이나 '동물의 왕국'으로 치부할 수 없다. 문맹률이 높고 가난한 이들이 많기는 하지만, 그들의 마음마저 각박하고 불행한 건 결코 아니다. 필자는 흑인들이 한인 기업이나 자신들의 일터에서 열심히 땀 흘리는 모습을 보았다. 아프리카를 사랑하고 뼈를 묻을 각오로 기업을 일구며 여생을 그곳에서 봉사하겠다는 한국인도 여럿 만났다. 피부색의 차이를 넘어 그들과 하나 된 우리의 모습을 재확인했다. 이 책을 통해 아프리카 곳곳에서 투지와 보람의 삶을 가꾸어가는 이들의 모습을 독자들과 함께 두루 공유할 수 있었으면 하는 바람을 가져본다.

이 글의 출판 여부를 망설이던 필자로서는 앞서 본인의 『시베리아~몽골 횡단 기행』을 발행해 주신 바 있는 일진사 이정일 사장님 덕에 해묵은 짐을 내려 놓게 되었다. 이 사장님과 일진사 관계자들, 편집 과정에서 정성을 다해 준 김현옥 씨에게 깊이 감사드린다. 취재에 도움을 준 모든 분들께도 거듭 감사를 드린다.

　여러 지인과 독자들을 오래도록 기다리게 한 책임을 통감하며 '아프리칸 드림'을 꿈꾸는 분들께 이 책을 바친다.

2010년 1월, 차준영

* 여행지 : 아프리카 15개국
  도시마다 3~4일 취재
* 숙소 : 호텔 또는
  한인 운영 게스트 하우스
* 현지 취재기간 : 54일
  (2001. 11. 20~2002. 1.12)
* 신문 연재 : 주 1회씩 55회
  (2002. 2. 1~2003. 7.12)

언론사상 처음으로 '아프리카의 한인들' 본격 취재

나이지리아 라고스의
아일랜드 마켓에서.
맨 오른쪽이 필자.

아프리카는 어떻게 달라지고 있을까. 5대양 6대주 가운데 마지막 남았다는 미래의 땅, '21세기 신대륙'은 어떤 잠재력을 지니고 있을까.

산 설고 물 설은 '검은 대륙'을 개척하는 한인은 누구이며 그들의 '아프리칸 드림'은 어떻게 열매 맺고 있을까.

취재진은 한인들이 비교적 많이 사는 아프리카 서북부 스페인령 라스팔마스에서 시작해 세네갈·코트디부아르·가나·나이지리아·콩고민주공화국을 거쳐 남부의 남아프리카공화국·레소토·짐바브웨·마다가스카르, 동부의 탄자니아·케냐·우간다·에티오피아·이집트 등 15개국 한인업체와 땀 흘리는 현장을 살폈다.

여행 중 가장 불편했던 일은 비행기 타기였다. 연발·착은 어디서나 예사였다. 나이지리아에서는 하루 종일 공항에서 시간을 보내야 했고, 세네갈에서는 예정했던 비행기가 뜨지 않아 부랴부랴 다른 항공편을 찾느라 애를 먹기도 했다.

한인들은, "여기선 되는 일도, 안 되는 일도 없다."는 말을 많이 했다. 바삐 움직일 필요가 없는 생활, 시스템이 갖춰지지 않은 이곳에서는 한국에서와 같은 조급증은 금물이었다. "쉽게 생각하고 왔다가 돈만 날린 한국 사람이 많다."는 얘기도 자주 들었다. 아프리카가 그리 만만한 곳이 아님은 확실했다.

인심이야 좋다지만 가난이 체질화되어 외국인을 보면 으레 손을 벌리고 이용하려 드는 현지인들과 기존 상권을 장악한 여타의 외국인들 틈에서, 새 삶을 꾸려가는 게 어찌 간단한 일이겠는가. 그럼에도 그곳에는 생각보다 많은 한인들이 희망을 심으며 열매를 거두고 있었다.

보다 넓고 풍요로운 미래를 열어가고자 이역만리 낯선 땅에 도전한 그들의 애환은, 오지 여행이 주는 호기심과 풍물보다 더 흥미롭고 감동적인 취재거리였다.

Contents

4 · 가나

5 · 나이지리아

1

라스팔마스

아프리카 여정의 첫 출발지 라스팔마스는
스페인령 카나리아 제도에 속한다.
이곳은 1960년대 후반부터
우리나라의 대서양 원양어업 전진기지이자
아프리카를 드나드는 관문으로
미지의 대륙 진출 가능성을 탐색하던 곳이다.
'아프리칸 드림'의 싹을 틔운 이곳에서부터
검은 대륙을 향한 한인들의 도전과 꿈을 추적해 본다.

한국인 검은 대륙 진출 교두보

스페인령 라스팔마스는 카나리아 제도의 상업도시이다.
1883년 개항 이후 유럽 · 아프리카 · 아메리카 대륙을 잇는
삼각 무역의 중계항 역할을 해 왔다.
1492년 콜럼버스가 최초로 아메리카 대륙을 항해할 때
이 곳에 기항하여 숙박했던 집이 보존되어 있으며
상업도시로 발전한 데는
영국 해운(海運)의 영향을 받은 것으로 알려져 있다.

잿빛 구름 위에 검푸른 하늘. 창 밖으로 보이는 초승달이 유난히 또렷하다. 인천공항을 떠난 비행기는 붉은 노을에 잠기는 황금빛 여의주를 놓치지 않으려는 듯 용을 쓰며 서쪽으로 서쪽으로 날아간다.

이제부터 두 달간 아프리카를 누벼야 한다. 황열병 예방주사도 맞고, 의사 처방에 따라 말라리아 약과 모기약, 모기장까지 준비했지만 긴 여정에 과연 몸이 버텨 줄 것인지…….

프랑크푸르트와 마드리드를 거쳐 설렘 속에 도착한 그란 카나리아 제도의 라스팔마스에는 밤이 깊어가고 있었다.

7천여 선원들, 맨손에 꿈 찾아 몰려들던 곳

스페인령 라스팔마스는 유럽인들이 '태양의 해안'이라고 불렀을 정도로 백사장이 곱기로 이름 높은 섬이다. 제주도보다 조금 적은 면적의 땅에 전선은 모두 지하에 묻고, 단정하게 잘 가꾸어 놓은 관광 휴양지이다. 지리적으로는 아프리

아프리카 수역 원양어선 기지가 있는 스페인령 라스팔마스 항.
한국을 비롯한 각국 어선들이 수시로 입항해 배를 수리하거나 보급품을 조달받으며 대서양에서 고기를 잡는다.

카 대륙에 가깝고 주민은 다수의 스페인계 백인과 소수의 흑인으로 이루어져 있다. 스페인 어가 공용으로 쓰인다.

인구 35만 명에 불과했던 조그만 이 섬은 1970년대 초, 한국인 선원 6~7천 명이 몰려들면서 대서양 원양어업의 전진기지로 성장해 왔다.

당시 상주하던 교민 수는 5천이 넘었으나 90년대 들어 원양어업의 퇴조와 함께 1500명 정도로 줄었다.

한인들은 수산업체와 국적선사 40여 군데, 어획물 매매업체 10여 곳, 기계수리·용접·냉동·전기 등 각종 선박 수리업체 40여 곳, 선식·부식 상점 10여 곳 등에서 일한다. 대부분 수산관련 업종이 주를 이룬다.

60년대부터 대서양 원양어업 전진기지

라스팔마스 한인회 회장 이충구(李忠九) 씨는 "이곳은 대서양 원양어업의 전진기지이자 한인들의 아프리카 진출 교두보 역할을 해 왔다."며 이곳 원양어업 종사자들은 서부 아프리카를 개척한 '선발대'였다고 말한다.

한동안 국적선사 선원이었거나 선박의 전기 등을 수리해 오던 사람들 가운데 많은 이들이 지금은 라스팔마스를 비롯한 아프리카 각지에서 독립하여 자영회사 사장으로 일하고 있다.

12년간 이곳에서 살아온 김태정(金泰禎, 태림수산 사장) 씨, "서부 아프리카는 무한한 가능성을 지닌 미개척지예요. 우리 젊은이들이 꿈과 비전을 갖고 도전해 볼 만한 땅이죠."라고 힘주어 말한다.

김태정 씨는 아프리카 곳곳을 누비며 맨손으로 기반을 닦은 바다 사나이.

78년 목포 해양전문대를 나와 7년간 독일 국적 화물선 등을 타고 뱃길로 세계를 두 바퀴 반 돌며 38개국을 구경했다. 당시 그의 월급은 월 25만 원. 예닐곱 배나 많았던 예전 월급에 비하면 턱없이 부족했다. 씀씀이를 줄였지만 모아 둔 돈은 2년 만에 바닥나고 가계는 갈수록 쪼들렸다.

89년 10월, 그는 회사를 그만두고 라스팔마스로 가 그곳 수산물 회사에 입사했다. 4년여 후에는 주변의 도움으로 독립하여 생선 유통업을 시작했다. 이어 트롤선 등 조업선 세 척과 1200 t 짜리 정기 운반선을 운영하며 기니 · 시에라리온 · 코트디부아르 연근해의 원양어선에 다달이 부식과 조업도구를 공급하며 사업기반을 넓혀갔다.

젊은이들에게 미래의 땅 도전 권하고파

"투지와 끈기, 창의성이 뛰어나서인지 아프리카에 온 한국인은 모두들 대체로 잘 사는 편입니다. 군복무를 마친 한국 젊은이들이 많이 진출하길 바라죠."

출항을 앞두고 배를 청소하는 한국인과 중국 동포 선원들.

라스팔마스 항 선착장(위).
출항에 앞서
선박 수리회사 부근 식당에서
건배를 하는 외항선 선원들.

이곳 실정을 몰라 오지 못하는 사람들을 위해 "국제협력단이나 KOTRA 같은 데서 자세한 정보를 일러 주면 좋겠다."는 말에 간절함이 묻어난다.

"처음부터 눈 높이를 높게 정하지는 말아야 해요. 당장은 돈이 아니라 미래를 위해 투자한다는 생각으로 경험을 쌓아가면, 반드시 기반을 닦아 성공할 수 있습니다. 아프리카에서는 시간과 약속을 잘 지키는 것만으로도 큰 경쟁력을 지니는 셈이거든요."

검은 대륙 곳곳을 취재하며 필자는 그의 얘기를 사실로 확인할 수 있었다. 현지인들을 고용한 한인 사업주들은 "임금은 싸지만 걸핏하면 늦거나 결근하고 노동의 질도 떨어진다."고 입을 모았다.

누천 년을 문명과 동떨어진 무더위의 공간에서 지내 온 탓일까. 아프리카의 시간 관념에는 한가로움과 여유가 넘쳤다. '언제까지 꼭!' 이니 '마감' 이니 하는 우리의 빈틈없는 시간 관념과는 전혀 다른 삶이 펼쳐지고 있었다.

김태정 씨는 조업선 세 척 외에도 3700 t 급 냉동 운반선을 더 사들여 2009년 현재 모두 다섯 척을 운영하고 있다. 라스팔마스 한인회 회장을 두 번째(15대에 이어 17대, 2009년 6월부터 2년 임기) 맡아 한인사회의 발전을 위해서도 열심히 일하고 있다.

수산한국 꿈 키운 대서양 전진기지

서부 아프리카 연근해에서 고기를 잡는
우리나라 원양어선들은 수시로 라스팔마스를 드나든다.
고기가 많이 잡히는 곳은 이곳 기지에서 수천 ㎞ 떨어진
아프리카 중서부의 기니 · 시에라리온 · 가나 · 앙골라 등의 인근 해역.
출항한 배는 보통 6개월~1년을 바다에 떠다니며 고기를 잡는다.
운반선이 수시로 오가며 잡은 고기를 라스팔마스 등지로 실어 나른다.
그 가운데 새우 등은 주로 유럽으로 팔려가고,
조기 · 민어 · 갈치 · 서대류는 한국으로 많이 실려간다.

한국행 냉동 운반선은 연중 열서네댓 차례 운항된다. 한 번에 25kg들이 12만 상자가 실려오니, 우리 식탁에 오르는 조기나 민어의 상당수가 아프리카산이라고 볼 수 있다.

수백~수만 톤의 크고 작은 배를 수리하는 라스팔마스 항 도킹장에는 출항을 앞둔 600 t 급 저인망어선 '109 금웅호'가 대기중이었고, 선원들은 대청소를 하고 있었다. 배의 길이는 어림잡아 50여 m. 폭은 10m쯤 되어 보인다.

인건비 싼 중국 선원들 많이 고용

이곳 선박회사의 선원들 가운데 한국인은 선장과 기관장 · 항해사 등 10명 정도. 나머지 20여 명은 인건비가 싼 중국인이나 현지인이다. 재중 동포나 중국인은 주로 항해사나 기관부의 보조, 주방 일을 맡아하고 있으며 흑인 등 현지인은 일반 선원으로 일한다. 급료는 회사에 따라 다르지만 중국인은 보통 월 200~250달러, 흑인은 100달러 내외를 받는다.

레이더와 연결된 모니터 화면으로 배의 주변을 살피고 있다.

작열하는 대서양의 뙤약볕, 우기에 접어들면 그칠 줄 모르는 비를 맞으면서도 선원들은 고기 떼를 찾아 한 배에서 먹고 자며 6개월이고 1년이고 조업을 한다.

"흔들리는 배에서만 지내다 보면 오히려 육지에 내렸을 때 멀미를 느껴요. 고생스러워 그렇지 바다와 땅에 자원이 무진장 있는 곳이 아프리카 아닙니까." 선장 박대식(朴大植) 씨는 "요즘 어선은 장비가 좋아 고기잡기가 한결 수월해졌다."며, 배 안의 알파 레이더가 작동하는 모습을 보여 준다.

레이더와 연결된 모니터 화면에 배 주변을 오가는 고기 떼의 움직임이 나타난다. 고기 떼의 크기는 물론, 그물에 고기가 얼마나 들어왔는지도 파악된다. 하지만 고기 잡는 기술이 좋아졌다고 어획량이 쑥쑥 늘어나는 건 아니다. 나라마다 배타적 경제수역을 200해리까지 선포하고 척수를 제한하는 데다, 입어료도 경쟁적으로 비싸게 받고 있다. 모로코처럼 연중 3~4개월씩 아예 고기잡이를 금하는 나라도 늘어간다. 이러다 보니 이들에겐 '어장 확보' 자체가 큰 숙제가 되고 있다.

한 번 출항하면 6개월 이상 조업, 비싼 입어료 고민

저인망어선 7척을 운영하는 '풍림수산' 임이근 사장은 원양어업계가 직면한 어려움을 토로한다.

"요즘 우리의 경쟁 상대는 중국이에요. 한때 원양어업계를 주름잡던 일본은 투나(참치) 잡는 배만 수십 척 남아 있는데, 중국은 민관 합동으로 물량 작전을 펴고 있어요. 중국 정부는 아프리카 연안국마다 체육관이나 교량을 세워 주면서 좋은 조건으로 조업권을 따내고 있습니다."

서부 아프리카 해역에서 고기를 잡는 중국 어선은 줄잡아 300여 척쯤 된다. 이들 개미군단은 아프리카 연근해 곳곳을 누비며 크고 작은 잡어에서부터 값나가는 고기까지 닥치는 대로 잡는다. 중국 어선이 잡은 생선은 최근 한국으로 많

대서양과 지중해를 오가는 각국의 화물선들.
라스팔마스의 선박 수리회사 '아스티칸'에 맡겨져 차례를 기다리고 있다.

라스팔마스 항 부두.

이 수입되고 있어서 국적선사가 입는 타격은 이만저만이 아니다. 유일한 보호벽으로 수입 어류에 물리는 관세가 있긴 하나 그 세율도 점차 낮아지고 있어 우리 원양어업의 설 자리는 점점 좁아지고 있다.

이런 분위기를 반영하듯 수산 관련 업종에 종사하던 라스팔마스 한인들 가운데는 의류업, PC방 등 새로운 분야로 전업하는 사람들이 늘어가고 있다. 그러나 위험 부담 때문에 쉽사리 업종을 바꾸지 못하고 대개 씀씀이를 줄여 배를 띄우고 있다.

외지에 나와 있는 민간업체의 힘만으로는 주변국의 도전을 헤쳐가기가 힘겨워 보인다. 하지만 대서양의 황금어장에서 평생 닦아온 기반을 이대로 두고 물러설 수는 없지 않은가! 임 사장은 "어장이 고갈되고 있어 미래를 낙관할 수는 없지만 10년쯤은 더 해 볼 생각."이라고 한다.

2009년 현재 라스팔마스 기지를 이용하는 국적선은 42척으로 7년 전에 비해 30%쯤 줄었다. 조업지 확보도 쉽지 않고 기름값이 뛰면서 원양어업의 수지가 악화된 탓이다.

산 라자로 묘지

산 라자로 공동묘지 어느 한국인 묘비.
20~30여 년에 걸쳐 200여 개가 세워졌다.

라스팔마스에는 대서양에서 조난으로 숨진 한국 선원들이 적잖이 묻혀 있다. 두 곳의 공동묘지에 스페인 사람들과 함께 묻혀 있는 한인은 모두 200여 명. 시 외곽 야산 비탈에 자리한 '산 라자로 묘지'에는 이들의 넋을 기리는 '위령탑'이 서 있다.

"…… 오대양을 누비며 새 어장을 개척하고 겨레의 풍요한 내일을 위해 헌신하던 꽃다운 젊은이들이 바다에서 목숨을 잃었다. 허망함이여, 그들은 땅끝 망망대해 푸른 파도에 자취없이 사라져 갔지만 우리는 그들을 결코 잊지 않을 것이다…(중략). 수산한국의 무궁한 발전 속에 그들은 영원히 숨쉬고 있을 것이다……." (박목월 글, 1978년 9월30일 사단법인 한국원양어업협회 건립)

계약 만료로 처분되는 한국인 선원들 묘

'결코 잊지 않을 것!'이라는 위령탑의 헌사에도 불구하고 '위대한 개척자'들 상당수는 이미 잊혀진 존재였다. 여기저기 깨진 한인들의 묘비 위에 '계약 기간 만료. 재계약하지 않으면 처분하겠음'이라고 적힌 관리소 측의 경고문이 눈에 띈다.

시신이나마 건사되어 땅에 묻혀진 지 20~30년이 지났지만 가난한 유족들로서는 수만 리 떨어진 이곳의 묘지를 돌보기가 쉽지 않았으리라. 원양어선사도 부침이 잦다 보니 폐업한 회사의 선원 묘를 돌보고자 재계약하지 않는다.

비명에 간 이들의 시신은 죽어서도 편히 쉬지 못한 채 하나 둘 흔적없이 '처분'되고 있는 것이다.

"참 딱합니다. 돈을 좀 들여 따로 납골당을 마련하면 좋겠는데……."

이충구(李忠九) 라스팔마스 한인회 회장은 재외동포 지원 예산 가운데 일부라도 이런 데 쓰일 수 있기를 염원했다.

선원묘지의 위령탑과 납골당은 한국에서 국회의원 등 각계 인사들이 라스팔마스에 오면 맨 먼저 들러 참배하는 장소. 2003년 이후부터는 한국원양어업협회의 보조금과 현지 한인 교회의 보살핌에 힘입어 잘 관리되고 있다.

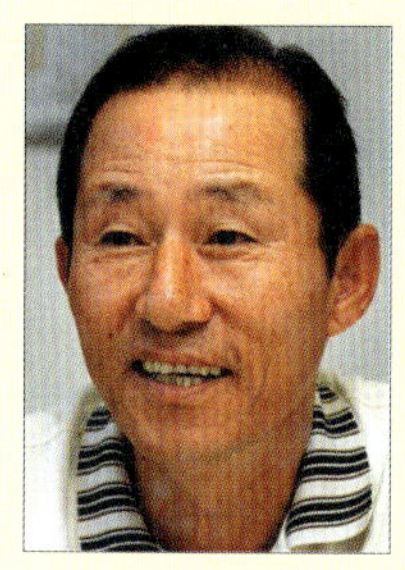

김갑동 씨

서부 아프리카 최대 어업기지 라스팔마스에 있는 '아스티칸(Astican) 선박수리 회사'는 크고 작은 어선에서부터 수만 톤급 화물선까지 수리를 해 준다.

1986년 개인 사업차 라스팔마스에 왔다가 92년부터 이 회사에서 일해 온 김갑동(사진) 씨는 한국을 포함해 주로 동양 선박을 대상으로 영업을 해 왔다.

선박 수리업 종사, 한국 어선은 큰 비즈니스

-한국 배가 이곳을 많이 이용한다던데.

대서양과 지중해를 오가는 외국의 많은 선박들이 아스티칸에 수리를 맡긴다. 전체 매출의 80% 이상을 외국 선박이 차지하는 셈이다. 한국 배는 트롤선 등 주로 원양어선으로 '한국선주협회' 이름으로 거래되고 있다. 연간 50척 정도를 수리한다. 배가 크지 않으므로 매출 기준으로 따지면 7~8%선이지만 다른 나라에 비해 훨씬 좋은 조건으로 이용하고 있다.

-어떤 조건인가.

수리 비용을 싸게 해 준다. 한국 배는 이 회사 초창기 때이던 67년부터 지금까지 줄곧 이용해 우리에겐 단골 손님인 셈이다.

-이곳 조선소의 특징은.

175×30m 크기의 싱크로 시스템 등 초현대식 시설을 갖추고 있다. 이 시스템은 수만 t 짜리 거대 선박을 들어올려 놓고 작업할 수 있는 시설이다. 이곳은 대서양의 길목인 데다 연간 맑은 날이 300일이나 돼 배 수리 조건에도 최적인 곳이다.

김갑동 씨는 칠순을 맞은 2009년, 아스티칸에서 은퇴했다.

열정적 자녀 교육, 국제결혼 2세 늘어

"이곳은 인종 차별이 전혀 없습니다.
어느 정도 기반만 잡히면 다들 여유롭게 지냅니다."
라스팔마스에서 20년을 살아온 정해신(丁亥信. 금융수산 현지 지사 근무) 씨는
이곳 생활이 무척 편하다고 한다.

스페인 사람들은 순박하고 정이 많다. 백인이 갖는 우월 의식은 찾아볼 수 없다. 가게 점원들은 물건을 사지 않는 손님에게도 친절하다. 여기저기서 진행되는 토목 건축공사는 느리지만 튼튼하고 확실하게 한다.

구두 닦는 일을 하는 사람도 연중 한 달쯤은 휴가를 즐긴다고 한다. 언제나 쉬지 않고 일하는 한국인들은 이들에게 '일 중독증 환자'로 비친다. 그들은 '아미고(친구)'에게 자기 것을 아낌 없이 내어 주며 정성껏 편의를 봐 준다. 한 번 사귀거나 거래를 트면 영원한 친구가 된다.

여성중심 사회여서인지 장인 장모가 딸 사위와 함께 사는 예도 흔하다. 이민 1세나 1.5세 한인들 가운데는 국제결혼한 이들도 있다. 이 경우 한국 여자와 유럽 남자의 결혼은 무난한 편이나, 한국 남자와 유럽 여자의 결혼은 종종 탈이 생기기도 한다. 나이 든 층일수록 문제는 심각하다.

한국에서처럼 가부장적인 생활에 젖어 집안일을 등한히 하거나 술을 마시고 늦은 밤에 귀가했다가는 당장 천덕꾸러기가 된다. 이런 일이 되풀이되면 이혼당하기 십상이다.

카나리아 군도의 유서 깊은 건축물인 라스팔마스 산타아나 성당.
1500년 착공해 350여 년이 지난 1857년 완성되었다.

일자리, 학비 혜택받으려 스페인 국적 취득

라스팔마스 한인사회에 새로운 변화의 바람이 일고 있다. 현지화, 아니 차라리 '유럽화'라고 할 만한 현상이다. 스페인 국적 취득과 유럽 유학, 현지 취업이나 국제결혼이 늘면서 한인 2세들의 탈(脫)라스팔마스와 유럽 정착 징후가 뚜렷해지고 있는 것이다.

이곳 한인회 회장 이충구 씨는 "어느 정도 성장한 2세들 가운데 80%쯤은 스페인 국적을 택하고 있다."며 그 배경에는 "자국민의 일자리도 부족한 판에 외국인에게 먼저 일자리를 줄 리가 없잖느냐."는 생각도 깔려 있다고 한다.

이곳에서는 18세가 되면 우리 국적법에 따라 스페인이나 한국 국적 중 하나를 택해야 한다. 자국민이 아닌 경우, 유럽으로 수학여행 갈 때도 국경에서 입국 심

라스팔마스 시내의 한국상회.

사를 받는다. 때문에 나머지 학생들은 입국 심사를 받는 한국 학생을 기다리느라 장시간의 지루함을 견뎌야 하는 일이 종종 생긴다.

자녀들을 유럽으로 유학시킬 때도 국적에 따라 유학 비용은 엄청나게 달라진다. 스페인 국적을 얻으면 유럽연합(EU) 국가에서 여러 모로 우대를 받는다. 예를 들어 스페인 학생이 영국으로 유학할 경우, 학비는 1500파운드에 불과하지만 한국인일 경우 여섯 배가 넘는 1만 파운드의 비용을 지불해야 한다.

해외 여행과 조기 유학이 늘어나면서 이곳 한인들의 국적 취득 문제는 예상보다 일찍 불거지고 있다. 유럽 통합 이후 역내(域內) 국가 간 학생 교류와 유학이 갈수록 활성화되는 데다 학비 차이가 크다 보니, 스페인 국적을 취득하는 사람들도 하나둘 늘어나고 있다.

라스팔마스에는 스페인 학교는 물론 영국·독일 학교도 있다. 자녀들은 중학생쯤 되면 한국어는 물론 스페인 어와 영어·독어 등 3개 국어를 자유롭게 구사한다. 부모들은 대개 자녀가 10~12학년이 되면 영국이나 프랑스, 스페인 본토나 미국 고교로 유학을 보낸다.

교육에 관심이 많은 한인들은 라스팔마스에서 자녀 키우는 것을 퍽 다행스레 여긴다. 부모들이 열성이다 보니 아이들은 한국말을 썩 잘한다. 자녀를 모두 한국 학교에 보내기 때문이다. 해마다 이곳 학생 10여 명이 서울 명문대에 진학하고 있다.

주말마다 한국 학교에서 한국어·한국 공부

학생들은 토요일이면 한국 학교가 열리는 산타 카탈리나 학교로 모여든다. 한국 학교 교사들은 학부모 등 13명. 학생 수는 초등생부터 고교 2년생까지 모두 200여 명에 이른다. 초등 1학년이 두 반, 다른 학년은 한 반씩이다. 수업은 오전 9시~12시까지이며 한국어와 한국사, 한문 등을 배운다.

1970~80년대에 라스팔마스에 온 한인 1세대의 자녀들은 이제 거의 장성해 결혼 적령기를 맞고 있다. 스페인 문화와 풍속에 익숙하다 보니, 스스로 스페인 사람을 배우자로 택하기도 한다. 그러나 부모들 대부분은 한국인 사위나 며느리를 원한다. 한인 2세들 가운데는 대한항공 마드리드 지점이나 유럽의 외국계 은행 또는 화장품 회사에서 한국에 파견돼 일하는 이도 생기고 있다. 부모들은 자녀가 외지로 떠나도 거의 라스팔마스에서 산다. 굳이 자녀들에게 의지할 이유가 없다고 생각하기 때문이다.

이곳에서 수산업에 종사하는 L씨의 아내는 미국 고교에 유학 간 두 딸의 뒷바라지를 위해 LA에서 딸들과 함께 살고 있다. 자녀 교육을 위해 부부가 몇 년째 떨어져 살고 있는 것이다.

"부모가 온갖 희생을 무릅쓰고 2세들을 뒷바라지하는 건 어쩌면 우리 세대까지만 가능할 것 같다."는 그의 말은 스페인 땅 라스팔마스에서 더 실감나게 다가왔다. 평생을 외국인으로, 아니면 타향에서 살아갈 자식들을 생각하면서 이들이 느끼는 허전함과 아쉬움은 더욱 클 것이다.

고향 떠난 삶이 괜찮은 것인지, '이러다 한국인의 핏줄이 묽어지고 혼마저 잃어버리는 건 아닐까.' 하는 걱정이 국적을 바꾼다고 어찌 없어지기야 하겠는가.

라스팔마스에 사는 한국인은 2009년 현재 1000여 명으로 1500여 명에 이르던 7년 전에 비해 많이 줄었다. 어업관련 업종이 줄어든 대신 미용·의류 판매 등의 업종이 생겨났고, 한국 상품을 수입해 파는 사람도 늘고 있다. 최근 들어 한인 2세들은 유럽 대학보다 한국 유학을 많이 가는 편이다. 과거와 달리 군 입대자도 늘었다. 군 시설이나 복무 여건이 좋아졌고 정보기술과 대인관계 등 배우는 것도 많아 당사자나 부모들의 반응이 좋다고 한다.

수리를 위해 항구에서 대기중인 선박들.

이충구 씨

카나리아 군도의 일곱 개 섬에는 태권도를 가르치는 도장이 80여 곳 있다. 라스팔마스를 포함한 인구 80만의 카나리아 섬에만도 30개쯤 있다. 이 같은 '태권도 붐'의 씨를 뿌린 사람은 한국인 이충구(李忠九) 씨. 1974년 스페인 북부의 교육 도시 산티아고 데 콤포스텔라에서 태권도 사범으로 있다가 이듬해 라스팔마스로 온 이래 줄곧 태권도를 가르쳐 왔다.

요즘엔 한국상회 운영으로 바쁘지만, 한인회 회장을 맡은 최근엔 더욱 바빠져 라스팔마스에 있는 체육관 두 곳에만 가끔 나가 지도하고 있다.

–태권도의 인기는 어느 정도인가.

매우 높다. 청소년 층은 물론 변호사·의사 같은 전문 직업인도 태권도를 많이 배운다. 호신과 건강에 좋다는 점 때문이다.

–가르친 제자는 얼마나 되나.

수천 명으로 일일이 헤아릴 수 없다. 결혼 기념일에 초대하는 제자가 있는가 하면 거리나 관공서에서도 고개 숙여 인사하는 스페인 사람들을 자주 만난다. 어디에나 제자가 있다 보니 자연히 언행이 조심스러워진다. 태권도를 통해 한국을 널리 알릴 수 있다는 게 보람이다.

–한국인 사범은 얼마나 있나.

요즘은 현지화 되어 한국인 사범이 별로 없다. 이곳 카나리아 군도 80여 곳의 사범도 거의 스페인 사람이다. 지식인이 많다 보니 태권도 종주국인 한국 못지않게 배운 내용을 체계화해 지도하고 관련 책자도 잘 만들어 보급한다.

–학부모로서 2세 교육에도 관심이 많을 텐데.

젊은이들에게 한국인의 혼과 뿌리를 일깨우는 프로그램이 절실하다. 모국 방문 때나 한인회 주최로 열리는 청소년 캠프를 통해서도 그런 프로그램을 강화했으면 한다.

이충구 씨는 원양어선에 부식 재료를 납품하다 유류파동 등으로 선사들이 망하는 바람에 큰 손해를 보기도 했다. 최근(2009년)에는 부식 납품을 접고 상점만 운영하고 있다. 태권도 보급은 제자들에게 맡긴 상태. 영국의 대학과 대학원에서 유학중인 아들과 딸이 있다.

2

세네갈

수도 다카르에서 3킬로미터 가량 떨어진 곳
바오밥과 야자나무 숲이 아름답게 우거진 '고레 섬'은
흑인들의 고통과 한이 서린 곳이다.
길이 900미터, 폭 300미터 크기의 섬에는
각지에서 끌려온 흑인들이, 이 섬 한 켠의 지하에 있는
노예 대기실의 돌아올 수 없는 작은 문을 거쳐
낯선 땅에 노예로 팔려가야 했다.
자그마치 300년 동안 1000만 명이 넘는 흑인들이……
21세기의 오늘, 수탈의 상징이던 이곳은
자유와 인권을 일깨우는 산교육장으로 바뀌었고
유네스코에 의해 세계문화유산으로 보호되고 있다.

공항 통관, '보따리상'으로 북새통

라스팔마스의 그란 카나리아 공항.
'서부 아프리카의 관문'인 세네갈로 가는 여객기의 탑승자 대기실은
흑인들로 꽉 차 있었다. 스페인의 마드리드에서 들어올 때
백인 승객이 대부분이던 분위기와는 딴판이다.
동양인의 생김새가 신기한 듯 이들은 취재진을 자꾸만 쳐다본다.
짐이 많아서일까, 아니면 분실 우려 때문일까. 그들의 앉은 자리 주변마다
기내에 직접 들고 갈 큼직한 가방과 보따리가 몇 개씩 놓여 있다.

다카르 공항은 북새통이었다. 세관원들은 승객의 가방을 일일이 뒤지고 살피고 있었다.

"짐 검사를 제대로 하지 않았다는 이유로, 미국까지 갔던 비행기가 하차해야 할 손님을 싣고 그냥 돌아온 적이 있지요."

공항에 마중 나온 유태화 영사는 뉴욕에서의 9.11 테러 직후 세관 검사가 매우 까다로워졌다고 한다.

그러고 보니 이 나라도 아프가니스탄처럼 국민의 90%가 이슬람이다. 북부 아프리카의 여느 이슬람 국가들처럼 일부다처제가 합법화되어 있다. 다른 점이 있다면 기독교 등 여타 종교들의 선교 활동을 용인하는 점이다.

세네갈 다카르 도심의 노점.

프랑스 식민지였다가 독립, 국민 90% 이슬람교도

세네갈의 국토 면적은 한반도보다 조금 적은 19만 6000㎢. 인구 900만 명 가운데 200만 명이 수도 다카르에 살고 있다. 19세기 말 프랑스 식민지가 되었다가 1960년에 독립했다. 정치·경제·문화적으로 여전히 프랑스와 긴밀한 관계를 맺고 있으며 외국인 투자의 대부분은 프랑스 기업이 차지하고 있다. 공용어로는 프랑스 어를 쓰고 현지인끼리는 월로프 어가 통용된다.

수도 다카르에는 외국 공관이나 국제기구가 많지만 이곳에 진출한 한인들의 수는 다른 영어권 아프리카 국가에 비해 그리 많지 않다. 프랑스 어에 친숙한 사람이 적은 탓도 있을 것이다.

세네갈에 거주하는 한인은 공관원을 포함해 150여 명 40여 가구. 이들은 주로

다카르에 인접한 파키 시의 거리 풍경.
마차 뒤에 연결된 화물차 위에 세네갈 청소년들이 빽빽이 올라앉아 있다.

사진, 가발, 수산업에 종사하고 있으며 선교사도 10여 명이 있다.

오랫동안 아프리카 곳곳을 식민지로 경영해 온 프랑스는 아직까지도 자신들의 기득권을 철저히 유지·관리하고 있다. 세네갈·코트디부아르 등 프랑스가 지급을 보장하는 세파프랑(CFA)을 화폐로 쓰는 나라가 아프리카에만 14개국에 이른다.

프랑스는 이들 나라에 경제 원조도 많이 하고 각국의 유망한 청년들을 국비 유학생으로 초청해 가르친다. 그래서인지 아프리카의 정치인이나 학자 등 각계 지도자 가운데는 프랑스 유학생 출신이 압도적으로 많다. 이곳에서 만난 어떤 한인은 "푸조나 르노 같은 프랑스제 차는 새 모델 개발이 더딘데도 아프리카에서 꾸준히 잘 팔리고 있다."며 "프랑스가 아프리카 국가에 인적·물적 투자를 아끼지 않기 때문."이라고 풀이했다.

한국인 40여 가구 150여 명

아프리카에 남달리 관심을 쏟는 나라로는 일본과 미국·중국이 있다. 일본의 경우 아프리카에 대한 무상 원조만 연간 10억 달러가 넘으며 세네갈에 파견된 평화봉사단원은 70명에 이른다. 멀리 앞날을 내다보고 현지 사정에 밝은 인재를 기르는 셈이다.

최근 몇 년 새 다카르에는 갑자기 중국인이 늘고 있다. 값싼 상품과 노동력을 무기로 대거 몰려드는 중국인들. 이들은 현지 상권을 쥔 레바논 인들에게 경계의 대상으로 떠오르고 있다. 레바논 인들의 견제 움직임으로 요즘 세네갈에서는 입국을 거부당해 되돌아가는 중국인이 늘고 있다고 한다.

노예 수출항, 고레 섬

'고레', 네덜란드 말로 '아름다운 항구'를 뜻하는 이름이다.
어슴푸레한 이른 아침, 다카르에서 배를 타고 3㎞ 떨어진 이 섬에 내렸다. 수백 년 간 서부 아프리카의 관문을 지키는 요새였고 흑인 노예 수출항으로도 잘 알려진 곳이다.

"생면부지의 땅으로 '돌아올 수 없는 항해' 강요, 팔려 간 흑인 100만 명"

곱게 펼쳐진 백사장. 발코니가 달린 유럽풍 집들과 교회당 주변 여기저기서 닭과 양의 울음소리가 들린다. 인구 1000여 명, 길이 900m, 폭 300m에 불과한 작은 섬 언덕배기에는 요새를 숨기려고 옮겨 심었다는 바오밥나무들이 굵은 줄기 위로 울퉁불퉁한 가지들을 하늘로 잔뜩 뻗친 채 서 있다.

아무리 둘러봐도 평화롭고 한가롭게만 보이는 섬이다. 하지만 이곳의 과거사를 들으면 '어찌 인간이 이럴 수 있는지……' 참담해진다.

1786년에 세워졌다는 마지막 '노예의 집'에는 흑인들을 가두었던 '우리'와 '지하 감옥'이 보존돼 있다.

고레 섬 요새.

"조상 대대로 살아온 고향 땅에서 영문도 모른 채 끌려온 흑인들의 발목에는 무거운 쇠고랑이 채워졌다. 그들은 좁디좁은 방에서 줄곧 장작처럼 포개져 지내야 했다. 밑에 깔려 용변조차 제대로 볼 수 없는 흑인들은 피부 질환과 질병으로 시름시름 앓았고, 노예로서의 상품 가치가 없어진 병자들은 그 자리에서 바다에 내던져져 상어밥이 됐다. 반항하는 이는 지하 감옥에 갇힌 채 사슬에 묶여 매를 맞거나 바닷물로 물고문을 당했다."

현지 가이드 파로호 디 셰흐 파 씨는 노예의 집 앞에서 조상들이 겪은 참상을 담담하게 얘기했다.

"백인들은 흑인들을 몸무게 60kg이 넘는 '상품(上品)'으로 만들기 위해 주로 콩을 먹였으며 어쩌다 백인에게 '간택' 돼 임신한 흑인 여자는 생지옥 같은 이 노예의 집에서 풀려나 섬 주민이 될 수 있었다."고.

남편은 미국, 아내는 브라질, 아이들은 카리브 해안의 농장으로 뿔뿔이 흩어져 생이별을 한 가족도 부지기수이다. 1536년부터 약 300년간 이곳을 거쳐 남북미로 팔려간 흑인 노예는 100만 명이 넘는다고 한다.

침몰하는 노예선을 조형화한 작품. 고레 섬에 세워져 노예제가 사라졌음을 알리고 있다.

인종 차별 참회 성지로 떠올라

그러나 이제 그 처참했던 현장은 흑인의 혼과 뿌리를 일깨우고 인종차별의 악습을 참회케 하는 성지로 변했다. 1992년 이곳을 찾은 교황 요한 바오로 2세는 식민주의와 노예무역을 방조한 가톨릭 교회의 잘못을 사과하며 '온 누리에 평화가 깃들기를(May Peace Prevail on Earth).'염원하는 팻말을 세웠다.

대포와 총을 앞세운 백인들의 '아프리칸 드림'은 인간의 존엄을 철저히 짓밟은 극악한 범죄였다. 수백 수천만 인의 피눈물을 거름으로 그들은 호사를 누려 왔다.

식민주의 시대가 끝났다는 오늘, 21세기의 아프리카에서는 불평등과 착취의 구태를 벗고, 인류가 더불어 번영하는 홍익사해(弘益四海)의 정신이 구현되고 있을까.

헤어패션 붐, "가발 없인 못 살아"

세네갈의 수도 다카르 도심에서 20㎞쯤 떨어진 수출자유공단까지는
시골 소도시 같은 풍경이 이어졌다.
단층과 2~3층짜리 건물들 사이로 허름한 슬래브집이 적지 않다.
이슬람의 명절 '타바스키 축제(Tabaski. 이슬람력 12월 8일. 아브라함이 아들 대신
양으로 신에게 제사한 날을 기념해 남편이 처자에게 양을 사 준다고 함.)'를 앞둔 거리에는
양 떼를 몰고 가는 사람들과 건초더미를 운반하는 마차가 자주 눈에 띄었다.

20년쯤은 굴러다녔음직한 낡은 차량들이 꽁무니로 시커먼 매연을 내뿜으며
달린다. 승객을 빽빽이 태운 미니버스의 옆이나 뒤에는 문틀을 꽉 잡고 매달려
가는 사람들도 있다. 보기에도 아찔한 광경이다.

수출자유공단에는 외국인이 투자한 제약 · 신발 · 가발 공장 등 모두 여덟 개
업체가 입주해 있다. 세네갈 정부는 입주업체의 법인세를 덜어 주고 외국에서
들여오는 원부자재와 차량, 유류에 매기는 세금을 면제해 준다.

인구 200만의 다카르 시내, 미용실만 1000개 넘어

'니나(Nina)'라는 상표를 가진 한국 가발업체인 비너스산업(Venus Industrie.
inc) 공장은 정사각형 대지 위에 ㄷ자 모양으로 자리 잡고 있었다. 주위에 제법
무성하게 자란 나무에서는 새소리가 들린다. 바오밥나무와 함께 아프리카 곳곳
에서 흔히 볼 수 있는 관상 식물인 부겐빌레아가 붉은 꽃을 흐드러지게 피운 채
이국에서 온 여행객의 시선을 유혹한다.

다카르 수출자유공단에 있는 한인업체 비너스산업의 사원들이 가발용 원사(原絲)를 손질하고 있다.

"이곳 여성들은 90% 이상이 가발을 써요. 아름다운 머리를 연출하는 것이 여성들의 최고 관심사죠." 김태식(金太植) 부소장의 말이다.

인구 200만의 다카르 시내엔 미용실만 1000곳이 넘는다. 역할은 '가발로 머리를 꾸미는 것'이며 이곳 여성들이 가장 많이 취업해 있는 곳이기도 하다.

1983년 진출해 성업중인 두 개의 한국인 가발업체

공장 안에서는 원사(原絲)를 자르거나 재봉하는 사람, 빗질하고 포장하는 사람, 드라이 오븐으로 원사에 열을 가하는 사람 등등 직원들의 손놀림이 부산하다. 헤드폰을 낀 채 두손을 부지런히 놀리며 재봉하는 흑인 남자도 보인다.

이곳에는 '니나(비너스산업)'와 '린다(Senecor-Meches Linda)', 두 개의 가발업체가 진출해 있다. '니나'는 한국의 가발업체인 (주)미성상사가 투자했고, '린다'

비너스산업에서 일하는 세네갈 여성들이 가공한 가발을 다듬어 포장하고 있다.

는 가발 분야에만 30여 년 종사해 온 베테랑 재미 교포 박재오(朴在五) 씨가 세운 회사이다. 두 회사 모두 인건비가 싼 아프리카 진출을 물색하다 1983년, 서부 아프리카에서는 처음으로 세네갈에 공장을 세웠다. 아프리카 시장 개척의 거점으로 처음 택한 곳이다.

현지 법인 니나는 자본금 30만 달러, 종업원 30명 규모로 시작했다. 2009년 현재 재봉틀 30대에 직원은 600명 정도로 성장했다. 세네갈 외에도 토고(사원 700여 명)·코트디부아르(150명)·나이지리아(150명)·베냉(100명)·남아프리카공화국(300여 명) 등에도 현지 공장을 두고 있다.

린다도 코트디부아르·토고·나이지리아·콩고민주공화국·남아프리카공화국·카메룬 등 7곳에 자회사를 두고 있다. 사원 수는 모두 합쳐 약 3400명에 이른다.

까다로운 노동법, 주 40시간 이내 근로 철저 준수

니나의 연간 매출 규모는 1000만 달러. 최근 프랑스와 이탈리아 등 유럽쪽 주문이 부쩍 늘었다. 생산 물량의 70% 정도는 미국과 유럽에 수출되고 나머지는 세네갈에서 판매된다. 사원은 정규직 200명, 시간제 비정규직 400명이다.

"여기 사람들은 시간 외 근무를 싫어해요. 잔업이 있어도 퇴근 시간이 되면 그냥 나가 버려요." 회사는 이러한 문제를 해결하기 위해 시간제 사원을 뽑아 하루 3교대로 일을 시킨다. 근무 시간은 주 40시간을 넘기면 안 된다. 이곳 노동법이 프랑스의 영향을 받아 매우 까다롭기 때문이다.

김 부소장은 이곳 사람들에 대해 "인건비는 싸지만 근로 생산성은 낮은 편."이라며 "병이나 친지들의 경조사를 이유로 결근과 지각이 잦다."고 평한다.

이 공장에는 한국인도 다섯 명 있다. 이들은 서울의 (주)미성상사 본사에서 파견돼 몇 년씩 근무한 후 귀국하는 방식으로 일한다.

다카르의 한 미장원. 미용사가 손님의 머리에 쓴 가발을 매만지고 있다.

거리시장 풍경.

89년에 이곳에 왔다는 양대석 소장과 99년에 파견된 김 부소장은 가족과 함께 지내고, 나머지 세 명의 직원은 총각이다.

"일이야 특별히 어려운 건 없어요. 애로가 있다면 향수병이죠. 낯선 땅에서 지내다 보니 친지들이 보고 싶을 때가 많습니다. 1~2년에 한 달쯤은 한국에서 휴가를 보내며 회포를 풀기는 하지만……."

이들은 문화 시설이 별로 없는 다카르에서, 주말에 골프를 치거나 소프트볼 테니스를 즐긴다.

"요즘은 인터넷으로 한국 신문도 읽고 가족, 친구들과도 쉽게 소식을 나눌 수 있으니 전보다는 지내기가 한결 낫죠." 세 총각은 입을 모은다.

니나 공장 총반장

마마두 은디아예

마마두 은디아예(Manadou Ndiaye)는 가발업체 '니나'에서 오랫동안 일해 온 베테랑. 평사원에서 조장·반장을 거쳐 지금은 4개 작업반의 총반장을 맡고 있다. 그는 "한국인과 오래 일해 왔지만 대화를 통해 이해가 쌓인 때문인지 별다른 어려움을 느껴 본 적이 없다."고 한다.

"장기 근속자 100명이나 되고 평사원 임금 17만 원 수준"

-언제부터 이곳에서 일해 왔는가.

1985년부터다.

-사원의 임금 수준은.

경력에 따라 다르지만 월 평균 10만 SFA프랑(약 17만 원)쯤 된다.

-노사 관계는 어떤가.

노조 대표 열두 명과 경영진이 한 달에 한 번 이상 면담을 갖고 근로 현장의 문제를 논의한다. 노조 측과 회사 간 이견이 있으면 감독관이 나와서 양측 의견을 듣고 절충한다.

회사가 사원 복지에 관심을 많이 쏟고 있어 다들 이 회사에 다니는 것을 자랑스러워한다. 여기서 오래 일한 사원이 100명쯤 되는데 회사가 사원주택을 마련하려고 부지까지 사 놓은 상태다. 국내는 물론 외국 회사로서도 드문 일로 생각한다.

-가발분야의 앞날을 어떻게 보나.

아프리카에서는 가발이 패션이자 생활 필수품이다. 아프리카 인구가 해마다 2000만 명씩 늘고 있다니 수요도 꾸준히 늘어날 것이다.

유명 브랜드와 겨루는 '메이드 인 코리아'

세네갈의 수도 다카르에 진출해 있는 한국인 업체로는
비교적 규모가 큰 가발업체 외에 사진관 여러 곳과
어구(漁具) 판매점, 수산 회사, 문구점, 식당 등이 있다.
이 가운데 대형 문구점 '셰 모나미(Chez mon ami, 내 친구의 집)'는
매우 이색적이다.

한국에서 가져온 볼펜 · 지우개 · 잉크 · 노트 · 수첩 · 물감 · 서류파일 등으로 세네갈 구석구석 시장을 넓혀가고 있는 '셰 모나미'. 단기간에 큰돈을 만지기 어려워 보이는 문구류 사업인데도 10여 년 동안 차근차근 기반을 다져 연간 매출 4억 세파프랑(약 7억 원)에 이르는 회사로 성장했다.

값싸고 우수해 소비자 호평

'셰 모나미'는 다카르 시내의 정부 청사 등 관공서, 곳곳의 사립학교, 생 루이와 카울락 등 주요 지방도시에까지 문구를 납품한다. 다카르 시내 사람들은 '셰 모나미'를 모르는 이가 별로 없다.

"흑인이든 프랑스 인이든, 일단 저희 물건을 써 본 사람은 질이 좋다며 다시 찾습니다." 셰 모나미의 주인 장둔 씨는 한국산 문구가 프랑스 제품과 경쟁해도 밀리지 않는다."며 뿌듯해 한다.

요 몇 년 새 성장가도를 누렸지만 장 씨의 문구 사업이 처음부터 잘 나간 것은

세네갈 다카르 도심에 있는 문구점 '셰 모나미' 매장 내부.

아니었다. 1990년대 초만 해도 한국산 문구는 세네갈에서 낯선 브랜드였다. 유명 브랜드만 즐겨찾는 세네갈 사람들은, 문구점에 오면 으레 스타빌로(Stabilo) 마커를 찾고 레이놀즈(Reynolds), 빅(Bic) 볼펜, 심지어는 지우개도 슈타들러 (Stadeler), 잉크는 펠리컨(Pelican)을 찾곤 했다.

장 씨는 '단기간에 큰돈 벌 욕심 버리자. 멀리 보고 질 좋은 제품으로 승부를 걸자.'는 전략으로 다른 수입상이나 문구점들과의 차별화에 나섰다.

외국 문구류와 함께 모나미 필기구와 신나라 물감, 양지사 수첩 등 한국산을 '소량 다품종'으로 수입해 가게에 진열했다. 유럽산 유명 브랜드를 찾는 이들에 겐 "괜찮은 제품이니 한번 써 보라."며 한국산을 권했다.

처음엔 망설이던 이들도 한국 물건을 찾는 사람이 늘어갔다. 그림물감의 경우, 제품의 질에 민감한 프랑스 화가들도 한국산을 써 본 뒤로는 괜찮다며 계속

'셰 모나미'의
주인 장둔 씨.
한국산 문구를
널리 보급하고 있다.

사 갔다. 문구점을 연 지 3~4년 만에 장 씨는 탄탄한 흑자 기반 위에 올랐다.

프랑스 제품 누르고 관공서 · 사립학교 납품

장 씨가 아프리카를 꿈꾸게 된 것은 LG상사 등 무역회사에서 일하면서였다. 다람쥐 쳇바퀴 돌 듯 답답한 생활에서 벗어나고 싶었다. 그러나 미국 쪽은 내키지 않았다. 똑똑한 사람, 잘 나가는 한국 사람이 너무 많아 보였고, 바쁘고 꽉 짜인 생활 방식도 탐탁치 않았기 때문이다.

"차라리 개발의 여지가 많은 아프리카가 훨씬 유망해 보였습니다. 서부 아프리카 여러 곳을 살피다가 세네갈을 택하게 됐죠. 살육전이나 인종 차별, 종교 분쟁이 없고 풍토병도 없다는 것이 마음에 들었습니다. 프랑스 정규 학교가 있어 교육여건도 좋은 편이라 생각했어요."

1989년, 그는 세네갈로 이주했다. 아들의 이름을 딴 섬유 수출회사 '근우 물산'을 차린 뒤 현지 시장 개척에 팔을 걷어부쳤다. 19개월 된 아들을 안고 부인 이은희(李銀姬) 씨도 함께 왔다.

초창기 몇 년은 악전고투였다. 이곳 공용어인 프랑스 말에 서툴러 소통의 어려움도 컸다. 문방구와 함께 시작한 직물 사업은 값싼 중국제품에 밀려 고전했다. 게다가 물건 값까지 떼여 손실이 2억 원대에 이르렀다.

"막막했습니다. 한국의 친지들도 밀어주고 공들인 사업인데 2년 만에 빈털터리가 됐으니까요."

세네갈의 수도 다카르에서 한인이 운영하는 '서울 포토'. 다카르에는 한인 사진관이 여러 곳 있다.

밤이면 억장이 무너져 잠을 못 이루었다. 마음을 추스르려고 한동안 미친 듯이 테니스만 치기도 했다.

하늘이 무너져도 솟아날 구멍이 있다던가. 서울을 떠나올 때 "어려우면 연락하라."던 친구에게 도움을 청했더니 선뜻 4000만 원을 빌려줬다. 차용증도 없이. 이 돈으로 장 씨는 밀린 직원 임금을 해결하고 무역회사를 정리했다.

"셰 모나미로 다시 일어서기까지 우리나라 문구업체의 덕을 많이 봤어요. 딴데 곁눈질 않고 한 우물을 파는 중견 문구업체가 많아지면 참 좋겠습니다."

중소기업 제품이라도 경쟁력만 있으면 그 기업은 물론 외국에 나와 있는 한인들도 기반 닦기가 훨씬 수월하다. 장 씨로서는 수입 판매상을 하며 절절히 체험한 사실이다.

장 씨는 한국 모나미 본사에, 한글로 표기된 모나미 볼펜에 영문을 표기해 달라는 주문을 하기도 했고 유럽에서 유행하는 서류 파일 등을 수집해 한국 업체에 생산을 요청하기도 했다.

값싸고 질 좋은 한국 물건들. 장 씨는 요즘 자신의 사업기반이 된 한국산 문구를 세네갈 구석구석에 보급하는 보람을 키워가고 있다.

세네갈 항구에 발 묶인 중국 동포들

세네갈 항구에는 종종 한국 원양어선들이 묶여 있는 것을 볼 수 있다. 서부 아프리카 수역에서 고기를 잡던 배들이, 회사의 파산이나 외상으로 쓴 기름값을 갚지 못해 차압 당한 것이다. 이런 경우 엉뚱하게도 배에서 일하던 중국 동포가 피해를 보는 일이 허다하다.

"객지에서 실컷 고생만 하고 몇 년치 월급을 떼이다니…, 피눈물이 날 일이죠. 1천 몇 백만 원씩 큰 빚을 지고 어렵사리 해외에 나왔을 텐데, 이제 와서 어떻게 빈손으로 고향에 갈 수 있겠습니까."

한국인 선원들의 말이다. 이들은 지난 10년간, 몇 년치 월급을 떼여 배에서 항의시위하는 중국 동포들을 수백 명은 보았다고 한다. 취재진도 이곳에 머물 당시, 선상에서 생활하는 이들을 여럿 볼 수 있었다. 이들은 월 200~300달러의 임금을 받기로 약속하고 배를 탔지만 선주가 월급을 모아서 주겠다고 한 뒤 2~3년치 임금을 떼먹고 도피한 바람에 엉뚱하게 발이 묶였다.

한국 원양어선들 회사 파산으로 기름값 못 갚아 압류
중국 동포 선원들, 월급 떼이고 선내 발 묶여

"아무리 파산 지경이어도 최소한 임금은 해결해 줘야죠. 몇 년치 임금을 떼먹고 도주한 선주는 악질 파렴치범이라고 볼 수밖에 없어요. 한때는 선원들이, 세네갈 한국 대사관 앞에 앉아 며칠씩 시위를 하기도 했어요. 한국인으로선 낯 뜨거운 일이죠."

지금은 그러한 피해가 많이 줄었지만 이곳에 중국 대사관이 없기 때문인지, 재중 동포의 피해 사례는 다른 나라에 비해 유달리 많았다. 현지 한인 교회 관계자들은 발이 묶인 중국 동포들을 위해 매주 목요일마다 문제의 배를 찾아가 '선상 예배'를 본다. 한인 선주들이 저지른 잘못을, 재중 동포는 물론 현지 한인회와 한인 교회가 덤터기를 쓰고 사후 처리를 돕는 것이다.

"피해자들이 한국인에게 한이 깊지 않겠습니까. 그들의 아픔을 우리 한인들이 조금이라도 덜어줘야죠."

A씨 등 한인 교회 관계자들은, 동포들에게 고통을 주는 이런 일이 이제는 제발 사라졌으면 하는 바람을 안고 있다.

여성 자립 키우는 '크르 사마리텐'

노란 피부가 금방 눈에 띄는가 보다. 차를 세우면 으레 사람들이 몰려든다.
다카르에서 두 시간쯤 걸리는 장미 호수에서도 그랬다.
현지인들이 호수 밑바닥에서 캔 소금을
길가에 잔뜩 쌓아 놓은 것을 구경하느라 잠시 차를 멈췄더니
순식간에 주변에서 놀던 아이들이 몰려들어 손을 벌렸다.

아이를 업은 여성들이 다가와 간절한 눈빛으로 호소한다. '아이들을 위해 무엇이든 달라.'는 것이다. 처음에 취재진은 이들에게 껌과 과자, 동전을 쥐어주곤했다. 하지만 곧 포기했다. 너무 많은 사람이 몰려들었기 때문이다.

정도의 차이는 있지만 아프리카 곳곳에서 비슷한 경험이 이어졌다. 차가 신호를 기다리고 서 있으면 과일 등 갖가지 물건을 손에 든 사람들이 차량 곁으로 다가왔다. 더러는 도움을 청하는 글을 써 들고 구걸하는 사람도 있었다.

한국전쟁으로 누구나 굶주렸던 시절, 우리의 선배들도 지나는 미군 차량을 보면 초콜릿이나 껌을 달라고 손을 내밀었다고 한다.

돕는 것도 지혜롭게 도와야

검은 대륙의 곤궁한 삶도 예전 '보릿고개'로 시름겹던 우리 모습과 별반 다르진 않을 것이다.

"여기는 손을 벌리는 사람이 참 많습니다. 주는 것도 지혜롭게 줘야 합니다."

소금산지로 유명한 다카르 교외의 장미 호 주변.
주민들이 호수 바닥에서 캔 소금을 부대에 담아 트럭에 싣고 있다(위).
오른쪽은 차도에서 지나가는 차량을 상대로
물건을 파는 사람. 이곳에선 흔한 모습이다.

다카르에서 만난 유춘안(柳春安) 선교사의 말은 아프리카를 여행하는 내내 기자의 머릿속을 맴돌았다.

선교의 뜻을 품고 1990년 세네갈에 온 유춘안 씨는 문맹과 굶주림, 질병으로 도움이 필요한 이웃을 수없이 보아 왔다. 특히 여성들은 교육을 받지 못해 까막눈이 허다했고 평생을 가사노동에 매여 살아간다고 한다.

"구호 물자로 돕자고 하면 끝이 없을 거예요. 이들을 영원히 '거지'로 만들지

졸업장을 손에 든 사마리아 기술원생들.
현지 여성들은 다카르 근교 루피스크에 있는 이 기술원에서
재봉과 뜨개질 등을 배운다(위). 왼쪽은 이곳을 설립한 유춘안 선교사.

모릅니다. 구걸하는 것이 삶의 방식이 될지 모른다는 거죠."

유 씨는 세네갈 여성들이 스스로의 삶을 개척해 갈 수 있기 위해서는 기술교육이 필수라고 여겼다. 다행히 부모들은 딸을 학교에 보내지는 않아도 바느질 익히는 것만은 인정해 주는 분위기였다.

1994년, 유 씨는 다카르에서 30㎞ 떨어진 루피스크의 허허벌판, 시(市)로부터 어렵사리 제공받은 350여 평 대지에 커다란 벽돌건물을 지었다. 슬레이트 지붕을 얹은 소박한 건물이지만 이곳은 여성들에게 재봉과 뜨개질, 자수 등을 가르치는 기술교육의 전당이 됐다. '크르 사마리텐(사마리아 기술원)' 의 시작이었다.

일자리 소개, 가내사업 지원

현지인이 쓰는 월로프(Wolof) 어를 익힌 유 씨는, 여성들에게 재봉과 함께 남편 내조와 자녀 양육의 소중함을 일깨워 왔다. 1999년과 2000년에는 다카르에

서 60㎞ 떨어진 카야르 등 두 곳에도 기술원을 세웠다. 학생들은 모두 300여 명. 대개는 3년 만에 졸업하지만 시험에 합격하지 못해 5년 만에 졸업하는 학생도 있다.

유 씨는 기술원에서 학생을 가르치고 보살피느라 분주하다.

"졸업생들은 이곳 한인 가발업체와 상사에도 취업하고 있습니다. 성적이 뛰어난 학생은 기술학교 교사로 채용하기도 하고, 스스로 가내사업에 나서는 학생도 있습니다."

혼신을 다할 뿐인 삶이지만 유 씨 자신도 받는 것이 많다고 한다.

"자립해서 열심히 살아가는 제자들을 보면 대견스럽지요. 일주일에 한 번씩 한글학교에 나와 교민들과 한국 어린이들을 만나는 것도 제겐 큰 기쁨입니다. 힘들어도 앞으로 나갈 수 있게 해 준 추진력이 바로 이런 기쁨이었어요."

유 씨가 세네갈에 온 것은 1990년이었다. 그 전에는 프리랜서로 불어와 영어의 번역과 통역에 매달려 지내왔다. 그저 생존을 위한 안이한 삶에 머물러 있는 것이 아닌지, '보다 뜻있고 값진 길을 찾아봐야 하지 않을까.' 하는 번민이 깊어진 30대 중반, 고교 시절의 꿈이 소명처럼 떠올랐다.

"어린 시절, 스스로에게 한 약속을 지켜야겠다는 생각이 들었습니다. 남이 돌보지 않는 땅에서 그리스도의 사랑을 전하겠다는 다짐이었지요."

익숙한 생활과 환경을 버리고 그녀는 아프리카로 갔다. 남 보기엔 어렵기만 한 결단을 그녀는 간단히 해치웠다. 여느 선교사들처럼 교회나 교단의 지원도 없이 자비로, 더군다나 결혼도 하지 않은 홀몸으로……

"삶이란 총성 없는 전쟁이죠"

"삶이란 '총성 없는 전쟁' 이라고 봐요. 공익과 사리사욕, 용기와 무사안일의 타성이 맞서는 이 전투는 죽는 날까지 이어집니다. 이 전쟁에 용기 있게 나가 싸워야만 무언가를 이룰 수 있습니다."

그녀의 말 속에는 싸움터에 나서는 장수처럼 결연한 의욕과 투지가 배어 있다. 소명감에 불타면 '옛것'을 미련없이 떨칠 수 있게 되는 것인가.

"큰 어려움은 없습니다. 복음을 잘 받아들이지 않는 이곳 풍토가 안타까울 뿐이죠."

1996년에는 루피스크에서 어느 흑인 정신병자가 던진 돌에 머리를 맞아 거리에 쓰러진 적이 있었다. 보건소와 다카르 병원에서 몇 주간 치료를 받았지만 상처가 아물지 않아 서울까지 호송돼 한 달 반 동안 치료를 받았다.

"이 땅에 묻히는 날까지 선한 싸움 매진할 터"

홀로 기술원 교육에 몰두하던 그녀에게 천군만마와도 같은 조력자가 나타났다. 당시 그곳 영사이던 김인국 씨의 중매로 46세이던 1998년 네덜란드인 선교사 얀 얀세 씨와 결혼한 것이다.

선교 일선에서 땀 흘려 온 두 사람은 국경과 피부색을 초월해 하나가 됐다. 남편 얀세 씨는 현지 한국인 목사의 설교를 불어로 번역해 방송하는 등 복음 전파에 여념이 없다.

유 씨 부부는 앞으로 기술원을 더 많이 세워 흑인 여성의 자립을 도울 작정이다. 죽는 날까지, 아마도 세네갈 땅에 뼈를 묻는 그날까지 '선한 싸움'을 계속할 생각이다.

2010년은 유춘안 씨가 세네갈에 온 지 20년이 되는 해이다. 유 씨는 지금도 얀세 씨와 함께 직업교육과 선교활동에 헌신하고 있다. 사마리아 기술원은 루피스크와 타아완, 가도시 세 곳에서 운영중인데, 문맹퇴치와 선교에 큰 몫을 하고 있다. 해마다 성적이 좋은 졸업생을 가발업체에 취업시키고 학생들이 참여하는 헤어쇼와 패션쇼도 꾸준히 열어 지역사회의 관심과 호응도가 높다고 한다. 남편 얀세 씨는 기독책방을 운영하며 교회와 방송에서 통역을 해 왔다.

다카르의 한국 학교

다카르에 사는 한인들의 자녀 가운데 현지인 학교를 다니는 이는 눈에 띄지 않는다. 대부분 프랑스 학교에 다니고 몇몇은 국제 학교에 다닌다. 프랑스 학교의 초 · 중 · 고 과정 학비는 연간 약 3000달러, 국제 학교는 5000~8500달러다.
학부모들은, 이들 학교가 토론 등의 학습으로 한국보다 훨씬 자유롭고 수준 높은 교육을 한다고 평한다.

다카르의
한글학교 학생들이
교실에서
국어책을 읽고 있다.

5년째 한글학교 운영, 교민 자녀에 우리 역사 · 정서 지도

한인들은 이곳 교육 여건에 모두 만족해 하고 있다. 교민이라곤 통틀어 40여 가구 뿐이지만 한글학교는 5년 넘게 운영되고 있다. 현지인과 프랑스 학교 관계자들은, 규모도 작은 교민사회가 한글학교와 학생들을 위해 물심양면으로 애쓰는 것을 보고 놀라워 한다. 한글학교는 프랑스 학교를 빌려 쓰고 있다. 매주 토요일 오후 2시면 한인 어린이 20여 명이 이곳에 모인다. 한글학교 교사는 자원봉사 학부모들.

이 학교 교장이기도 한 유춘안 씨는 "부모들이 한글학교 일이라면 발 벗고 나서서 돕는다."며 "학부모 모두가 자녀를 빠짐없이 이곳에 보내고 있다."고 한다.

교사들은 두 시간 동안 한글과 함께 틈틈이 한국인의 정서와 역사를 가르친다. 평소 부모와 함께 지내는 시간이 많아서인지 아이들은 한국말도 잘하는 편. 이민 역사가 짧아 아직은 초중등 학생이 많지만 미국으로 유학해 박사 · 학부과정을 공부하는 학생도 몇 명 있다.

3
코트디부아르

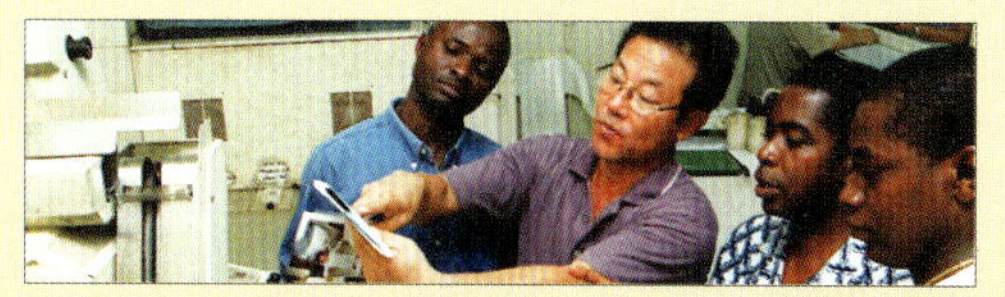

상아의 해안, 눈부신 백사장과 함께
진한 초록빛 바다가 펼쳐진다.
신바람나는 춤과 음악, 토속 신앙을 간직한 채
66개 종족이 자연처럼 어울려 살아간다.
1960년 독립 이후 20여 년간
농업을 기반으로 경제를 일으키기도 했다.
아비장의 명물, '방코 빨래터'에서는
주변국에서 몰려든 가난한 사람들이
'택배 빨래'를 하며 생존을 위해 땀 흘리고 있었다.

온몸으로 추는 群舞, 처절한 노천 빨래터

코트디부아르. 영어로는 아이보리 코스트
곧 '상아(象牙)의 해안'으로 알려진 나라이다.
이 나라에서 가장 큰 도시 아비장은, 대서양과 내륙으로 파고 든
거대한 초호(礁湖. 환초에 둘러싸인 바다)를 끼고 있다. 인구는 350만 명.
'서부 아프리카의 파리'라는 명성답게 도시 경관이 깨끗하고 아름답다.

쾌적한 포장도로. 호텔 등 고층 건물과 주택가의 번듯번듯한 건물 주변으로 늘어선 나무들이 펼치는 녹음. 마치 유럽에 온 듯한 느낌을 준다. 그러나 플라토 지역의 산뜻한 도심을 벗어나 다리 하나만 건너면 바로 빈민촌이 펼쳐진다. 시 외곽으로 나갈수록 빈부의 격차는 더욱 뚜렷해진다.

방코 국립공원 입구의 빨래터를 찾아가는 길에는 슬레이트나 양철 조각으로 지붕을 얹은 허름한 집들이 이어졌다.

이 나라 전체 인구는 약 1400만 명. 그 가운데 외국인이 500만 명이나 된다. 열 명 중 서너 명이 뜨내기인 것이다.

외국인 가운데는 프랑스 등 유럽에서 온 소수 부유층도 있지만, 대

하늘에서 내려다본 아비장 시가(위).
오른쪽은 코트디부아르의 원주민 어린이들.

다수는 인근 부르키나파소·말리·기니·니제르 등지에서 내전을 피해 몸만 빠져나온 극빈자들이다. 이들 외국인이 장기간 체류하면서 실업과 범죄율이 높아지자 코트디부아르 정부는 골머리를 앓고 있다.

수백 명이 온몸으로 비비고 헹구고

아비장 도심에서 자동차로 15분 만에 다다른 방코 강변에는 경이로운 광경이 펼쳐지고 있었다.

개울같이 얕은 강에서 수백 명이 요란하게 빨래를 하고 있다. 냇가에서 옷가

방코 강에서 빨래하는 사람들.
이곳에는 이웃 나라 부르키나파소 등에서 피난 온 외지인 400여 명이 빨래를 하며 생계를 유지한다.

지를 빠는 우리의 옛 시골 아낙네들 같은 모습이 아니다. 아예 강물 속에 들어가 싸움을 하듯 온몸으로 비비고 두드리고 씻고 헹구고 짜낸다. 여기저기 매어 있는 고무 타이어가 빨래판 구실을 해 준다.

수백 명이 물을 첨벙이며 열심히 몸을 놀린다. 오케스트라의 지휘자처럼 열정적인 동작들이 합해져 거대한 군무(群舞)를 보여준다. 아, 흑인들도 이렇게 혼신을 다해 일할 수가 있었던가. 처절하고도 장엄하다. 온몸이 물과 땀에 뒤범벅된 채 일하는 모습이 성스럽게까지 보인다.

언덕배기에서는 사람들이 드럼통에 불을 때고 있다. 야자 기름에 칼륨, 소금 등을 섞어 직접 비누를 만드는 것이다.

빨래를 한 뒤 물을 짜는 사람들. 몇 사람이 팀을 이루어 협업을 한다.

"현지인들은 빨래를 완전히 헹구지 않고 일부러 비눗기를 남겨 놓아요." 아비장에서 한국 식당을 운영하는 오보향 씨의 말이다. 벌레를 막기 위해서인지는 몰라도 옷에서 비누냄새 풍기는 것을 더 좋아한다는 것이다.

빨래터를 관리하는 젊은이에게 몇 가지 질문을 던졌다.

―누구나 여기서 빨래를 할 수 있나.

"아니다. 조합에 가입한 사람만 가능하다."

―조합원은 얼마나 되나.

"남자 400명, 여자 25명이다. 각자 타이어 하나씩을 차지하고 일을 한다. 시청에 자리 값으로 5000세파프랑(약 9만 원)씩 냈다."

–이곳 관리를 혼자서 다 하나.

"사람들 국적이 다양하므로 일단 4개 국가 출신별로 책임자를 두고 있다."

이곳 세탁부들은 주로 부르키나파소와 말리·기네·니제르에서 온 피난민들로 코트디부아르 원주민은 하나도 없다. 거의가 일자무식이지만 옷가지를 맡긴 사람에게 그날그날 배달까지 신속하게 처리해 준다. 세계 어디에서도 보기 힘든 '택배 빨래' 사업인 것이다.

세탁부들의 일과는 대개 아침 여섯 시부터 시작된다. 이들은 아비장 곳곳을 돌며 하루 일감을 확보한다. 이어 오전 일곱 시쯤부터 방코 강에서 빨래를 시작해 정오를 전후해 인근 풀밭이나 빨랫줄에 널어 놓는다. 마른 빨래는 오후 다섯 시쯤부터 배달한다.

아비장 도심에 있는 호텔 아이보리 인터콘티넨탈 쪽에서 바라본
초호(산호초 때문에 섬 둘레에 물이 얕게 괸 곳)와 시가지.

머리에 빨랫감을 한 보따리 이고 빨래터로 향하는 주민.

세탁비는 티셔츠나 바지 한 벌에 50세파프랑(약 90원). 다림질을 하면 곱절을 받는다. 하루 40벌 정도의 일감만 확보되면 한 달에 15만 원까지 벌 수 있다. 운전기사 수입의 2~3배쯤 되는 고소득이다. 이들은 처음에 내는 자리 삯 외에 하루 180원 정도의 세금을 낸다.

날씨가 맑을 때는 벌이가 짭짤하다. 그러나 비가 쏟아지는 4~7월 우기에는 공치는 날이 허다하다. 게다가 웬만큼 건강하지 않으면 종일 이어지는 고된 중노동을 감당하기도 쉽지 않다고 한다.

야무수크로의 바실리크 성당

아비장에서 자동차로 세 시간 30분쯤 걸려 다다른 야무수크로는 고(故) 봐니 대통령
의 고향이다. 형식적으로는 이 나라의 수도이지만 1993년, 봐니가 숨진 이후 수도
로서의 기능을 완전히 잃은 상태이다.

아비장의 고층건물과 함께 독특한 외관을 자랑하는 성 바울 성당.

前 대통령이 수백 억 재산 바쳐 건립, 세계에서 가장 높은 성당

아프리카는 물론 "세계에서 가장 높다."는 말을 안내인은 몇 번이나 되풀이했다. 봐
니 전 대통령이 사재를 털어 지었다는 바실리크 성당은 높이 158m로 로마의 성베드
로 성당보다 더 높다는 것이다. 이 성당의 건축비가 얼마인지는 공개되지 않았지만
최소 수백억 원대가 될 것이라 한다.

성당 중심부 돔이 있는 핵심 구조물만 약 9만 8000 t 에 이르고, 좌석 7000개와

별도로 1만 1000명이 서 있을 수 있다는 중앙 홀 실내, 바깥 광장의 원기둥 안쪽은 15만여 명을 수용하는 공간이라니 어마어마한 규모가 아닌가.

이 성당은 86년 7월에 착공해 3년이 지난 89년 9월에야 완성됐다. 성당의 완공을 축하한 교황 요한 바오로 2세는 기도중에 다음과 같은 메시지를 내렸다.

"오, 노트르담(성모)이여, 인류를 늘 평화롭게 하소서."

이로써 이 건축물은 평화를 위한 하느님의 집으로 봉헌됐다.

건물 안에는 12사도의 모습 등을 그린 거대한 스테인드글라스가 돔 아래로 빙 돌아가며 세워져 있다. 예수가 말을 타고 사도들과 함께 예루살렘을 향해 가는 그림이 그려진 입구 쪽 대형 스테인드글라스에는 봐니 전 대통령과 이 건물의 설계자 피에르 파쿠리, 그리고 건축가 등의 모습이 함께 그려져 있다.

항간에는 봐니 전 대통령이, 구원을 열망한 나머지 자신의 모습을 그려 넣도록 했다고 한다. 하지만 미노구 노엘이라는 성당의 가이드는 "이 그림은 천국을 열망하는 모든 크리스천의 모습을 표상하는 것일 뿐."이라고 강조했다.

거액의 재산을 '세계 최고'의 성당을 짓는 데 아낌없이 바친 그의 믿음이 놀랍다. 그러나 빈부격차가 극심한 나라에서 이처럼 화려하고 어마어마한 성당이 과연 필요한 것인지 의구심을 떨치기 어려웠다.

봐니 전 대통령이 사재를 들여 지은 바실리크 성당.

손님들 북적,
"밥 굶어도 사진은 찍는다"

"여기 사람들은 밥은 굶어도 사진은 찍으려 듭니다.
돈이 문제가 아닙니다."
아비장에서 10년 넘게 사진현상소를 운영해 온
송인석(宋仁錫) 씨와 박영규(朴英奎) 씨는
"요즘도 카메라를 메고 나가면
'나 좀 찍어 달라.'는 흑인을 많이 만난다."고 말한다.

아비장 시내 현상소 70여 곳 가운데 한인 소유는 30곳. 물량으로 따지면 이곳 사진 시장의 70%쯤을 한인들이 장악하고 있다. 특이한 점은 이들 현상소마다 적게는 몇십 명에서 많게는 100명이 넘는 영업 사원을 두고 있다는 것.

속칭 '찍사'라고 불리는 사진사들이 바로 단골손님이자 영업 사원이다.

80년대 초 진출해 시장 주도

영업 사원들은 저마다 카메라 두세 대와 휴대전화까지 갖추고 있다. 연락을 받으면 때맞춰 고객에게 달려간다. 여기저기서 사진을 찍고 필름 한 통을 다 찍으면 현상소를 찾는다. 뽑은 사진은 고객에게 배달까지 해준다.

이들 단골 사진사들을 어떻게 잘 관리하느냐에 따라 현상소의 매상이 좌우된다. 사진사들 가운데는 정부 행사나 관공서 모임마다 전속으로 따라다니는 실력파도 있다.

결혼식이나 잔치 자리, 장례식장처럼 사람이 많이 모이는 곳이 이들의 활동

현상소 영업 사원이나 다름없는 단골 사진사들.
이들은 곳곳에서 고객의 사진을 찍어준 뒤 필름을 현상소에 맡긴다.

무대이다. 사진 한 장에 보통 500~1000세파프랑(900~1800원)씩 받는데, 현지인들로서는 상당히 큰돈이다.

서부 아프리카에서 사진현상소를 처음 차린 사람은 천막 제조업을 하던 조동순 씨(인터뷰 참조)였다. 1980년대 초 그는 '타이가(Tiger)' 라는 이름으로 나이지리아에 진출했다. 이후 '타이가' 는 인근 코트디부아르(83년)와 세네갈·카메룬·콩고민주공화국(89년) 등 5개국으로 사업 영역을 넓혀나갔다. 타이가에서 일하다 각지로 독립해 나간 기술자만 어림잡아 30~40명이나 된다.

"초기에는 100% 현찰장사였어요. 손님이 왕이 아니라 주인이 왕이었습니다. 필름을 맡기면 아예 돈부터 먼저 받았으니까요. 사진을 뽑으려면 며칠을 기다려

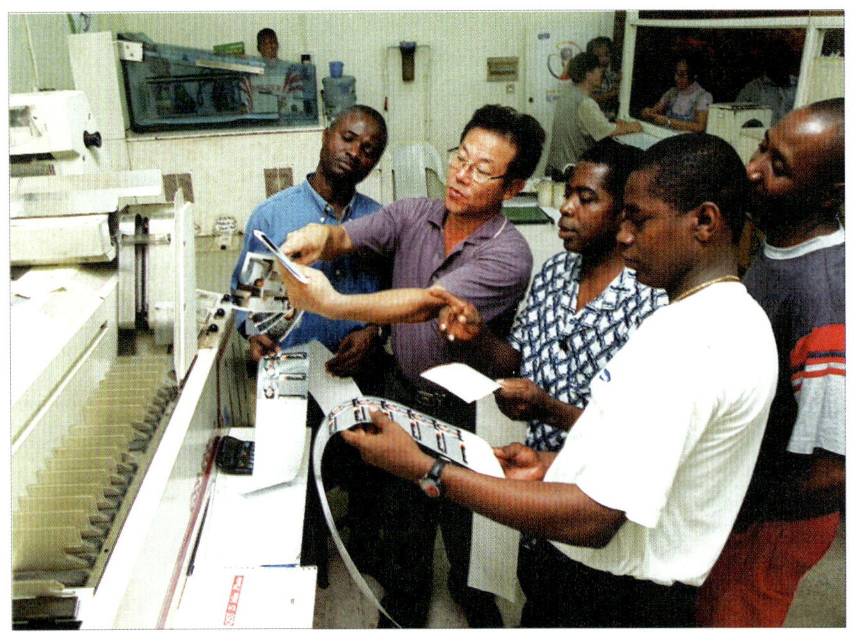

한인 사진관에서 현지 직원들이 인화된 사진을 살펴보고 있다.

야 하던 시절, 한두 시간 만에 곧바로 사진을 받아볼 수 있으니 얼마나 인기가 좋았겠습니까."

가발업과 함께 90년대 초까지 떼돈벌이

80년대부터 검은 대륙 곳곳에 컬러 사진 열풍이 일었다. 당시 한국에서도 몇 대밖에 없던 최신 일제 현상기가 한국인의 손으로 아프리카 곳곳에 퍼져갔다. 흑백 사진도 신기하던 때, 속성으로 뽑아주는 컬러 사진의 인기는 폭발적이었다. 현상소는 이른 아침부터 사람이 몰려 하루 종일 북적댔다. 당시 사진관을 운영한 사람들은 90년대 초반까지는 예외 없이 떼돈을 벌었다. 돈이 매일 가마니로 쌓일 정도여서 이를 헤아리는 것조차 큰일이었다고 한다.

흥미롭게도 한인 가발업체가 보급한 가발도 현상소 번창에 큰 몫을 했다. 여

성들은 가발을 쓴 자신의 달라진 용모와 머리 스타일을 사진에 담아 기념하고자
했기 때문이다.

경쟁 치열해져 업종전환 모색

그러나 이처럼 번창한 것도 이제 옛 이야기처럼 들린다. 한인은 물론 곳곳에
현지인이 운영하는 현상소가 늘어난 탓이다. 게다가 1994년 세파프랑이 2분의
1로 평가절하되면서 마진 폭도 곤두박질했다.

예전엔 한인들이 사진 색의 농도를 잘 맞추어 인기를 누렸지만 요즘은 기계가
워낙 좋아져 한국인의 손재주도 빛을 보지 못한다.

아비장의 한인들은 현상소끼리의 과다 경쟁을 피하려고 자율규제에 나섰다.
먼저 진출한 한인업소가 있으면 1㎞ 거리 안에서는 개업하지 않기로 했다. 하지
만 새로 현상업에 뛰어드는 이들은 이에 아랑곳하지 않았다. 더군다나 외국인이
나 현지인일 경우 이를 막을 방법은 전혀 없었다.

이래저래 현상업의 입지는 좁아지고 있다. 특히 현지인들이 차린 현상소는 인
건비가 워낙 싸 한인 현상소의 경쟁력은 갈수록 떨어지고 있다.

현상업에 종사해 온 한인들 대다수는 요즘 심각하게 업종전환을 모색하고 있
다. 자금이나 기술력이 있다면 하이테크 분야나 TV · 컴퓨터 · 비디오 수리, 선
반 분야, 제지공장 등이 유망하다고 보지만 워낙 낯선 분야여서 쉽게 뛰어들지
못하는 실정이다.

타이가 상사의 박영규 사장은 몇 년 전 그릇 공장을 세워 멜라민 소재의 접시,
쟁반, 컵 등 60여 종을 생산하고 있다. 최근에는 자동차와 차량 부속, 중고차 매
매, 옥수수를 재료로 한 제과업으로 선회하는 한인도 하나둘 나타나고 있다.

조동순 타이가 회장

아프리카에서 한인이 가장 많이 진출한 업종은 단연 사진 현상업이다. 나라마다 몇 곳 또는 수십 곳씩 한인이 운영하는 현상소가 있으니 검은 대륙 전체적으로는 수백 곳이 되는 셈이다.

이 분야의 원조(元祖)는 1981년 나이지리아에 진출한 조동순 씨. 그는 우연한 기회로 이 사업에 착안하게 되었다.

1981년 말 천막 수출관계 업무로 나이지리아를 찾은 그는, 필름 몇 통을 라고스의 현상소에 맡기려다 흥미로운 사실을 알게 됐다. 인구 1억이 넘는 나라의 수도인데도 아직 흑백 필름만 취급할 뿐 컬러 사진을 현상할 수 없다는 점이었다.

기계 한 대로 출발한 대성공, 백화점 진출
오찬 모습, 만찬 때 앨범으로 받은 전두환 대통령 감탄

컬러 필름을 현상 인화하려면 멀리 프랑스나 영국까지 보내야 한다. 그러고도 빨라야 15~20일은 걸려야 받아볼 수 있다.

얼마 뒤 조 씨는 일제 미니 컬러현상기 '노리쓰'를 라고스로 들여와 '타이가 현상소'를 차렸다. 필름을 맡기면 그날로 사진을 뽑아 볼 수 있는 '속성 현상기'였다.

"이른 아침부터 필름을 맡기려는 사람들이 50~100m씩 줄을 섰지요. 현상소 문을 닫으면 저녁부터 새벽 한두 시까지 돈을 세야 했습니다."

중소기업의 이러한 기술과 순발력은 당시 아프리카 순방 중 나이지리아에 들른 전두환 대통령을 놀라게 했다. 오찬 회동 때 찍은 사진이 그날 만찬장에 앨범으로 꾸며져 전달됐기 때문이다.

이후 전 대통령은 아프리카에 진출한 사진현상소의 활약상을 곳곳에서 칭찬했다고 한다.

조 씨는 부근 코트디부아르와 세네갈·카메룬·콩고민주공화국에도 현상소를 차렸다. 여기서 모은 돈으로 1988년 카메룬 '야운데'에 백화점을 세웠다.

그는 관리가 힘들어진 각지의 사진현상소를 인수 희망자에게 넘겼고, 그즈음 현상소는 우후죽순처럼 불어났다. 한국 상품을 주로 취급하며 한 2년쯤 승승장구하던 카메룬 백화점은 값싼 중국 상품이 재래시장에 밀려들면서 적잖은 타격을 입게 된다.

1992년부터 그는 백화점 운영을 현지 한인에게 맡기고 임대료만 받고 있다. 30년 가까이 천막제조 수출업체 '타이가'를 운영해 온 조 씨는 서울 여의도 중소기업 전시장과 상암동 월드컵 경기장의 돔을 제조해 납품한 주인공이기도 하다.

2009년 고희를 넘긴 나이에도 그는 서울 방배동 사무실이나 충주 공장에 꼬박꼬박 출근하고 있다.

한인이 운영하는 아비장 시내의 한 현상소에서 사진사가 손님에게 사진을 찍어주고 있다(왼쪽). 아래는 현상소에서 차례를 기다리는 사람들.

"늘 가족과 함께", 여성들의 낙원

아비장에서 동쪽으로 45㎞ 떨어진 그랑바상은
19세기 말 프랑스 식민지 시대 초기의 수도였다.
별다른 유적은 없지만 한적하고 아늑한 느낌을 주는 작은 마을이다.
도로변 기념품 가게에는 목각인형이나 탈 등이 진열돼 있다.

주변은 온통 야자나무로 가득하다. 열병식이라도 하듯 반듯반듯하게 서 있는
나무들. 바닷바람이 허리를 휘감을 때마다 나무들은 흐느적거리며 춤을 춘다.
소금기를 좋아하는 야자나무는 해변 40㎞ 이내를 두루 메우고 있다.

19세기 말, 프랑스 식민지 시대 수도

해변가 여기저기 오두막들이 서 있고, 나이 든 원주민들은 백사장에 둘러앉아
그물을 손질하고 있다. 아이들이 어른들 곁에서 장난치며 논다. 외세와 식민주
의의 흔적을 찾아보기 힘들 만큼 마냥 평화로운 시골 풍경이다.

그러나 이들의 속사정은 다르다. 아직도 보이지 않는 식민주의의 그림자가 남
아 있기 때문이다.

이 나라의 대표적 산물인 코코아만 해도 그렇다. 코트디부아르의 연간 코코아
생산량은 120만 t 으로 전 세계 생산량의 절반 가까운 물량이다. 커피 생산량도
세계 3~4위를 다투며 코코아와 함께 가장 큰 몫을 차지하는 수출 품목이다. 그

코트디부아르의 수도 아비장 근교의 해변. 현지 어린이들이 고기잡이용 투망과 그물을 가지고 놀고 있다.

러나 이들이 할 수 있는 일은 수확한 열매를 말리거나 볶아서 수출하는 정도에 그칠 뿐이다. 열매를 가루로 만들어 낼 가공 공장이 없어 코코아를 원료로 한 초콜릿 공장 따위는 엄두도 내지 못한다. 농산물이든 광물이든 1차 산업에 머문 채 거의 원료만을 수출하는 것이다.

코코아 생산은 일손이 많이 필요하다. 수확기에는 주변국인 부르키나파소·베냉·말리 등에서 온 계절노동자, 심지어 어린이들의 일손까지 동원된다. 이들 가운데는 인신매매단에게 납치돼 헐값에 팔려오거나 일자리를 마련해 준다는 말에 부모 스스로 팔아넘긴 아이들도 많다고 한다. 이들은 중노동에 시달리면서 싼 임금조차 제대로 받지 못한다. 과거에 노예로 혹사당하던 때와 다를 바 없는 모습이다.

싼 물가·인건비 덕에 상류층 생활하는 한인들

빈부격차가 극심한 아프리카에서 한국인들은 중간층 정도의 생활을 한다. 사

교복을 입은
아비장의 고교생들이
학업을 마치고
귀가하고 있다.

진 현상과 가발 제조·판매, 수산업, 양복점 등을 운영하며 부자와 가난한 자들을 이어주는 가교역할을 톡톡히 해 낸다. 많은 재산은 아니라도 땀 흘려 넉넉하게 산다. 그러나 가끔 이곳을 찾는 한국인들 중에는 상아를 싹쓸이하거나 연줄 찾아 거액을 투자해 큰돈을 벌어보겠다는 사람도 있다. 그러나 이들은 대부분 호텔에서 무위도식하다 헛물만 켜고 가버리기 십상이어서 교민사회에 상처를 남기기도 한다.

　아비장의 한인 식당에서 만난 한국 여성들은 "아프리카에서의 생활이 생각했던 것보다 훨씬 좋다."고 입을 모은다. 상사 주재원이나 공관원 부인들도 "처음 이곳으로 부임해 올 때는 무척 부담스러웠다. 말라리아 등 풍토병도 무섭고 문화 시설도 빈약해 어떻게 살아갈까 막막했는데 한두 해 지내다 보니 오히려 더 머물고 싶은 곳이 됐다."고 한다.

술자리 기회 없는 상사 · 공관원들, '가족과 함께'

"여기 여자들은 입으로 살아요. 말만 하면 모든 것이 다 해결되거든요."

'입으로 산다'는 건 시중드는 현지인들을 여럿 두고 있다는 말이다. 물가와 인건비가 싼 덕에 한국인 가정은 집집마다 가정부와 운전기사가 있다. 넓은 집은 정원사를 둔다. 사업체를 운영하면 주야로 경비를 맡기기도 한다. 가정부의 월급은 10만 원 안팎이라고 한다.

이곳은 정신적이나 시간적으로 여유 있고 생활도 윤택해 보인다. 직장이나 동창회 등 술자리가 없고 유흥업소도 별로 없으니 남성들은 밖에서 시간을 보낼 이유가 없다. 많은 시간을 가정에서 가족들이 함께 지낸다. 이런 생활에 익숙해진 이들은 한국 생활을 답답해 한다. 답답한 정도가 아니라 숨이 막힐 지경이라고 한다. 어쩌다 명절 때 한국에 오면 쉴 새 없이 분주하게 살아가는 친지들의 모습에 현기증을 느낀다. 여성들은 음식 장만이나 청소 등 온갖 일을 직접 챙기는 것이 힘겹고 부담스럽다고 한다.

한국인 자녀들 중 · 고교 졸업 후 해외로

코트디부아르에 거주하는 한국인 자녀들은 대부분 프랑스 학교에 다니다가 중고등 과정을 마치면 미국이나 한국으로 유학한다.

"한국 같으면 아이들이 하루 종일 공부에 쫓기고 분주할 텐데, 여기서는 안 그래요. 학원 다닐 일이 없습니다. 대신 집에 가정교사를 두고 시간제로 프랑스 어와 다른 과목을 공부합니다."

아이들은 토요일이면 한글학교에서 우리말과 역사를 공부한다. 학교 생활도 한국에서처럼 치열한 경쟁 분위기가 아니다. 넉넉하고 자유롭다.

이들이 한국에 오게 된다면 적응이 어려울지도 모른다. 하지만 이곳에서 공부하고 미국에 유학 간 학생들은 하나같이 잘 적응하고 학업 성취도도 뛰어나다는 평이다.

한인교회 담임

백성철 목사

세네갈·코트디부아르 등 서부 아프리카 곳곳에서는 한인 교회가 한인사회의 구심점이 돼 있다. 아비장의 장로교회에 70여 명, 성당에는 30여 명이 다닌다. 이곳 한인 교회는 철저한 자립의 토대 위에 현지인 교회를 늘려가고 신학교를 세워 지도자 양성에도 힘쓰고 있어 눈길을 끈다.

"교회와 성당은 한인사회 구심점, 갈등 없고 모두가 화목한 것이 보람"

– 이곳에는 언제 왔나.

1996년 10월이었다. 6년간 미국에서 신학을 공부하며 주로 뉴욕과 인근 뉴저지에서 지내던 중 아비장 한인 교회에 목회자가 필요하다는 얘기를 듣고 오게 됐다.

– 어려움이 적지 않을 텐데.

개인적으로 연로한 부모님이 한국에 계시고 자녀들과 떨어져 지내고 있다. 하지만 이는 선교사라면 누구나 느끼는 고충이다. 이곳에 새로 온 사람들이 한인사회의 도마 위에 오르는 것을 보아왔다. 한인 간의 갈등을 해소하는 일, 서로 화합하는 것이 큰 과제다.

– 현지인 선교는 어떻게 하나.

여기는 종교와 선교 활동의 자유가 보장된 곳이다. 다행히 우리 한인 교회가 다달이 현지인 교회를 위해 쓸 수 있는 돈이 월 4000~5000 달러 정도 된다. 관심만 가지면 시골에 연간 세 곳 정도의 교회 건립이 가능하다.

교회를 늘리는 것도 중요하지만 좋은 인재를 키우는 것이 더욱 중요하다고 생각한다. 2000년부터 이텝시 신학교를 맡아 운영하고 있다.

아비장 교외의 요푸공과 디보 등지에 1000평 내외의 땅을 사들여 교회 건물을 지었다. 우리 한인들이 열심히 기도하고 헌금해서 현지인들에게 줄 수 있는 몫이 커져 간다는 것이 큰 보람이다.

백 목사는 교회 운영과 선교 활동을 모교회에 손내밀지 않고 자립적으로 해결하고 있다. 최근 몇 해 동안 자신이 받는 소액의 사은비를 동결한 채 현지인을 위해 쓰는 몫을 꾸준히 늘려왔다는 게 몇몇 신도들의 귀띔이다.

야자수로 둘러싸인
아비장 인근의
공동묘지.

4
가나

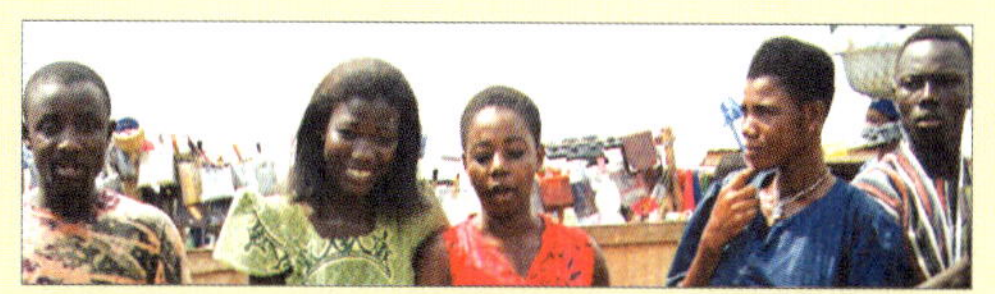

카카오의 주생산국, '가나초콜릿'으로 알려진 가나는
성장 가능성이 큰 나라로 꼽혀서인지
외국 기업이 많이 진출해 있고 한인들의 활동도 두드러진다.
특히 정보통신 분야의 변화가 빨라
도시에는 거의 전화가 보급되어 있고
팩스와 인터넷을 이용할 수 있는 통신 상점도 있다.
2차 산업은 아직 초보 단계여서 대부분 수입에 의존한다.
일상용품은 지리적으로 가까운 유럽산이 주를 이루지만
요즘 들어 값싼 중국제품이 눈에 띄게 많아졌다.

골드러시의 상흔, 노예 무역 요새들

코트디부아르 아비장에서 가나의 수도 아크라까지는
비행기로 약 한 시간 정도 거리이다.
한낮에 도착한 아크라 공항은 비교적 깨끗해 보였다.
인구 170만 명의 아크라 시 도심에는 큰 빌딩들이 서 있고
야외 수영장을 갖춘 고급 호텔도 있다. 여기에도 인터넷 바람이 부는지
시내 도로변에는 인터넷 카페 간판이 더러 눈에 띄었다.

가나는 15세기 이전, 이 땅을 다스린 거대한 가나 제국을 기린 이름이다. 1890년대부터 영국의 식민지였다가 1957년 독립 국가로 출범했다.

땅 덩어리는 한반도 보다 약간 큰 23만 8000㎢. 인구 약 1900만 명으로 공용어로는 영어를 쓴다.

북쪽의 부르키나파소에서 발원한 볼타 강이 가나 동부 지역을 적시며 기니아 만으로 흘러든다. 이 강줄기를 막아 볼타 댐을 건설하면서 세계 최대의 인공호인 볼타 호가 만들어졌다.

풍부한 삼림 자원과 코코아, 금 다이아몬드 등 광산 자원, 그리고 황금 해안의 대서양 연안은 어장으로도 각광받고 있다.

1957년 英 식민지서 독립,
유럽 열강들 금과 다이아몬드 다투어 강탈

황금 해안. 그 이름이 함축하듯 이 지역은 옛부터 금이 많이 나오는 곳이었다.

볼타 댐. 이 댐의 건설로 세계 최대의 인공호인
볼타 호가 만들어졌다.

1471년 바다를 누비며 해외 시장을 개척하던 포르투갈의 황실 탐사대는 앙코브라 계곡과 볼타 강 사이에 있는 황금의 땅을 발견했다.

처음에 그들은 원주민과의 물물 교환으로 금을 얻어 갔다. 뒤이어 이곳 '미나(보물창고. 寶庫)'를 남에게 뺏기지 않으려고 요새를 건설했다. 석공과 목수, 탐사대와 군인 등 수백 명을 파견해 웅장한 성을 지은 것이다.

1482년 엘미나에 세워진 이 요새는 아프리카 최초의 서양식 성채가 되었다. 이를 시작으로 가나의 해변에는 300년 동안 자그마치 70여 개의 요새와 성이

520년 전 유럽인들이 서부 아프리카에 최초로 세운 서구식 요새 엘미나 성. 관광객들이 대서양을 바라보고 있다.

세워졌다. 네덜란드와 영국·덴마크·포르투갈·스웨덴·프랑스 등 각국이 해변 곳곳에 세운 이들 요새는 '골드러시'의 상징이었고 노예 무역이 번창하던 시절에는 경제의 거점이었다.

테마에서 엘미나 요새까지는 자동차로 3시간 가까이 걸렸다. 대서양을 끼고 선 채 하얗게 빛나는 요새. 부근의 작은 강변에는 고기잡이용 목선들이 줄지어 서 있고 길가에는 물건을 사고파는 현지인들로 붐비고 있었다.

17~19세기 사이, 100만 명 넘는 흑인 매매

요새 옆으로는 3미터 정도의 깊은 도랑이 있다. 예전에는 이곳에 물을 가득 채워 외적의 접근을 막는 데 사용했다고 한다.

노예 무역이 가장 성했던 18세기, 황금 해안에서 수출된 흑인 노예는 67만여

안내원이
관광객들에게
엘미나 요새에 대해
설명하고 있다.

명에 이른다. 노예 무역이 시작된 17세기 중반부터 19세기 중반까지 아프리카
전역을 합해 자그마치 1000만 명에 가까운 흑인들이 유럽과 미국, 중미로 팔려
나갔다.

"흑인들은 화장실이나 세면장도 없는 데서 몇 달씩 갇혀 지내며 팔려 갈 날을
기다려야 했다. 견디다 못해 반항하는 이는 따로 가두고 물 한 모금 주지 않았

노예 수출의 거점이던 엘미나 요새 내부(맨 위)와 흑인 노예들이 갇혀 지내던 요새 안 감옥(왼쪽).
아래 오른쪽은 흑인 노예들이 팔려가기 전에 대기하던 장소이다.

다. 혹독한 매질로 주검이 되기 일쑤였다.”

어둠침침한 감옥과 요새를 돌아보며 흑인 안내인 에 듀 하임은 여행객들에게 이곳의 그늘진 역사를 소개했다.

“이곳에 머물던 백인들의 삶은 지루하기 짝이 없었다. 실상 노예와 다를 바 없는 생활이었다. 신변의 안전 때문에 내륙으로 깊이 들어가지 못한 채 대부분 성 안에 갇혀 지냈다. 이들은 술로 시간을 보냈으며 말라리아와 황열병, 수면병으로 몇 년 안 돼 죽어간 사람도 부지기수였다.”

노예 공판장으로 쓰인 교회, 부끄러운 역사 증언

백인 여성이 거의 없던 요새에서, 성에 굶주린 백인 남자들은 흑인 여성들과 수시로 성관계를 가졌다. 이 때문에 해안지대 요새 주변에는 혼혈아가 많았다. 흑인 여성들은 백인의 아이를 배면 낯선 땅에 끌려가지 않고 노예의 신분에서 벗어날 수 있다는 희망 때문에 주인의 ‘간택’을 기다렸다. 이들은 아이를 낳으면 ‘존’이나 ‘벤다이크’ 같은 유럽식 이름을 붙이고 요새 부근 마을에서 남다른 우월감을 갖고 살았다.

어이없지만 요새 안에 흑인들을 짐승처럼 가둬 놓고 노예로 수출하던 본거지 한복판에는 가톨릭 교회가 자리 잡고 있다. 이 ‘거룩한 교회’는 노예 무역이 성해지자 아예 상설 ‘노예 시장’으로 용도가 바뀌었다. 한동안 학교로 쓰이다가 지금은 부끄러운 과거를 증언하는 박물관으로 탈바꿈했다. 노예 수출의 본거지와 성당. 어울릴 수 없는 둘이 한 곳에 있으니 이 얼마나 처연한 아이러니인가.

인간의 마음이란……, 저마다 독실한 양 내세우는 신앙이란 얼마나 거짓이 많은 것인가. 회칠한 삶과 신앙이 어찌 이뿐이랴.

몇 세기에 걸쳐 노예 무역이 번창하는 동안, 유럽에서 이를 문제 삼은 기독교인은 드물었다. 오히려 그들 대다수는 노예 소유를 당연한 특권처럼 여기며 지냈으니, 이야말로 종교인의 삶이 얼마나 타성적이고 허울에 찬 것이었는가를 일깨우는 산 증거일 것이다.

해변의 아이들.

곽기옥 사범

가나에는 1976년부터 태권도가 보급됐다. 수산업을 하던 당시 김복남 한인회장이 코트디부아르 아비장에서 활동하던 김성범 사범을 초빙해 테마 해군기지에서 해군 장교들에게 태권도를 가르치게 하면서 시작되었다. 이어 1978년 곽기옥 사범 등이 한국정부에 의해 파견됐다.

곽 사범은 10년간 가나 국방부에서 육사생도와 장교들에게 태권도를 가르쳤고 1993년 이후 정부 파견이 끝난 뒤에도 민간인으로서 계속 태권도 보급에 힘써 왔다. 태권도 공인 8단으로 1984년 『태권도의 모든 것』이라는 책을 펴냈으며 현재 테마 시에서 코리아나호텔을 운영한다.

"10년간 가나 육사생도·장교 지도, 군인·경찰 유단자 제자 1500명"

–가나에는 태권도가 얼마나 보급됐나.

군인, 경찰 등 수만 명이 훈련해 왔고 유단자는 1만 5000명쯤 배출됐다.

–군경을 많이 지도해온 배경은.

초기부터 이곳 대통령과 군 장성들이 태권도에 큰 관심을 보였다. 여기 오자마자 몇 달간 정글 전투병 훈련소에 파견돼 몸이 쇠약해졌는데 어느 날 갑자기 군 장성들 앞에서 격파 시범을 해야 했다. 빈혈 증세로 주저앉았다가 다시 내달으며 격파를 했더니 장군들이 단상에서 일어나 박수를 치더라. 대통령이 태권도를 국방체육으로 가르치도록 지시해 군사 훈련의 필수 과목으로 자리 잡았다.

곽 씨는 한인사회에 어려운 일이 생길 때마다 해결사 노릇도 해 왔다. 태권도를 배운 제자들이 군경에 두루 포진해 있다 보니 공항 등에서 신변에 문제가 생긴 한인들의 고충을 어렵잖게 해결해 줄 수 있었다.

한때 옥수수 농장을 하다 실패한 뒤 식당, 페인트 사업 등으로 기반을 잡아 1998년부터는 호텔을 운영하고 있다. 부인 문현숙 씨는 1981년부터 15년간 한글학교 교장으로 교민들의 자녀 교육에 힘써 왔다.

곽기옥 씨는 2009년 현재 한국에 귀국한 것으로 파악됐다.

머리에 짐을 이고 가는 어머니와 아이들. 아이들의 표정이 밝다.

엘미나 요새 부근의
해변에서
축구를 즐기는
청년들(위).
오른쪽은
어느 한인 가정의
주방.

거리에 슬리퍼를 펼쳐 놓고 장사를 하는 사람들.

거리에서 샌들을 구경하며 고르는 사람들.

엘미나 성 부근의 어촌.

거리에서 아기를 데리고 물건을 파는 여인.

검은 대륙서 맨손으로 일군 수산왕국

가나의 교민사회는 1960년대 후반부터 싹텄다.
스페인령 라스팔마스를 거점으로 서부 아프리카 해역에 진출한
몇몇 원양어업 회사가 항구도시 테마에 주재원을 파견한 것이 그 시초이다.
수산업을 중심으로 한인들은 하나 둘 테마에 뿌리내려
지금은 80여 가구 300여 명이 정착하고 있다.

아프리카에서 일찌감치 현지화에 성공한 한국 기업으로는 이곳 가나의 아프코(AFKO) 그룹을 꼽을 수 있다. '아프코' 란 아프리카와 코리아의 합성어. 지금은 고인이 된 김복남 전 회장이 세운 '수산왕국' 이다.

아프코 수산회사를 비롯해 아프코 식품회사 · 무역회사 아프코 이멕스 · 아프코 정공건설회사 · 김복남 농업학교와 농장이 있다.

기자가 아프코 그룹 취재를 위해 테마 항을 찾았을 때는 마침 참치 채낚기선 'AFKO 308' 호가 하역 작업을 하고 있었다. 배 위의 참치들이 기중기로 들여올려져 트럭에 실린다. 이 참치는 아프코의 냉동실로 옮겨진 뒤 운반선이 도착하면 미국 등지로 수출된다고 한다.

눈물겨운 바다 사나이 '김복남 신화'

아프코는 저인망어선과 참치잡이 등의 배 17척을 거느리고 육상과 해상에 한국인 120여 명, 가나인 1000여 명의 직원을 고용하고 있다. 그룹 본사는 테마

가나에서 수백 마일 떨어진 대서양에서 아프코 수산회사 참치잡이 어선의 선원들이
잡은 생선을 냉동실로 옮기는 작업을 하고 있다.
원양어선들은 몇 달씩 망망대해를 떠다니며 고기를 잡는다.

항 8000평 대지 위에 세운 4층짜리 건물을 쓰고 있다.

맨손으로 검은 대륙에 수산왕국을 건설한 김 씨는 평생을 바다와 함께 살았다.
1933년 강원도 속초에서 태어나 어린 시절 오징어잡이와 신문배달을 했다고 한다.

해군 하사관으로 제대한 그는 1969년 11월, 원양업체 (주)동화의 가나 주재원
으로 이곳에 왔다. 그러나 현지에 파견된 지 몇 년 만에 석유 파동이 닥쳤다. 고
유가와 고임금을 견디지 못한 원양업체들은 적자에 허덕였고 이 때문에 동화도
가나에서 철수했다. 당시 동화의 선박 두 대를 처분하기 위해 가나에 남았던 김
씨는 이를 계기로 독립의 길을 모색하게 된다.

우여곡절 끝에 1976년, 낡은 배 두 척으로 아프코 수산회사를 차렸다. 고기가

가나 테마 항 부두에 정박한 아프코 수산의 어선. 일꾼들이 냉동 참치를 상자에 옮겨 담고 있다.

잘 잡히면서 참치잡이 어선과 저인망어선 등 선박 수를 하나하나 늘려갔다.

1000여 t 짜리 참치잡이 어선에는 대략 60여 명의 선원이 탑승한다. 그 중 20여 명은 한국 선원이었다. 군 복무 시절 절친했던 바다의 사나이들, 해군 장교와 하사관 출신들이 그 주축을 이뤘다.

테마 항에서 200여 마일 떨어진 대서양 위에서 그들은 현지 선원들과 함께 산 멸치를 미끼로 던지고 그물로 참치를 들어 올린다. 이렇게 한두 달 조업을 하면 배는 고기로 가득 차곤 했다.

"여기서 번 돈 여기에 돌려주겠다"

어려운 고비도 적지 않았다. 1982년 선박 수리소에 불이 나 큰 손실을 보았다. 땀 흘려 쌓은 기반이 잿더미가 된 것이다. 물질적 피해보다도 더욱 큰 고통은 낙심한 동료나 후배들이 그의 곁을 떠날 때였다.

아프리카에서는 배에 고장이 나면 부품을 구하는 것도 큰 문제였다. 이웃 나라 코트디부아르 아비장까지 자동차로 밤낮을 가리지 않고 달려간 적이 한두 번이 아니었다. 이런 고충이 잦아지자 그는 아예 자재창고에 1~2년은 쓰고도 남을 만큼의 갖가지 선박용 부품과 장비를 비축해 놓았다.

오늘날 아프코는 참치 등을 비롯한 어획고 4만 5000여 t 으로 3500만 달러의 매출을 올리고 있다. 무역회사 이멕스는 한국타이어와 삼성전자의 TV · 냉장고 · 비디오 · 에어컨 · 전자오븐 등 한국의 가전제품을 수입해 이곳 내수시장의 15% 정도를 점한다.

"그분은 사람을 워낙 좋아했습니다. 생면부지의 한국 사람이 지나가도 김치 된장 먹고 가라며 집에 데려오곤 했습니다. 집에는 가나 인이나 한국인 손님이 그칠 새가 없었지요."

1979년 40대의 노총각 김 씨와 중매결혼 한 뒤 줄곧 아프리카에서 살아 온 한영옥 씨는 이 때문에 가사보다 손님 접대가 일이었다고 한다.

김복남 농업학교와 농장 입구.
인근 11만 평의 농장에서는 벼와 함께 고추·무 등 갖가지 야채도 재배한다.

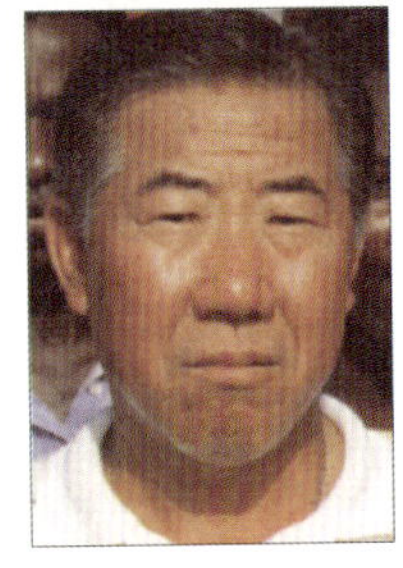

　　김 씨는 여러 모로 '나누는 삶'에 철저했던 것 같다. 돈을 벌어도 '내 집 마련'은 미뤄 놓고 현지인 직원 숙소부터 지었다. 이어 한국인 직원 숙소를 짓고 마지막으로 자신이 살 집을 지었다. 그러나 집이 완공될 무렵 병상에 눕게 된 그는 새 집에서 살아보지도 못하고 1995년 타계했다. 독실한 신앙인이던 그는 한인 교회 건물을 지어 헌당하기도 했다.

　　"그 많은 돈을 왜 한국인이 아닌 현지인을 위해 쓰냐고 항변하는 분들도 있었습니다. 하지만 그분은 늘 '여기서 번 돈은 이곳 사람들에게 돌려 줘야 한다.'고 말해 왔어요. 그 때문에 농업학교와 농장 건설에 막대한 투자를 한 거죠."

　　'빵 몇 조각 도와주는 것보다 기술과 자립정신을 가르치자.'는 생각으로 그는 얼핏 별 실익이 없어보이는 농장 개발과 운영에 온 정성을 쏟은 것이다.

남편이 갑자기 위암으로 타계하자 부인 한 씨는 아프코 그룹 회장직을 떠안았다. 경영 전반은 제부인 전순철 부사장에게 맡기고 있다. 전 씨 역시 아프리카에서만 30년, 아프코에서 20여 년을 지낸 아프코맨이다.

아프리카 복지농촌 건설에 앞장서

'김복남 농업학교'와 '농장'은 아크라에서 동북쪽 60㎞ 떨어진 곳에 있다. 김복남 씨가 이곳 약 11만 평의 들판을 일궈온 건 '복지농촌을 향한 집념의 소산'이었다. 인근의 5만 5000평(18㏊) 들판에는 관개수로로 물이 흘러들고 5만여 평 밭에서는 벼·배추·무·고추 등 한국 채소가 자란다. 농장에는 돼지우리와 양계장, 정미소도 있다.

1985년 세운 농업학교는 각지에서 뽑힌 농민, 경찰, 군인, 학생들에게 농업을 가르쳐왔다. 학생들에게는 교육비와 한

농장에 대해 이야기하는 전순철 부사장.
김복남 회장이 타계한 후 한영옥 회장과 함께 아프코 그룹을 이끌고 있다.

농업학교 앞에 세워진 故 김복남 회장 흉상.

달간의 숙식이 무료로 제공된다. 초기 여러 해 동안 김 씨는 한국에서 농대 교수까지 초빙해 벼 재배기술과 새마을정신을 가르치게 했다.

벼는 연간 3모작이 가능하지만 지력(地力) 소모를 막으려고 2모작만 한다. 이곳 농장에서 생산되는 250여 t 의 쌀은 거의 아프코 그룹과 교민들에게 소비된다. 그간 농업학교가 배출한 현지인은 1000여 명. 이들 가운데는 스스로 벼농사를 짓는 농민 후계자가 적지 않다.

김복남 씨에게 가나는 제2의 고향이었다. 가나 인들에게는 '태권도의 아버지'였고 '교육가'였으며 '사회사업가'이기도 했다. 그는 자비로 태권도 사범을 초빙하여 군과 학교에 태권도를 보급했다. LA올림픽과 서울올림픽 때 가나 선수 전원의 왕복 항공료와 경비를 부담하는 등 가나의 체육 발전을 위해 지원을 아끼지 않았다.

그가 태어나고 자란 강원도 속초시의 영랑초등학교, 속초중·고교 학생들과 가나 인 학생 수십 명씩에게 해마다 장학금을 지급해 온 그는 갔지만, 수많은 가나 인과 교민들의 마음에 길이 살아 있을 것이다.

"아프리카여 깨어나라. 한국이여 눈을 들어 세계를 보라."

대서양을 누비는 아프코의 어선들, 가나 땅 벼가 자라는 푸르른 농장은 말없이 웅변하는 듯하다.

제2, 제3의 김복남이 등장해 그의 꿈과 열정을 더욱 강건히 이어가기를…….

아프코 그룹은 잇단 유류파동 등으로 기름값이 뛰자, 경제성이 낮은 저인망어선 등 낡은 배를 줄인 상태. 종전 보유했던 배는 모두 17척이었으나 2009년 말 현재 참치잡이 어선 위주로 12척을 운영하고 있다. 전순철 부사장은 건착선(purse seiner: 그물을 넓고 둥글게 친 뒤 이를 당겨 물고기를 잡는 배)을 추가로 구입해 생산성을 높여갈 예정이라고 밝힌다.

한영옥 회장은 여전히 그룹경영 전반을 살피고 있고, '김복남 농장'은 요즘도 꾸준히 운영되고 있다.

대형 플랜트 수주 속속, '비바 코리아'

아크라 시내에서는 낡은 차를 많이 볼 수 있다.
한국산 엑셀이나 타이탄 트럭, 그레이스 승합차도 종종 눈에 띈다.
대체로 일본 차가 40%, 르노 등 유럽 차가 35%, 한국 차가 20%쯤 차지한다.
수산업을 위주로 한 이곳 한인사회에서 자동차 부품과 관련해
눈길을 끄는 합작회사가 하나 있다. 테마 시 수출 자유무역지대에서
오일 필터를 만드는 '크리스탈 오토'가 그곳이다.

1만 평의 널찍한 부지에 공장 건물은 I자형으로 길게 서 있다. 한국의 남풍기업(사장 이협규)이 모체가 된 '크리스탈 오토'는 남풍과 가나 정부가 55대 45의 비율로 250만 달러를 합작 투자하여 설립한 회사이다. 현지인 사장은 가나 고용자협회 회장인 아투 암피아 씨가 맡고 있다.

교역품 관세 없어 유리

남풍이 아프리카 지역 투자를 모색한 것은 1995년. 국내 수백 개 관련업체끼리 제살깎기식 경쟁으로 이윤이 줄어들자 인건비가 싸고 자동차 수요가 늘어가는 아프리카에 눈을 돌린 것이다.

현재 만드는 물건은 자동차 오일필터와 에어필터 등 잘 나가는 품목 열 가지. 필터 생산에 필요한 철판 등 원자재는 한국에서 가져온다.

공장 운영을 책임지고 있는 이재영 소장은 "이곳 생산품 가운데 70%가 인근 코트디부아르와 나이지리아·라이베리아 등지로 수출된다."고 한다. 서부 아프

테마 시 크리스탈 오토 공장 앞. 이재영 소장이 공장 현황에 대해 설명하고 있다.

리카 국가들끼리는 교역품에 관세를 매기지 않고 있어 역내 수출 전망이 밝아 보인다. 과거 한국에 물건을 주문하면 도착까지 두세 달이 걸렸지만 여기서는 이웃 나라에서 주문을 받고 납품하기까지 2주면 충분하다.

"아프리카 시장에서는 물건을 얼마나 값싸게 공급하느냐가 가장 큰 숙제."라 며 "소비시장이 가깝고 인건비가 싸 수출에 유리하다."고 이 소장은 말한다.

공장에서 일하는 현지인은 약 50명. 임금은 월 50달러(약 6만 5000만 원)선이 다. 시설 투자를 확대해 생산 품목이 40여 개로 늘어나면 수출을 본격화할 거라 고 한다.

테마에는 한국인의 손으로 세운 대규모 정유공장이 있다. SK건설과 삼성물산 이 가나 국영 석유회사로부터 수주해 SK건설이 시공한 것이다. 공장 한복판에

테마 시 '크리스탈 오토' 직원들이 생산된 오일 필터를 상자에 담고 있다.

'크리스탈 오토' 공장 내부. 이재영 소장이 직원에게 작업지시를 하고 있다.

있는 엘리베이터를 타고 60여 m 꼭대기까지 오르면 웅장한 공장 시설은 물론 테마 시내까지 한눈에 들어온다. 아프리카 이역만리에 쏟은 한국인의 땀과 기술이 밴 현장이다.

4년여에 걸친 공사를 마무리한 이 공장은 2001년 6월부터 정유제품을 생산하고 있다. 초기에는 한국인 20여 명이 운전요원으로 남아 있었으나 이제는 모두 현지인에게 맡기고 떠났다.

이 공장 건설에는 현지의 몇몇 한인업체도 참여했다. 특히 전기와 파이프라인 토목공사를 한 글로텍 엔지니어링(사장 임도재)은 현지 플랜트 건설분야에서 두드러진 활약을 보이고 있다.

공사 입찰, 한국보다 까다롭고 감리 철저

글로텍은 유럽의 업체들이 독식해 온 이 분야에 뛰어들어 해마다 수주 물량을 키워가고 있다. 관심 분야는 정유·저유공장이나 시멘트공장 등의 각종 파이프라인 공사. 자재와 시설은 대부분 한국산을 쓴다. 상근 인원은 한국인 2명, 제3

가나의 테마 정유소 직원들이 작업을 하고 있다.

국인 기술자 2명 등 약 40명인데, 큰 공사를 따면 현지 근로자 200~300명씩을 추가로 고용한다.

글로텍은 요즘 노르웨이 측이 투자한 토목공사를 벌이고 있다. 시멘트공장을 확장하는 일이다. 공사 규모는 200만 달러 수준이다. 최근 미국 자본이 투자되는 아스팔트 생산공장에도 견적을 내고 수주 경쟁에 나섰다. 2000만 달러짜리 공사 가운데 절반 이상을 글로텍이 맡게 될 것으로 기대하고 있다.

글로텍 엔지니어링 임도재 사장은 말한다. "아프리카라고 건설 공사를 만만히 보다간 큰코다쳐요. 공사 입찰이 한국보다 까다롭고 감리도 철저합니다."

기술 훈련소 설립 추진

이 회사 임 사장은 "관공사의 경우 정부 관계자가 감리와 함께 다달이 공사 내용을 점검한다."고 한다. 이런 까다로움 때문에 큰 공사는 거의 실력 있는 외국 회사가 수주하기 마련이다.

이곳 건설업체들은 거의 빚이 없어 재무구조도 견실하다.

글로텍이 쓰는 공장 부지는 3000여 평. 60년 임차료로 4만 달러(약 5200만 원)를 냈다. 사용료로 해마다 300달러(약 39만 원)씩 낸다. 일부러 넓은 터를 빌린 것은 나중에 전기 제품 생산공장을 세우려는 뜻에서다.

사업은 궤도에 올랐지만 치안의 불안 등 외지인으로서 겪는 고충은 적지 않다. 지난 해 그의 공장은 두 차례나 무장 강도에게 털렸다. 휴일 경비가 있는데도 총을 든 떼강도가 공장 문을 밀고 들어와 스테인리스 파이프 같은 비싼 자재를 잔뜩 실어가 버렸다. 그나마 사람이 다치지 않았으니 다행이라고 해야 할까.

임 사장은, 기반이 다져지면 현지 젊은이들을 위해 기술 훈련소를 세울 생각이다. 전기기계 용접, 배관 등 기능인이 아쉬운 이곳 건설현장에 숙련된 인재를 길러 산업화에 일조하겠다는 포부를 갖고 있다.

SK건설이 시공한 테마 정유소.
점심 시간이 되자 현지 근로자들이 공장 밖 식당으로 향하고 있다.

글로텍 엔지니어링

임도재

글로텍 엔지니어링의 임도재 사장은 가나에 오기 전부터 사우디아라비아와 태국 등 해외 건설현장을 누벼왔다.
그가 가나에 온 것은 1993년 SK건설이 이곳에서 저유소 공사를 수주하면서였다. 건설 공사와 함께 그간 SK의 다른 공사 수주에도 한몫을 해왔다.
1998년 글로텍을 설립했고, SK건설은 2000년 사직했다.

－입찰과 공사수주에 어려움은 없나.

여기서는 관공사의 경우 정치인과의 인맥이 많이 작용한다. 국회의장 등 정치 요직은 인사청문회를 거치는데, 일단 검증이 되면 개각이 거의 없어 인간관계가 오래 이어지는 편이다. 다행히 가나 정부 내 중장기 건설계획과 관련해 수석고문으로 조언을 하기도 했고 정·관계 쪽과는 교분도 있어 그런 어려움은 덜하다.

－기반이 튼튼한 유럽회사와 경쟁하기가 쉽지 않을 텐데.

유럽 업체는 인력을 대부분 유럽에서 데려온다. 그러나 우리는 관리직을 빼고는 현지인을 많이 쓴다. 입찰 때 제시 가격이 유럽 업체의 절반 수준이어서 가격 경쟁력은 충분하다. 그렇지만 가격만 싸다고 낙찰되지는 않는다. 인원과 장비 동원 능력도 중요하다. 일만 잘 하면 시스템은 유럽식이어서 합리적인 면이 많다.

－현지인 가운데서 기술 인력 구하기는 용이한가.

기계 용접 배관 등 기능 인력이 태부족이다. 기능 수준도 낮아 애로가 많다.

－앞으로의 사업 전망은.

가나에는 2020년까지 각 지방에 저유소를 세우는 등 중장기 계획이 서 있다. 저유소 간 파이프라인을 건설하게 돼 있어 일감은 풍부할 것이다.

글로텍은 2009년 말 현재 가나에서 플랜트 건설분야에서 가장 큰 업체로 성장한 상태.
임도재 사장은 2009년부터 가나 한인회 회장을 맡고 있다.

해안에서 작은 목선을 건조하는 사람들.

평화로워 보이는 가나의 해안 마을.

가나 도심의 시장 풍경들.

AIDS! AIDS!AIDS!
FATHER, MOTHER, BROTHER
SISTER, LET US ALL.
HELP TO SAVE OUR
LIVES FROM THE HORRIBLE
DEATH OF HIV / AIDS.
PROSTITUTION SPREADS
AIDS SO CHANGE
YOUR SEXUAL HABITS.
NA
WA

아크라 시 외곽
자연치료 진료소
건물 외벽.
에이즈의 위험을
경고하는 문구와
그림이 그려져 있다.

5
나이지리아

영국의 세 배가 넘는 면적에
아프리카 대륙에서 인구가 가장 많은 나라가 나이지리아이다.
옛 수도인 라고스는 인구도 많고 외지인도 많아서인지
범죄율이 가장 높은 도시로 알려져 있다.
산유국인 이 나라는
1970년 오일 가격이 폭등하면서 큰 재미를 보는 듯했지만
곧이어 독재와 내전·기근·실업·인구 과잉 등으로
홍역을 치르기도 했다.
1999년 이후 새롭게 안정을 되찾아가고 있다.

14 · 나이지리아(1)-옛 수도, 라고스

눈 뜨고 있어도 코 베어 가는 국제사기 극성

나이지리아의 옛 수도 라고스에는 유난히 사람과 자동차가 많다.
차선도 없는 간선도로에서 차량들은 너나 할 것 없이
지그재그로 곡예운전을 일삼는다.
차가 끼어들 때마다 여기저기서 빵빵거리는 소리가 요란하다.
이곳 사람들은 '속담'과 '격언'을 즐겨 쓴다더니
승합차나 화물차 뒤에 페인트로 흥미로운 문구를
써 붙이고 다니는 차량을 종종 볼 수 있다.

'아무도 믿지 말라(Trust Nobody).' '돈이 없으면 낙(꿀)이 없다(No money, no honey).' '돈 없으면 친구도 없다(No money no friend).' '게으른 자는 먹지 말라(Lazy man no food).' 등…, 대도시라 인심이 사나워진 것인가. 여느 아프리카 지역과 달리 치열한 생존경쟁과 자본주의 냄새가 물씬 풍긴다.

나이지리아 인구는 1억 2500만. 아프리카에서 사람이 가장 많은 나라이다. 라고스에만 1300만 명이 몰려 산다. 영어를 공용어로 쓰지만 전국적으로 250여 종족에 언어도 250개나 된다. 세계 7위의 산유국이기도 하다.

산유량 많아도 심각한 전기난

라고스에선 전기가 자주 나갔다. 호텔이나 공장은 물론 외국인 아파트와

라고스의 아일랜드 마켓. 우리나라 남대문 시장보다 서너 배나 큰 초대형 시장이다.

가정집에도 자체 발전기를 갖춰놓고 정전 때마다 가동한다. 밤길은 늘 캄캄하다. 가로등은 서 있지만 정작 전등이 달려 있지 않은 탓이다. 돈이 될 만한 물건은 사람들이 다 떼어가기 때문이다.

교민들은 취재진에게 신신당부했다.

"차를 타고 다닐 땐 유리창을 열어 놓지 마세요. 열린 문으로 안경이든 가방이든 날치기해 가거든요."

취재진이 라고스 도심의 재래시장 '아일랜드 마켓'을 구경하고 싶다고 하자 몇몇 교민들은 '위험천만'이라며 고개를 저었다. 좀도둑이 극성인데다 사진기

같이 값비싼 물건을 지닌 외국인은 여지없이 표적이 된다는 것이다.

"여긴 눈 뜨고 있어도 코 베어 가는 곳이에요. 외국인은 감히 들어갈 엄두를 못 내는 곳이죠."

다행히 시장 사정에 밝은 류정현(인터뷰 참조) 씨가 취재진을 안내하겠다고 나섰다. 그는 시장 치안을 담당하는 사설 경비대에 연락해 건장한 경비원 두 명을 불렀다. 시장을 돌아보는 동안 이들은 취재진을 앞뒤에서 든든하게 지켜주었다.

아일랜드 마켓은 서울 남대문 시장의 서너 배나 될 만큼 거대한 규모를 자랑한다. 몇 개 구획에 따라 기계류에서부터 섬유, 가방, 식기류와 청과물, 액세서리 등 온갖 물건을 다 팔고 있다. 물건값이 싸 현지의 알뜰 주부는 물론 각지에서 도·소매업을 하는 고객이 몰려든다.

아일랜드 마켓에서 시민과 이야기를 나누는 류정현 씨.

아일랜드 마켓의 전자 제품 상점.

시장은 어딜 가나 온통 사람 물결이다. 좌판 앞에서 딸랑딸랑 종을 흔들며 손님을 부르는 상인들, 아기를 업은 채 옷가지나 장난감을 들고 서 있는 여인들, 노점과 상인, 행인들이 뒤엉켜 길을 헤쳐가기가 여간 힘들지 않다.

섬유시장 입구 '이두모타' 라는 곳은 거대한 인파와 차량들로 장관을 이루고 있었다. 차량들은 연신 경적을 울리며 사람들 틈에서 거북이처럼 기어간다. 육교를 이용하는 사람은 여기선 바보처럼 보인다. 모두들 바로 옆에 육교를 두고도 그냥 차도로 건너 다닌다.

위조 달러로 외국인 후려

시장 한 켠 건물 벽 붉은 페인트 글씨가 이채롭다.

'여기는 팔 집이 아니다. 419를 조심하라.'

라고스의 아일랜드 마켓 입구에 있는 건물의 벽. '여기는 팔 집이 아니다. 419를 조심하라.'는 문구를 써 놓았다.

이게 무슨 말일까. 현지인들의 설명에 실소가 터진다.

"집이나 땅을 사고 나면 '내가 진짜 주인'이라는 사람이 몇 명씩 나타난다. 주인이 버젓이 살고 있는데 서류까지 들고 와서 '내가 산 집이니 비워 달라.'는 경우도 있다. 이런 황당한 일을 겪은 주인이 '사기(詐欺)를 조심하라.'는 뜻으로 써 붙인 경고문이다."

그 유명한 '419사기' 때문에 나이지리아 인들도 꽤나 시달리는 모양이다. 이야말로 '눈 뜨고 있어도 코 베어 가는 세상' 얘기가 아닌가.

이 나라 형법 제419조와 관련된다 하여 '419'로도 불리는 나이지리아 국제 사기는 세계적으로 유명하다. 각종 피해 사례와 경고 내용을 담은 영문 책자만 수십 종이 나와 있다. 1980년대부터 세계를 무대로 횡행한 이 사기 피해 규모는 해마다 늘어 2002년 한 해만도 5억 달러(약 6500억 원)가 넘는 것으로 추산되고 있다.

사기단은 흔히 국영 석유회사 임원이나 정변을 겪은 장군 가족을 사칭한다. 외국 기업인에게 비밀자금 밀반출을 도와주면 거액을 사례하겠다며 팩스나 이메일을 보낸다. 답신이 오면 구좌 개설과 함께 현지 송금 등 거래실적이 필요하다고 요청한다. 보낸 돈을 떼이는 것은 물론이다.

합법적인 무역을 가장해 외상수입이나 가짜수표 거래, 입찰에 필요한 기업 등록비를 보내라는 등의 수법으로 거액을 떼어 먹기도 한다. 위조 달러화를 검게 변색해 놓은 뒤 눈앞에서 화학약품을 이용해 진짜처럼 복원시켜 가며 사람을 후리기도 한다. 국내 중소기업인 S씨를 비롯해 최근에도 60대 한국인이 100만 달러를 사기당한 사례가 현지 한인사회에 회자되고 있다.

"일확천금 꿈꾸다간 몽땅 털리기 마련."이고 "피해 본 뒤엔 어디 하소연해 봐야 소용없다."는 것이 교민들의 얘기다.

차량과 인파로 붐비는 라고스의 재래시장. 아일랜드 마켓 입구. 아프리카에서 가장 큰 재래시장이다.

떼강도 많은 라고스

나이지리아에서는 강도나 날치기를 늘 조심해야 한다. 피해자가 워낙 많아 '론리 플래닛' 같은 여행 안내서는 여행객의 주의를 신신당부하고 있다.
총기를 든 떼강도가 공장을 터는 일이 잦고 심지어 고속도로를 점거한 채 지나는 차량을 세워가며 금품을 챙기기도 한다. 한인들은 비교적 치안이 좋은 지역에 살지만 그래도 공장이나 집을 털린 사람이 상당수 있다.

장판을 생산하는 '태우' 현지 공장에서 5년간 일하다 최근 무역업에 나선 박청종(朴淸鐘. 호건 무역 사장) 씨는 다음과 같은 경험담을 들려줬다.

"1997년 라고스에 온 지 몇 달 만에 밤손님이 닥쳤다. 밤 12시쯤 무장강도 30여 명이 공장 벽에 구멍을 뚫고 침입했다. 개 다섯 마리가 미친 듯 짖어대도 아랑곳하지 않고 유리창을 부수고 사무실과 숙소까지 들어왔다. 나를 포함해 몇몇 직원이 회사에서 기거할 때였다. 강도들은 경비원들을 묶어놓고 여기저기 샅샅이 뒤졌다."

생각한 만큼 금품이 나오지 않자 강도들이 그를 닦달하기 시작했다. 마침 숙소 한 구석에 어느 한인이 팔려고 맡겨 놓은 시계 가방을 가리키니 이를 열어 본 뒤에야 흡족해 하며 물러갔다. 그 사이 신고를 받고 출동했던 경찰은 강도 수가 많은 것을 보고는 퇴각해 버렸다. 한참 뒤 경찰은 인원을 늘려 다시 왔지만 공포만 쏘아댈 뿐 검거할 엄두를 내지 못했다고 한다.
이런 일을 겪은 '태우' 측은 공장에 무장경비원 4명씩을 2교대로 근무시키고 있다. 경비원은 저마다 7연발 산탄엽총을 갖추고 있다.
태동 측 비닐공장에도 성탄절에 강도가 들었다. 신고는 했지만 출동한 경찰은 밖에서 공포만 쏘아댔다. 공장 옆 숙소에 있던 직원들은 벽에 기댄 채 불안에 떨어야 했다.

한번은 야밤에 강도들이 용접기로 공장의 철제지붕을 뚫고 들어와 쌓아 놓은 물건을 잔뜩 실어간 적도 있었다. 장거리 여행 때도 가끔 외지인을 위협하거나 트집을 잡아 돈을 뜯어가는 현지인을 만난다. 자연히 멀리 돌아다니는 영업활동에는 어려움을 겪고 있다.

"답답한 한국보다 편하고 좋아요"

아프리카 곳곳에는 한인이 운영하는 식당이나 게스트 하우스,
호텔이 있다. 덕분에 취재진은 아프리카 여러 나라를 돌면서도
김치 · 된장찌개 같은 한식을 자주 먹을 수 있었다.
나이지리아의 라고스만 해도 한인이 운영하는 게스트 하우스가 두 군데 있다.
사업차 라고스를 찾는 한국인들은 호텔보다 주로 이런 곳에 많이 묵는다.
식사는 물론 의사소통이 편하고 한국과의 이메일 등이 손쉽기 때문이다.

라고스에 도착한 첫날, 한인이 운영한다는 게스트 하우스를 찾았을 때 기자는 깜짝 놀랐다. 1980년대 초반 K연구소에서 종종 만났던 한 여직원이 이곳의 주인이었기 때문이다. 혹시나 '아프리카에 아직도 있을까.' 궁금했던 그 얼굴을 여기서 보게 되다니…….

아프리카 취재를 떠나면서 기자는 일찍이 나이지리아로 간 그녀를 떠올렸다. 지금은 고인이 된 H박사 등 몇몇 교수들의 원고를 받으려고 연구소에 들를 때면 가끔 대했던 여직원 유수항 씨였다. 89년 어느 날 그녀가 아프리카 나이지리아로 떠난다며 작별 인사를 할 때 기자는 경이와 호기심을 느꼈었다.

"아프리카에 가서 살겠다"

왜 아프리카로 가려는 걸까. 결혼도 안 한 20대 여성이 거기까지 가서 무얼 하려는 것일까. 당시 그녀의 설명에도 불구하고 기자에겐 "아프리카에 가서 살겠다."는 생각이 그저 당돌하고 납득하기 어려운 선택으로만 여겨졌었다.

유수항 씨가 운영하는 게스트 하우스에서의 한때. 가운데가 유수항 씨, 왼쪽 두 번째가 남편 김태철 씨.

그 뒤 어떻게 됐을까 궁금했던 여성을 바로 이곳 라고스의 게스트 하우스에서 만난 것이다.

그녀는 나이지리아로 떠나기 앞서 나름대로 현지사정을 탐문하고 시장조사를 하는 등 준비과정을 거쳤다고 한다. 그러나 막상 현지에 도착해 보니 예상과는 딴판이었다. 처음 계획했던 의류수입은 법적으로 금지돼 있어 시작도 할 수 없었다. 다행히 한국과 나이지리아를 오가며 사업을 하던 한인의 일을 도우며 생활 기반을 닦을 수 있었다.

몇 년 뒤 그녀는 대우건설에서 현지에 파견돼 일하던 김태철 씨와 결혼했다. 김 씨는 한국 수출업체의 현지 영업관리를 도우며 전기 용접기 등 기계류를 수입·판매하고 있었다. 둘 사이에는 아들이 하나 있다.

기자는 십여 년 만에 만난 그녀에게 다시 물었다. "그때 왜 아프리카로 갈 생각을 했느냐."고.

"선배 교수 멱살 잡는 이념 갈등이 싫었다"

"한국 사회가 너무 싫었어요. 일하던 곳 분위기도 살벌했고 후배 교수가 선배 교수에게 삿대질까지 하는 하극상은 옆에서 차마 보고 있을 수가 없었어요. 친구와 '한국 탈출'을 생각하다가 결단을 내렸지요."

80년대 중반, 대학가와 학계에서는 이데올로기나 현실참여 논쟁이 뜨거웠고 지식인 사회도 날카로운 대립과 분열상을 보이고 있었다. 연구소에서 일하는 동안 그녀는 눈앞에서 벌어지는 온갖 추태를 보며 염증을 느꼈다. 차라리 먼 미지의 땅으로 떠나고 싶다는 생각을 했다는 것이다. 게다가 무슨 인연이 있었는지 연구소에서 나이지리아 초빙 교수의 얘기를 가끔 들은 것도 계기가 됐다.

부모와 친지들의 만류와 걱정을 마다하고 그녀는 아프리카로 갔다. 모험의 길을 택한 것이다.

게스트 하우스에서의 한식 파티.
타지에서 쓸쓸히 명절을 맞이하는
한인들을 위해 이런 자리를 마련하기도 한다.

한국보다 편한 타향살이

이곳 한인사회인들 어찌 이런저런 구설이 없었으랴. 혹시 무슨 문제가 있어 외지로 떠도는 여자가 아닌가 하는 의혹의 시선들이……. 그래도 그녀는 나이지리아에서의 타향살이가 한국에서의 생활보다 편하다고 한다. 여기저기 인사 차리고 남의 눈치 안 봐도 괜찮으니까.

"한국에 가면 피곤한 일이 많아요. 왜

화장하고 옷 입는 데 그처럼 신경
들을 많이 쓰는지. 헐한 옷차림이
나 화장기 없는 얼굴을 하면, 아는
이들은 모두 의아한 눈초리죠. 시
간시간 쪼개 써야 하는 그 틀에 짜
인 생활, 여유없이 바쁘고 고단한
삶도 내키지 않아요. 서울 가면 얼
른 이곳으로 돌아오고픈 생각이 듭
니다.”

게스트 하우스에 묵는 손님들의 식사를 위해
시장에서 야채와 과일을 고르는 유수항 씨.

그녀는 윤택한 생활을 하고 있었
다. 여느 외국인 가정이 그렇듯이
집에는 가정부와 운전기사가 있었고 경비원이 대문을 지키고 있었다. 현지인들
의 한 달 인건비는 게스트 하우스에 묵는 손님들의 하루 이틀 방값이면 다 해결
되고 있었다. 아들은 프랑스 학교에 다니고 있었고 가정교사가 프랑스 어 등을
지도해 주고 있었다.

그녀는 일주일에 며칠씩 골프를 즐긴다고 했다. 아이가 방학을 하면 1~2주씩
스위스와 프랑스·이집트 등지를 함께 여행한다. 그녀의 삶은 정신적으로나 물
질적으로 한국의 여느 가정주부나 직장여성들보다 훨씬 풍요로워 보였다.

외지인에게는 험하게만 보이는 나이지리아이지만 이처럼 편안하고 윤택하게
사는 한인들은 생각보다 적지 않았다.

낯선 환경도 친숙해지면 고향이나 다름없고 몰랐던 사람들도 정이 들면 친척
들보다 더 가까워지기 마련인가.

유수항 씨는 2009년 현재도 게스트 하우스를 운영하고 있다. 2010년에는 라고스에 소규모 호텔을 세
울 예정으로 부지를 확보해 놓았다고 한다. 남편 김태철 씨는 용접봉·튜브·밧데리 등 다양한 품목의
무역업에 종사하면서 2007~2008년, 이곳 한인회 회장을 맡은 바 있다.
전화: 234-8033021669, 234-1-7760648 이메일: tckim2000@yahoo.co.kr

값싼 중국산 밀물, 고급화로 승부

나이지리아 라고스의 한인은 상사 주재원과 대사관 직원을 다 합쳐 약 150명.
현지에 뿌리내린 교민으로는 20여 가구 100여 명이 있다.
한인업체로는 '니나'와 '린다' 가발업체 두 곳 외에
비닐백을 만들거나 관련 기계류를 파는 업체가 10여 곳,
플라스틱, 장판 제조업체와 섬유류 무역상 등이 있다.

(주)태동 강태서 사장

나이지리아에서 일찌기 사업기반을 닦은 교민으로는 '㈜태동' 강태서 사장을 들 수 있다. 그는 라고스의 오래군과 오바니코로 등 공장 세 곳에서 칫솔과 포장용 비닐백, 쇼핑백, 다양한 크기의 플라스틱 통과 파이프용 PVC 등을 생산한다. 현지 직원은 약 200명. 한국인 5~6명을 포함해 외국인 15명이 있다.

플라스틱 · 장판 · 비닐백 · 가발공장 성업

중동 건설붐이 일던 1970년대 초, 사우디아라비아와 쿠웨이트 등지를 오가며 섬유를 수출하던 그는 74년 나이지리아에 왔다. 초기에는 한국에서 브래지어,

(주)태동의 비닐 생산공장에서 직원들이 일하고 있다.

속치마 등 섬유류를 가져다 팔면서 재미를 보았다. 한동안 전자시계와 콘택트렌즈, 라디오, 유아용 우유병 젖꼭지와 의약품 등을 수입해 팔기도 했으나 79년부터는 라고스에 봉제공장을 차려 운영하기도 했다.

"여기 인구가 1억 2500만이나 되니 아프리카에선 가장 큰 시장이죠. 예전엔 섬유나 잡화류가 불티나게 팔렸습니다. 80년대 중반까지는 다른 한인들도 대개 잡화류를 가져다 팔았죠. 그러나 중국제품이 밀려들면서 한국상품은 가격 경쟁력을 잃었어요."

금호 등 한국산 타이어를 수입·판매해 오던 강 사장은 94년부터 중국산을 취급하고 있다.

"현재 나이지리아 타이어시장은 70%쯤을 중국산이 장악하고 있어요. 칫솔 비

라고스에서 각종 비닐백과 플라스틱 통을 만드는 태동 공장 내부.
직원들이 생산된 플라스틱 통을 포장하고 있다.

닐백도 3~4년 전까지는 잘 나갔지만 관련업체가 부쩍 늘면서 이윤이 뚝 떨어졌
지요."

　요즘 그는 이들 제품생산 기계를 인도 인들에게 넘기는 한편 고급 제품으로
차별화를 꾀하고 있다. 올 들어 시작한 파이프용 PVC는 시설투자에 큰돈이 드
는 만큼 상당 기간은 경쟁자를 의식하지 않아도 될 거라고 한다.

강 사장은 서울에 아내와 두 딸을 두고 따로 나와 있다. 일에 파묻혀 객지생활만 해 온 그는 가정적으로는 빵점이라고 자평한다. 이곳 공장에서 일하는 한인들도 대개 가족과 떨어져 지낸다.

칫솔공장에서 일하는 하철우 씨는 부산이 고향으로 1994년부터 9년째 이곳에서 일하고 있다. 유임진 씨는 2001년에 와 쇼핑백 분야에서 일하고 있다. 집은 대전에 있다. 이들은 1년에 한 달 휴가를 얻어 비로소 고향을 찾는다.

"하루 종일 일해도 재미있어요"

강 사장은 아침 출근하자마자 공장을 돌아본다. 타이어 등 도착한 컨테이너 물량을 확인하고 갖가지 서류와 팩스, 장부 등을 살핀다. 지출 사항을 결제하고 매출액을 점검한다. 바쁘다 보니 점심은 짜파게티나 라면으로 때울 때가 많다. 물건을 많이 사 가는 손님들과는 직접 흥정하기도 한다. 귀가한 뒤에도 오후 열 시까지 서울에서 보내 온 서류와 팩스 등을 확인하고 전화 통화를 한다. 일요일에도 공장에 나갈 때가 많다.

"사람들은 종일 일에 파묻혀 지내는 절 의아하게 봅니다. 그래도 재미있으니 하죠. 힘들고 지치면 어떻게 계속하겠어요. 눈 뜨고 있는 한 쉬지 않을 겁니다."

그는 은행 돈을 한 푼도 쓰지 않고 자수성가한 사업가이다. 앞으로 큰 체육관이나 양로원을 지어 현지인들에게 고마움을 돌렸으면 하는 생각을 갖고 있다.

태동 강태서 회장은 2009년 현재 건강이 안 좋아 서울에서 요양 치료중이다. 나이지리아 현지에서는 큰동서인 전인구 사장이 사업을 이끌고 있다.

독보적 인조가죽 생산업체 '태우'

한인업체 가운데는 장판을 제조 판매하는 태우도 눈길을 끈다. 태우는 95년 인
도네시아에 있던 기계시설 등 500만 달러어치를 이곳에 투자했다. 인도네시아의
정정 불안이나 한국에서 '환란'이 일어나기 전에 생산거점을 미리 옮겨 놓은 덕
에, 남들은 다 어려워하던 때에도 승승장구할 수 있었다. 운도 따른 셈이었다.

태우는 각종 장판과 가방, 소파 등에 쓰이는 인조가죽을 생산한다. 한국인 여
섯 명에 전체 종업원은 180여 명이다.

라고스에 있는 태우의 비닐공장에서 직원들이 작업을 하고 있다.

태우의 비닐공장에서 일하는 현지인.

　최근까지도 비닐장판 공장은 이곳 나이지리아는 물론 인근 서부 아프리카 어느 나라에도 없는 터여서 수요는 폭발적이었다. 덕분에 공장을 하루 24시간씩 가동해 온 지가 몇 년째이다. 워낙 수요가 많다 보니 현금을 가져 오는 사람에게만 물건을 판다.

　그러나 이 분야도 점차 값싼 중국제품의 도전이 거세지고 있다. 현지에 새로 공장을 차리려는 사람도 생기고 있어 머지않아 업체 간 경쟁이 치열해질 거라고 한다.

대우건설 직원·현지 근로자 300여 명 진출

나이지리아에 진출한 대우건설 근로자들이 보니 부근 늪지대에서
길이 190km나 되는 파이프라인 설치공사를 하고 있다. 이 파이프라인은 원유산지에서 발생하는 가스를
액화천연가스 공장으로 보내기 위한 것이다.

　라고스에서 동남쪽으로 500㎞쯤 떨어진 포트하코트 보니 섬 등지는 대우건설 직원과 기능직 근로자 등 300여 명이 일한다. 이들은 외딴 공사현장에서 일하고 합숙하기 때문에 다른 교민들과의 교류는 별로 없다.

　전기, 용접 등 각종 기능직에 종사하는 이들은 대개 1년 계약으로 이곳에 오지만 계약 기간을 연장해 4~5년씩 지내는 이가 많다. 이들은 현지인 3000여 명과 함께 석유나 천연가스 생산처리에 관련된 플랜트 설비공사와 토목공사를 벌이고 있다.

류정현 사장

치안 사정이 안 좋은 라고스, 그 중에서도 외국인은 접근조차 꺼리는 아일랜드 마켓에서 자수 도매업을 하는 한국인이 있다. '밀레니엄 매매사'를 운영하는 류정현 사장이다. 그는 10년째 라고스에서 장사를 해 왔다.

-이곳에 온 지는 얼마나 됐나.

1992년에 왔다. 처음 수출한 잡화류 수금 때문에 왔다가 이곳 사정을 알게 됐다. 어차피 현지인과 직접 부딪치지 않으면 장사가 어렵다고 생각해 아예 이곳으로 왔다. 지금은 주로 자수를 많이 취급한다.

-재래시장에서 사업하기가 쉽지 않을 텐데.

어려움이야 이루 말할 수 없다. 외상이나 신용거래가 어려운 사회다. 현지인을 만만히 보았다가는 백이면 백 실패한다. 하지만 이들에게 한번 인정받으면 아주 끈끈한 관계가 된다. 남들은 여기가 위험하다고 하지만 정이 드니 오히려 더 편하다.

-한국 물건을 주로 파는가.

그렇다. 자수 옷은 더운 지방에서는 시원하게 입을 수 있어 인기다. 물건은 컨테이너 한 대당 15만 달러를 들여 가져 온다. 요즘에는 이곳 나이지리아 인 중간상들이 직접 한국에서 사오는 예도 많다. 이들은 이곳 물정에 밝은데다 세금도 훨씬 덜 내면서 장사한다. 외국인으로서는 불리할 수밖에 없다. 더구나 한국제품은 값싼 중국제에 밀려 경쟁력이 자꾸 떨어지고 있다. 한국 회사끼리의 경쟁으로 값도 이윤도 떨어져 설 땅이 자꾸 좁아지고 있다.

취재 당시 류 씨는 부인 선상희 씨와 함께 독일 인이 많이 사는 라고스 시내의 아파파지구 아파트단지에서 살았다. 레바논 스쿨을 다녔던 두 아들은 남아공 요하네스버그에서 유학 생활을 했다. 그러나 2009년 현지에 재확인해 보니 류 씨는 이미 수년 전에 사업을 접었다고 한다.

"배고픈 이에게는 밥을 주시고 배부른 이에게는 정의를 주소서"

아프리카 주민들이 가장 즐겨 먹는 농산물은 카사바 · 얌 · 고구마 · 옥수수 등이다.
이들 주식의 품종이 한국인 농학자에 의해 개발됐다는 사실은 꽤나 흥미롭다.
나이지리아에는 아프리카의 식량 문제 해결에
크게 기여한 한국인의 자취가 남아 있다.
이바단에 있는 유엔 산하 국제열대농업연구소(IITA)를 무대로
'슈퍼 카사바'를 개발한 한상기 박사(미국 조지아대 명예교수)가 그 주인공이다.

비가 많이 내리는 아프리카 중서부에는 식량이 될만한 작물이라곤 얌(yam)과
식용 바나나뿐이어서 사람들은 늘 기근에 시달려야 했다. 식량 때문에 부족 간
전쟁도 끊이지 않았다.

아프리카 사람들의 식량난에 줄곧 관심을 가져온 한상기 박사는 서울대 농대
교수로 있던 1970년 선택의 길에 서게 된다. 그간 자신의 연구 성과를 인정해 초
청해 준 케임브리지 대학에서 장학 혜택을 받으며 유전학 연구에 몰두할 것인
지, 나이지리아 소재 열대 농업연구소로 갈 것인지에 대한 선택이었다.

"어려운 이웃과 함께 하고 싶었다"

어느 곳을 택하든 작물 연구를 하는 건 마찬가지였다. 하지만 어려운 이웃과
더불어 조금이라도 나눌 수 있는 삶을 실천하고 싶었다.

"내 자신과 가족에게 안락한 길은 아니었습니다. 가족 모두에게 희생과 감내
를 요구해야 하는 어려운 길이었지요. 그러나 보람 있는 삶이라 여겼어요. '죽어

슈퍼 카사바 경작지에서 연구원과 농민들이 재배 상태를 살피고 있다.

서 시체로 돌아오는 한이 있어도……' 라는 각오로 떠났으니까요."

1971년 5월, 그는 망설임 없이 아프리카행 비행기에 몸을 실었다. 항공기 사정이 열악하던 때여서 목적지인 이바단까지 가는 길은 험난했다. 서울을 출발해 홍콩–방콕–뭄바이–아덴–아디스 아바바–나이로비–엔테베–라고스를 경유해 4일 만에 도착했다.

박사는 곧 나이지리아 이바단 시 근교에 위치한 국제열대농학연구소에 몸담고 작물의 육종연구에 착수했다. 연구에 필요한 작물채집을 위한 출장이 잦았으나 불가피한 일이었다.

"치안이 불안한 아프리카에서 작물을 채집하기 위해 여기저기를 다녀야 했어요. 그래서 출장 갈 때면 미리 유서를 써 놓고 다녔어요."

연구소 시절, 내란과 비행기 사고로 동료 연구원을 몇 명 잃기도 했다. 어려운 고비를 넘기며 1971년부터 23년 동안 포드재단과 록펠러재단의 지원을 받아 카

상인들이 가공된 카사바 '가리'를 거리에서 팔고 있다.

사바·얌·고구마·식용 바나나의 우수품종을 개발, 아프리카 곳곳에 보급했다.

버릴 데 없는 식용작물, '카사바'

카사바가 식용으로 쓰이기 시작한 것은 16세기 말로 거슬러 올라간다. 남아메리카를 발견한 유럽 인들은 카사바가 브라질 원주민에게 식용으로 쓰이는 것을 보고 아프리카로 가져갔다. 흑인 노예들에게 카사바 농사를 시키며 노예들과 자신들의 식량으로 이용했다.

카사바(일명 타피오카, 마니옥)는 남아메리카가 원산지인 뿌리작물. 재배가 쉽고 다수성(多收性)이다. 잎에는 여러가지 비타민과 단백질이 풍부해 채소로 먹는다. 대궁이(충청도 사투리. 영어로는 stem, 한자로는 莖-줄기를 뜻함)는 다시 재배하기 위해 30㎝ 가량을 잘라 땅에 심는다. 전분이 주성분인 뿌리는 발효시킨 후 떡처럼 쪄먹거나 절구에 찧은 잎과 함께 국으로 끓여 먹는다.

뿌리, 잎, 줄기 모두를 이용할 수 있는 카사바는 가난한 아프리카 사람들의 주린 배와 부족한 영양 공급에 최적인 맞춤형 식용작물인 셈이다.

나이지리아 사람들은 카사바 뿌리를 가공하여 '가리'와 '후후' 라는 음식으로 만들어 먹는다. 가리와 후후는 만들기도 쉽고 먹기에도 간편하여 아프리카형 '인스턴트' 음식이라고 할 수 있다. 가리와 후후를 끓는 물에 담그면 곧바로 떡처럼 된다. 이것을 손으로 떼어 수프에 적셔 먹는다. 수저를 이용하는 우리와 달리 손으로 감촉을 즐긴 다음 입에 넣어 꿀꺽 삼킨다.

'내병 다수성(耐病 多收性) 슈퍼 카사바' 개량

한 박사가 연구를 시작하였을 당시 카사바 등의 작물들은 아프리카 곳곳에서 바이러스와 박테리아 병으로 몸살을 앓고 있었다. 잎은 시들고 수확량도 격감해 식량난이 극심하였다. 박사는 카사바를 좀먹는 면충에 저항력을 지닌 새 품종을 만드는 연구에 착수했다.

"온갖 실험 끝에 브라질에서 도입한 야생종과의 종간잡종(種間雜種)으로부터 박테리아와 바이러스에 저항성을 지닌 유전인자를 발견했습니다."

한 박사는 이를 '천행'이었다고 말한다. 이는 농약의 폐해를 의식해 천적을 찾고자 애쓴 결과였다.

그는 현지 재배품종과의 교배를 통해 '내병 다수성 슈퍼 카사바'를 육성하게 된다. 내병 다수성 슈퍼 카사바는 세계은행과 UNDP 등 여러 기관으로부터 재정지원을 받아 대량증식됐다. 나이지리아는 물론 아프리카 전역에 대대적으로 보급되었다.

초기에 이를 심었던 아키레 지역 주민들은 감사의 뜻으로 그를 명예추장으로 추대했다.

아키레 읍 명예추장 대관식 때.

한상기 박사와 슈퍼 카사바.
카사바의 잎과 뿌리에는 상당량의 청산이 들어 있어 꼭 가공하여 먹어야 한다.

식량난 해결과 자립기반 결실

박사는 개량된 슈퍼 카사바의 보급을 위해 중부 아프리카 전역에 걸쳐 훈련생 700여 명을 양성해 각 나라로 파견했다. 그들의 귀국 후 활동을 뒷받침하기 위해 관련기관들과 연결시켜 재정지원을 받을 수 있도록 했다. 훈련생 일부는 석·박사학위도 취득케 했다. 또한 여러 국제기관과 정부로부터 직접 기금을 얻어 연구소 동료 농학자들을 자이레(콩고민주공화국)·카메룬·가나·말라위·루안다·우간다에 장기간 파견했다. 현지에서 자국의 농학 연구 능력을 키울 수 있도록 하기 위해서였다.

슈퍼 카사바는 병충해가 극심했던 지역에서도 잘 자랐다. 양질에 수량도 열 배 이상이나 늘어 재배 지역은 물론 인근 국가들의 식량난을 해결해 주었다.

현재 나이지리아는 슈퍼 카사바의 최대 생산국으로, 세계보건기구의 통계에 의하면 4백만 정보의 농지에서 카사바가 재배되고 있다. 카메룬·베닌·토고· 가나 등지에서도 대량재배 생산되고 있다.

식량 문제를 스스로 해결할 수 있는 능력을 길러준 것. 이는 한상기 박사가 아프리카에서 20여 년간 일궈 낸 값진 결실이다.

한 박사는 빈곤과 기아의 땅에서 늘 이런 기도를 암송했다고 한다.

주여
굶주리는 이에게는
밥을 주시고,
밥이 있는 이에게는
정의를 위한
굶주림을 주소서.

한상기 박사는 은퇴하여 세 자녀가 살고 있는 미국 클리블랜드 근교 도시(큰딸은 한국 수원에서 살고 있음) 에서 살고 있다. 몇 년 전에는 조지아대 교수팀 일원으로 북한과의 농업기술 협력차 방북했었으며 중국 산둥성 농무성의 초청을 받아 그곳 농학자들에게 고구마 연구에 관한 자문을 해주기도 했다.
최근에는 '세계 식량안전과 환경안정에 기여한 점'을 평가받아 카사바 원산국인 브라질 환경장관으로 부터 공로상을 받았다. 고희에 접어든 지금은 신앙생활과 아프리카에서의 체험을 토대로 집필에 전념 하고 있다.

옥수수박사 김순권

'옥수수박사'로 널리 알려진 김순권 박사(경북대 명예교수)도 79년부터 17년 동안 이곳에서 아프리카 토양에 맞는 옥수수를 개발했다.

김순권 박사가 개발해 보급한 교잡종 옥수수는 현지인들이 심어 온 옥수수에 비해 수확량이 세 배나 되는 것이었다. 특히 그는 기생잡초 스트라이가에 저항성이 강한 옥수수를 개발했다. 일명 '악마의 풀'이라고 불리는 스트라이가가 번성하면 옥수수·벼·조 등 주요 작물이 완전히 말라죽게 된다. 이 풀은 뽑아내도 곧 되살아나 번성했고 농약으로 제거하려 하면 할수록 변종이 생겨 더 무성해졌다.

그는 기생잡초 '악마의 풀'과 공생할 수 있는 옥수수 품종을 50여 종이나 개발했다. 이로써 농약을 쓰지 않는 환경친화적인 농사, 가난한 아프리카 인에게 돈 들지 않는 농사법이 널리 보급되었다. 농가마다 옥수수 수확이 늘면서, 옥수수를 수입했던 나이지리아는 오히려 수출까지 할 수 있게 됐다.

나이지리아의 마을에서 그는 제1의 명예추장 '마이에군(가난한 이들을 배불리 먹인 사람)'이란 칭호와 '자군몰루(가난을 이긴 장군)'란 칭호를 잇달아 받았다. 아프리카의 식량 문제 해결에 기여한 공로로 한동안 노벨상 후보로 추천되기도 했다.

아프리카 곳곳에 널려 있는 광활한 땅은 이들 농학자 못지않게 부지런하고 재주 많은 한국의 농업인, 대규모 농업 경영인을 기다리고 있을지 모른다.

5
콩고민주공화국

땅덩이가 크고 지하자원도 풍부한 콩고민주공화국은
중앙 아프리카의 요지 중 요지다.
그러나 자원이 풍부한 신생 국가는
외부 이권 개입의 표적이 되기 마련.
여러 해 동안 정부군과 반군 간
국제전 양상을 띤 내전이 이어져 치안 불안이 극심했다.
1998년 한국대사관이 철수하면서 교민들 다수가 이곳을 떠났으나
2008년 대사관 재개 이후 교민 수도 늘고 있다.
열악한 환경에서도 남다른 가능성과 성공을 일구는
한인들이 눈길을 끈다.

독재와 학살… 내전불씨는 잦아들고

아프리카에서는 비행기 연발착이나 결항이 잦다.
취재진은 세네갈에서 코트디부아르행 비행기가 결항하는 바람에
부랴부랴 다른 비행기편을 찾아야 했고,
가나에서는 나이지리아행 비행기가 뜨지 않아
어쩔 수 없이 하루를 더 묵기도 했다.
나이지리아를 떠날 때는 나절가웃을 공항에서 보냈다.

콩고민주공화국(이하 콩고, 옛 이름 자이르)의 수도 킨샤사로 떠나던 날. 취재진은 이른 아침부터 서둘러 오전 아홉 시쯤 라고스 국제공항에 도착했다. 하지만 항공사의 탑승 수속창구 앞 게시판에는 정비관계로 출발이 늦어진다는 짤막한 안내문만 붙어 있었다. 언제 떠난다는 이야기 한마디 없이.

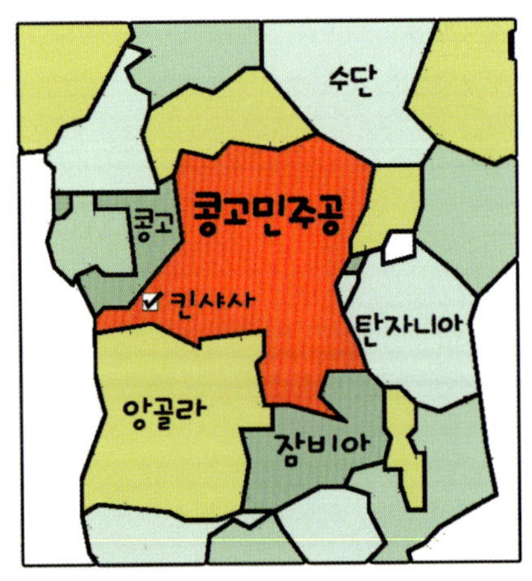

이런 일이 워낙 잦아서인지 문제삼는 사람은 아무도 없는 것 같다. 취재진은 별수없이 어수선한 창구 부근 의자에 앉아 멀뚱멀뚱 아까운 시간을 보내야 했다.

짐 검사까지 세 시간, 다시 탑승자 대기실에서 네 시간을 더 기다려 오후 다섯 시쯤이나 되어 비행기에 오를 수 있었다.

킨샤사 거리는 라고스에 비하면 훨

콩고 킨샤사의 중앙철도역 광장.
앞에 벨기에로부터의 독립을 기념한 독립기념탑이 보이고 멀리 콩고 강이 보인다.

씬 한적한 느낌을 준다. 아스팔트 도로는 곳곳이 패여 있다. 공항에서 호텔로 가
는 차량은 도로의 요철을 피해 갈지(之)자 운행을 계속한다. 땅거미가 진 거리에
는 행인조차 드물다. 외국인은 밤길이 위험해 아예 나다니지 않는다고 한다.

군인·공무원 봉급 겨우 20달러, 부정부패 당연시

콩고는 아프리카에서 가장 풍요한 천연자원을 가졌으면서도 가난에 찌든 곳
이다. 콩고 강은 세계의 8분의 1을 차지하는 수력발전 용량을 자랑하고 이웃 나

킨샤사의 거리 풍경.
조셉 카빌라 대통령의 아버지인 고(故) 로렌트 카빌라 전 대통령의 사진이 걸려 있다.

라에 전기를 수출까지 하고 있지만, 정작 킨샤사에서는 전기가 수시로 나갔다. 땅속에 묻은 전선이 낡고 삭아서 걸핏하면 정전을 일으키는 것이다.

어디 전기뿐이랴. 킨샤사 도심의 건물은 벨기에 식민지 시절이나 독립 직후 세워진 것이 대부분으로 30~40년 전이나 지금이나 별로 달라진 것이 없다고 한다. 겉모습과 달리 속은 허름한 건물이 태반이다.

나라의 젖줄이라는 콩고 강 주변은 비옥한 땅이 지천에 널려 있지만 거의가 놀리는 땅이다. 파인애플이나 옥수수, 닭 등 농산물 대부분을 외국에서 수입하고 있다.

"군인이나 공무원의 봉급이 20달러 수준에 불과합니다. 생활이 워낙 어렵다 보니 부정부패가 만연해 있어요. 예전엔 현지인들이 인심도 좋고 무척 순수했는데 내전과 사회불안에 오래 시달리면서 거칠고 흉흉해졌습니다."

정치·사회적 혼란으로 경제마저 골병이 들었다는 것이 현지 한인들의 얘기이다.

이곳에서 냉동수산물 도매를 하는 이상렬 씨는 내전 당시, 거리에서 불에 탄 시체를 자주 봤다고 한다. 굶주림을 못 이겨 도적질 끝에 붙잡혀 죽어가는 이들, 그런 시신들을 거리에서 마주치는 사람들의 마음이 어찌 너그러울 수 있겠는가.

유엔 평화유지군 주둔, 정치·사회불안 진정

콩고의 면적은 234만 5000㎢. 한반도의 10.5배 크기로 서부 유럽 전체의 땅덩이와도 비슷하다. 아프리카대륙 중심부를 차지하며, 수단·우간다·탄자니아·앙골라 등 9개국과 국경을 접하고 있다. 인구는 5000만 명. 프랑스 어를 공용어로 쓰고 있다.

1960년 벨기에로부터 독립한 뒤 쿠데타로 집권한 모부투 정권의 32년 독재와 잇단 내전으로 국민들은 혹독한 정치·사회적 혼란을 겪어 왔다. 이 때문에 콩고는 최근까지도 여행자들에게는 매우 위험한 지역으로 꼽힌다.

1996년 이후 5년간 두 차례에 걸쳐 벌어진 내전으로, 적어도 300만 명 이상이

킨샤사 도심에서 바라본 콩고 강 하류.

학살당하거나 기아로 숨졌으며 난민 수백만 명이 이웃 나라로 이주했다.

2001년 1월, 로렌트 카빌라 대통령이 경호원에게 암살당한 혼란의 정정 속에서 30대의 젊은이였던 그의 아들 조셉 카빌라가 권좌에 올랐다. 이후 젊은 대통령의 노력으로 외국군이 철수하고 유엔의 평화유지군이 주둔하면서 내전의 기세는 한결 수그러들었다. 그러나 내륙을 차지한 반군 세력들은 유엔이 제시한 정전협상에 나서지 않고 있어 진정한 평화가 언제 정착될지는 아직 불투명하다.

탐욕이 부른 혼란

콩고 내전이 국제전으로 번진 데는 풍부한 '지하자원'이 한몫을 하고 있다. 금과 다이아몬드·콜탄 등 값비싼 귀금속 자원을 둘러싼 이권 다툼이 끊임없이 전쟁을 부추겨 온 것이다.

내전으로 위기에 몰린 전(前) 정권은 짐바브웨와 나미비아에 다이아몬드 채굴권을, 앙골라에는 대서양 연안의 유전 채굴권을 주면서 반군과 싸워 줄 것을 요청했다. 반군들도 점령지역의 풍부한 지하자원을 팔아 군비를 조달해 왔다. 여기에 금·다이아몬드 등의 이권을 놓고 정부군이나 반군에 줄을 댄 인접국과 외세가 합세해 내전종식을 더욱 어렵게 만들고 있다.

콩고에 값나가는 희귀자원이 없었던들, 내전이 이처럼 오래도록 이어지지는 않았을 것이다. 황금에 대한 꿈, 여기에 외세까지 개입한 '탐욕의 국제연대'가 엄청난 인명학살과 난민, 환경파괴를 양산해 온 것이다.

내전의 와중에 치안이 극도로 불안해지자 1998년, 한국대사관은 관저와 집기, 차량 등을 모두 처분하고 철수했다. 그와 함께 160여 명 교민 가운데 절반 이상이 철수했다. 그러나 이곳에서 오랜 기간 생활기반을 다져 온 교민들로서는 일거에 맨손으로 떠날 수 없는 노릇. 60여 명 정도는 킨샤사에 남아 생선 도매업, 사진 현상업 등의 사업을 계속하며 치안이 좋아지기를 고대하고 있다.

"대~한민국서 농업투자해 주세요"

인연이란 참으로 묘하다. 만나고 사귀는 인간 관계가 씨줄과 날줄로 엮여
희로애락의 인생살이와 만화경 같은 세상사를 빚어낸다.
친구나 후배, 가까운 이웃이라도 어떻게 서로의 앞날을
속속들이 내다볼 수 있겠는가. 하물며 신분을 몰랐던 이웃 사람이
훗날 한 나라의 대통령이 될 줄을 누가 상상이나 했겠는가.
한동안 가깝게 지냈다는 사실이, 대통령 가족의 사업체를 떠맡는
인연의 끈이 될 줄은 누구도 모를 일이었다.

콩고에서 '제사크(GESAC : Generation of Sscrifice of Conggo) 그룹' 대표를 맡고 있는 김 데이비드(한국명 김천수) 씨의 '돌출'은 기묘한 인연의 조화를 새삼 일깨워 준다.

그는 조셉 카빌라 콩고 대통령 가족이 운영하는 회사의 대표를 맡고 있다. 보다 정확히 표현하자면 그는 카빌라 대통령의 다섯 친형제자매 가운데 누이동생인 세실리아 옴투왈레 회장이 운영하는 제사크 그룹의 실무 책임자다.

어떻게 한국인인 그가 '새파란' 나이에 이역만리 콩고에서 대통령 가족의 사업을 떠맡을 수 있었을까. 적잖은 호기심을 불러일으키는 대목이다.

제사크 그룹 한국인 대표

그는 1967년생으로 한국외대에서 아프리카 원주민이 쓰는 스와힐리 어를 공부했다. 졸업 후 일본에서 잠시 공부하던 그는 이왕이면 현지 경험을 쌓는 것이 좋을 것이라는 주위의 권고로 89년 탄자니아로 갔다.

제사크 그룹이 운영하는 버스회사 내부(위)와 김 데이비드 씨.

　　수도 다르에스살람의 나망가 옴사사니 지역에서 언어와 풍물을 익히던 그는 93년 무렵, 새로 이사 온 이웃집 아이들과 자주 어울려 지냈다. 바로 세실리아와 그 위로 조세핀, 아래로는 씨씨 등 6남매였다.

　　당시만 해도 그는 말수 적은 그 집 아저씨가 모부투 자이르(콩고) 대통령에 맞서온 저항세력의 지도자인 줄은 전혀 몰랐다. 나중에 알고보니 그는 한동안 우간다에서 망명생활을 하다가 탄자니아로 은신처를 옮긴 콩고의 풍운아 로렌트 카빌라(1939~2001)였던 것이다.

　　로렌트 카빌라는 우간다 앙골라 정부의 지원 아래 96년 10월, 30여 년 집권해온 모부투 정권에 반기를 들었다. 이듬해 5월, 반군을 이끌고 수도 킨샤사까지

출퇴근길의
아찔한 버스(위).
버스에 매달려
올라타는 사람을
막기 위해
유리창 대신 철망이
쳐져 있다(왼쪽).

입성해 최고 권력자의 자리에 올랐다. 그 가족과 친숙했던 김 씨는 탄자니아에 남아 있던 대통령의 다른 가족들과 함께 킨샤사로 옮겼다.

지도자는 바뀌었지만 평화는 쉽사리 오지 않았다. 로렌트 카빌라는 집권과정에서 그를 도와준 우간다의 투치 족을 멀리했다. 이에 분개한 투치 족의 반군, 그들을 지원해 파병한 루안다·우간다 군에 맞서 카빌라 정부는 여러 해 동안 내전을 치러야 했다.

2001년 1월, 로렌트 카빌라는 반군과 내통한 측근 경호원의 총에 맞아 숨진다. 그새 군부 지도자로 역할을 키워온 그의 아들 조셉 카빌라가 혼란 속에서 대통령에 추대되어 아버지의 자리를 이었다.

정부지원 버스회사 운영

김 씨는 세실리아 등과의 교분에 힘입어 대통령 가족의 보좌역으로 가족사업 일부를 떠맡게 됐다. 그가 처음으로 맡은 일은 운수업. 정부의 재정지원을 받아 시내버스 10여 대를 운영했다. 그러나 이는 수익이 나는 사업은 아니다.

"여기선 군인과 경찰 공무원 모두 무임승차하게 돼 있어요. 워낙 월급이 적으니 정부가 이들에게 공짜로 교통비를 대주는 겁니다. 절반에 가까운 손님이 공짜로 타니 버스사업은 수지가 맞을 수 없어요."

출퇴근길의 만원버스는 보기에도 아찔하다. 더러 버스에 매달려 가는 사람들, 승합차나 짐을 가득 실은 화물차 위까지 올라앉은 사람들도 종종 눈에 띈다. 저러다 차가 흔들려 추락하지나 않을까 외국인의 눈에는 불안스럽기만 하다.

시내버스의 좌우 창문에는 유리창 대신 으레 굵은 철망이 쳐져 있다. 창문에 매달려 올라타려는 사람을 막기 위한 것이다. 예전엔 차창에 매달리다 떨어져 다치거나 죽는 이가 적지 않았다고 한다.

김 씨가 추진하는 또 다른 사업은 양계업이다. 콩고는 카사바와 옥수수·콩·밀가루 같은 식량과 설탕·식용유 등 생필품의 대부분을 수입한다. 달걀값이 비싸 한 개에 우리 돈으로 200원이나 된다.

사업성 부진한 양계업, 전문 인력과 투자자 아쉬워

킨샤사에서 콩고 강 상류 쪽으로 30km쯤 떨어진 은쎌레 지역에는 과거 정부가 운영했던 거대한 농장이 있다. 대단위 양계장이 콩고 강 부근 여섯 곳에 흩어져 있다. 하나같이 거대한 규모다.

이 가운데 지난 해부터 김 씨가 운영을 시작한 양계장은 500×300m 정도의 땅에 부화장과 계사(鷄舍)가 46개동이나 서 있다. 넓다란 공간에는 병아리는 병아리대로 어미닭은 어미닭대로 성장 단계에 따라 계사 한 동씩을 차지하고 있다. 이곳에서 키울 수 있는 닭은 10만 마리. 하지만 김 씨는 아직 힘에 부쳐 1만 2000마리 정도만 기르고 있다고 한다.

"옛날 자금이 풍부할 때 정부가 지어놓은 시설인데 10년 가까이 놀려왔습니다. 주변에는 다른 양계장 시설과 농사 농수로를 갖춘 밭, 케첩공장까지 있는데 내전 이후로는 다 놀리고 있습니다."

변변한 치킨가게 하나 없는 킨샤사 도심. 그 만큼 양계업의 사업성이 좋지 않지만 이 역시 전문인력과 투자자를 필요로 하고 있다.

"위험부담 있지만 기회도 많다"

김 씨는 말했다.

"이곳엔 한국인이 도움을 줄만한 분야가 수두룩합니다. 곳곳에 구리 · 코발트 · 망간 같은 광맥이 있고 삼림자원도 풍부하죠. 땅도 기름집니다. 특히 식량 자급이 절실하기 때문에 콩고 정부는 농업분야의 투자를 환영하고 있습니다."

오랜 내전과 정치 · 사회적 불안 때문에 이 나라는 최근까지 외국인 투자유치에 어려움을 겪어 왔다. 과거, 광산을 운영하던 외국인 상당수가 끝나지 않는 내전으로 손을 떼고 말았다. 농업분야도 국책사업으로 육성하려 하지만 적극적인 투자자를 구하기 힘든 상황이다.

그는 한국 사람이 이런 곳에 오면 기존시설을 이용해 얼마든지 사업을 벌여

김 데이비드 씨가 운영하는 양계장 내부. 양계장은 이 같은 계사 46개동을 갖추고 있다.

제사크 그룹 김 데이비드 씨가 운영하는 양계장.
킨샤사 교외 은쎌레 지역에는 콩고 정부가 시설해 놓은 이 같은 양계장과 축사단지가 여덟 곳이나 된다.

콩고 국민의 식생활 개선에도 크게 기여할 수 있다고 말한다.

콩고 정부는 국민 식생활 관련 합작 투자자에게 순소득의 15% 정도만 소득세를 물린다고 한다. 수입사료 등에는 면세혜택을 주고 물과 전기는 공짜로 대준다는 것이다.

제사크는 운수와 양계업 외에도 관련사업으로 선박 화물수송업과 나무 벌채, 광산 허가증도 갖고 있다. 수익이 나면 대통령 가족에게로 돌아간다. 가능성은 커 보인다. 그러나 정정이 불안한 나라에서의 사업에 위험부담을 외면할 순 없을 것이다. 게다가 권력자의 가족과 연결된 사업이라면 더욱 간단한 일은 아닐 것이다. 정권이 바뀔 때 어떤 어려움이 닥칠지 모르기 때문이다.

김 씨는 "킨샤사에 유엔평화유지군이 주둔하는 한 정정불안은 크게 염려하지 않아도 될 것."이라고 한다. "대통령 가족이 연결된 사업장인 만큼 군인들이 24시간 경호해 주기 때문에 귀찮게 구는 사람도 없을 것."이라고 한다.

그의 바람대로 카빌라가 임기를 마치고 재집권하면 제사크를 중심한 그의 가족사업은 상당기간 탄탄대로를 달릴지 모른다.

그렇더라도 누가 장담하겠는가. 내전에 시달려온 나라에서 권력자와의 사업 파트너라는 인연이 과연 좋은 열매를 맺을 것인지, 자칫 화근이 될 것인지를.

김 데이비드 씨는 2006년경 킨샤사에서의 사업을 접었다. 정부가 운영하는 시내버스 사업은 수익을 올리기 어려운데다 다른 사업분야도 투자유치가 수월치 않았기 때문으로 보인다. 김 씨의 활동 상황은 최근 수년 새 현지 교민사회에 알려지지 않고 있다.

냉동창고업 대형화로 시장 주도

콩고 킨샤사의 한인은 현재 20여 가구 60여 명.
선교사 가족을 제외한 나머지 사람들은
가발, 운수, 사진 현상업과 가방, 플라스틱, 비닐 등
소규모 제조업, 잡화나 빙과류, 판매업 등에 종사한다.
정치 · 사회적 불안정으로 한인들은 거의 사는 집을 임차해 쓰고 있다.
아무래도 이곳에 뿌리내려 살려는 사람은 드문 형편이다.

킨샤사에서 기반을 닦은 한인으로는 합작으로 운수업과 생선도매를 하는 '퓨처 크리에이션(F.C. 콩고)' 이상렬 사장을 꼽을 수 있다. 그는 현재 킨샤사 여섯 곳에서 냉동창고를 운영한다.

매일 오전 8시쯤이면 감벨라 시장 부근 그의 냉동창고 앞에는 생선을 사려는 인파로 북적인다. 어림잡아 백수십 명은 돼 보인다. 이들은 냉동 생선 30kg짜리 한두 상자씩을 사 들고 부근 어시장 좌판으로 나서는 소매상인들이다. 영세한 이들은 한 상자를 두셋이서 함께 산 뒤 나눠 갖기도 한다.

좁은 좌판에 훈제된 민물고기 몇 마리 내다팔아

생선 한 상자값은 보통 현지돈 5000~7000콩고프랑(약 20~30달러). 물건이 잘 팔리면 이들은 다시 창고에 들러 더 사 간다.

킨샤사에선 제법 큰 어시장이라는 감벨라 시장을 한 바퀴 둘러보는 데는 10여 분밖에 걸리지 않았다.

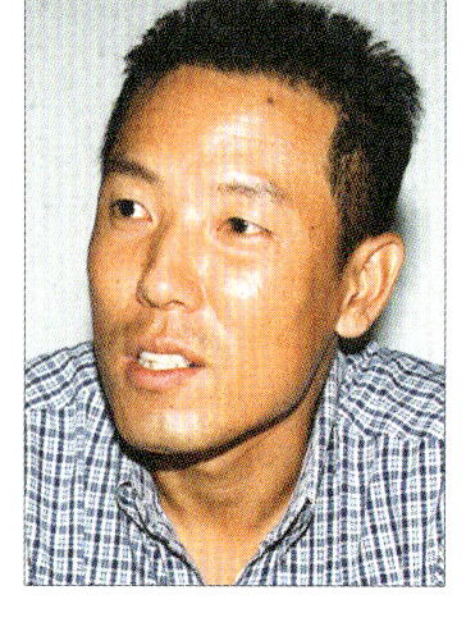

킨샤사 감벨라 시장 부근에 있는 이상렬 씨의 냉동창고 앞에서
생선을 사려고 장사진을 이룬 콩고 인들.
이들은 여기서 산 생선을 부근 어시장에서 판다. 오른쪽은 이상렬 사장.

생선을 올려놓은 좌판은 기껏해야 1~2m 길이. 대부분 한국의 재래시장에서보다 훨씬 작은 좌판에 달랑 생선 몇 마리씩을 올려놓고 판다. 값비싼 고급 어종은 보이지 않고, 콩고 강에서 많이 잡히는 메기 등 민물고기를 훈제해 진열해 놓고 있다.

현지인들은 값싼 전갱이를 주식처럼 즐겨 먹는다. 좌판에는 정어리나 놀래기, 전갱이(아지), 민어류가 고작이다. 상인들은 이들 생선을 상하지 않도록 훈제해 내다 판다. 훈제한 고기는 시커멓게 그을려 있다.

산에서 나는 '빈조'라고 불리는 송충이류도 이들이 즐겨 먹는 고단백 음식의 하나. 빈조 역시 상하지 않도록 훈제해 판다.

"3~4년 전까지만 해도 냉동창고 운영은 백인들 차지였습니다. 하지만 현지인들이 하나 둘 이 사업에 뛰어들면서 유럽 인은 인건비 경쟁에서 밀려났어요."

킨샤사를 통틀어 30곳 정도 되는 냉동창고 중 이상렬 사장이 운영하는 창고가 여섯 곳이니 갯수로만 따져도 최소한 20%의 물량을 공급하는 셈이다.

F.C.콩고 직원이 물건을 사려는 손님들에게 전표를 끊어주고 있다.

대량구매력 약한 틈 파고
부지런히 냉동트레일러 굴려

"여기 사람들은 대량구매력이 약해요. 잡화든 식품류든 소규모로 취급해서는 재미를 보기 어렵습니다. 수익을 내자면 많은 물량을 빨리빨리 유통시켜야죠. 그 만큼 큰 자본이 필요합니다."

이 씨가 감벨라 시장 인근의 냉동창고에서 파는 생선은 하루 400상자 정도. 다른 창고에서 팔리는 것까지 합치면 월 매출 3만 상자에 이른다. 이 정도 매출을 올리자면 냉동트레일러가 수시로 생선을 날라야 한다. 이 씨의 냉동트레일러는 모두 열 대. 일부는 외부 운송업체에서 빌려 쓰는 것도 있다.

트레일러는 월 40회쯤 콩고 강 하류의 마타디를 오간다. 마타디는 콩고 강 하류에서 160km 떨어진 콩고 유일의 항구도시로 킨샤사에서 350km 정도 위치에

킨샤사의 감벨라 어시장에서 생선을 팔고 사는 사람들.

있다. 도로 곳곳이 패여 있어 속도를 낼 수 없는데다 운반선을 기다렸다가 생선을 싣고 오자면 보통 3~4일은 걸린다. 비가 많이 올 때는 길이 끊기기도 한다. 한낮 30도를 오르내리는 무더위 속에 길거리에서 트레일러가 고장이라도 나면 보통 큰일이 아니다.

이 때문에 이 씨는 항상 차량정비에 신경을 곤두세운다. 한번은 그의 트레일러 운전기사가 노상강도를 만나 살해되고 생선을 털린 적도 있었다.

이상렬 씨는 무역회사인 아주상사에 몸담았던 1992년부터 콩고·앙골라 등지에서 일했다. 96년 1월, 같은 회사 직원이던 권은희 씨와 결혼해 곧바로 이곳에 왔다. 1년에 몇 달, 길면 반 년쯤 부부는 출장으로 서로 떨어져 지낸다.

이곳 한인들로서는 몸이 아플 때가 가장 큰 걱정이다. 웬만한 상비약은 집에 갖추고 있지만 큰 병이 나거나 수술이 필요할 때는 남아공이나 유럽까지 비행기로 이동해야 한다. 현지 의료시설과 의료진이 태부족이고 의료수준에도 불안을 느끼기 때문이다.

타향살이의 고통은 일 속에 묻혀 지내는 가장보다도 자녀와 살림을 보살피는 여성들에게 더 크다. 90년대 중반 이후 살벌했던 내전 기간에는 나들이도 못한 채 거의 집에 갇혀 지내다시피 했다고 한다.

외지에서 먹고 자는 생활이 편할 리 없다. 출장 갔다가 말라리아에 걸려 병원 신세를 졌을 때는 객지생활의 어려움을 더욱 실감하기도 했다. 요즘은 그래도 치안이 안정되고 한인 여성들 수도 늘어 훨씬 나아졌다. 이들은 이웃의 한인 가정이나 교회에서 서로의 사정을 나누며 향수를 달래곤 한다.

이상렬 사장은 어류 소매에 머물던 냉동창고업에서 최근 수년 새 소고기와 닭고기·돼지고기 등 냉동식품류 수입으로 사업영역을 확장했다. 보유 차량도 예전에는 트레일러 10대였으나 2009년 말 현재 팜유 등을 운송하는 탱크로리와 냉동트레일러 등 모두 50여 대로 불어났다.
최근 3년간 냉동식품 분야에서 여섯 개 경쟁업체를 제치고 시장점유율 35퍼센트 안팎을 차지했을 정도다. 수입업체에 대한 정부 규제에 묶여 소매창고는 몇해 동안 문을 닫았다. 그러나 2009년 마타디 항구 쪽의 냉동창고를 인수했고 킨샤사 소매 매장도 새로 문을 열어 소매업 분야까지 활성화할 생각이다. 이 씨는 2008년부터 현지 한인회 회장을 맡고 있다.

북한 군사고문단 활동

킨샤사의 북한 사진관 내부. 사진관 수입금은
북한대사관 운영에 보태는 것으로 알려져 있다.

킨샤사에는 북한대사관이 있고 군사고문단도 활동하고 있다. 내전으로 치안이 극도로 불안하던 1988년, 한국 공관은 관저와 집기 차량을 모두 처분하고 철수했다.

로렌트 카빌라 정부는 내전 중 북한 측에 군사고문단 파견을 요청해 현재 약 350명이 이 나라에 머물고 있다.

고문단은 킨샤사 근교 은쎌레, 키모망고 지역에서 수도방위를 담당하는 보병여단의 훈련 등을 맡고 있다. 교민들은 "북한 군사고문단이 용맹을 떨쳐서인지 현지인들이 '코리안'을 무서워한다."며 "치안이 나쁜 이곳에서 그나마 북한인 덕을 보는 셈."이라고 말했다.

세계 외교무대에서 '왕따' 당하는 북한이 중부 아프리카의 자원대국 콩고에 거점을 확보하고 있다는 점은 특기할 만하다. 군사적 밀착과정에는 어떤 물밑거래도 있었음직하다. 북한인 일부는 최근까지 이곳에서 외화벌이에도 힘을 기울여 왔다. 인삼주 같은 주류, 다리미, 돗자리, 밀짚모자, 손수건 등 북한제 물건을 팔아왔고 지금은 사진관을 운영하고 있다.

사진관은 본래 이웃 나라 콩고 브라자빌에 있던 북한인 사진관이 폐쇄되면서(브라자빌에서 외화벌이 활동을 하던 고영환 씨가 91년 한국으로 망명했다.) 옮겨온 것. 사진관에는 재일조총련이 선물한 일제 현상기가 있다.

취재진이 일부러 사진관을 찾아가 보았으나 저녁 무렵 문 닫기 직전이어서인지 손님이 많아 보이지 않았다. 이 사진관은 북한 공관의 자금원으로 알려져 있는데 수입이 어느 정도인지는 확실치 않다.

교민들은 "가끔 거리에서 북한인을 만나는데 우리와는 대화를 피하는 편."이라며 "생활이 궁핍해 보인다."고 말한다.

한 핏줄이라는 생각 때문에 교민들은 일부러 북한제 물건을 사 쓰기도 한다. 어쩌다 만난 북한인이 몇 년째 된장 고추장을 못 먹었다는 얘기를 듣고 한국산 고추장과 된장의 상표를 떼고 건네줬다는 이들도 있었다.

콩고 강 노다지 캐는 '밀림의 코리안'

콩고 강은 중부 아프리카 내륙 곳곳을 적신다.
길이는 자그마치 4370㎞. 나일 강에 이어 아프리카 제2의 강이다.
크고 작은 지류가 워낙 많아 1년 내내 수량이 풍부하다.
평상시는 상하류가 뱃길로 이어져 농산물은 하류로 실려오고,
공산품은 상류 쪽으로 실려간다.

한국인이 '동해물과 백두산'을 노래하듯 콩고인은 국가(國歌)를 부를 때마다 콩고 강을 찬미한다. '일도 좋고 자연도 좋아' 콩고 강 줄기의 오지를 즐겨 찾는 한국인이 있다. 권의소(權義昭) 씨가 바로 그 사람이다.

킨샤사에서 동남쪽으로 1000㎞쯤 떨어진 사바나 밀림지대 한복판. 한달의 절반쯤을 그는 이곳 캠프에 머문다. 아침이면 직원들과 함께 강바람을 쐬며 모터보트를 타고 일터로 나선다. '타타타타' 보트 소리에 단잠에 젖어 있던 악어들이 놀라 도망친다. 물가에 나와 있던 앤틸로프(영양) 떼도 소스라쳐 내닫는다.

시간 등진 원시림서 꿈 찾아

작업 현장은 콩고 강의 지류 루아치모 강변이다. 이곳에서 그는 일꾼들과 다이아몬드를 채취한다. 강바닥 모래흙을 퍼올려 보석을 걸러내는 것이다. 작업에 필요한 크고 작은 공구와 장비를 나르느라 그는 하루에도 몇 번씩 강을 오간다.

콩고 강 줄기와 해질녘 열대림을 배경으로 한 황금빛 노을은 더없이 찬란하

킨샤사 외곽 은쎌레 지역으로 가는 한적한 도로 풍경.

다. 노랫가락을 이어가며 흑인들이 집으로 돌아가는 풍경은 또 얼마나 황홀한 가. 야영하는 캠프 주변은 밤이면 불 밝힌 반딧벌레가 지천이다. 밤하늘을 수놓 는 별들은 손에 잡힐 듯 머리 위에 깔려 있다. 은하수 위로 가늘게 빛을 내며 떠 가는 인공위성이 보일 때도 있다. 꿈을 꾸는 것 같다.

이역만리 아프리카에서 물과 흙, 풀과 별을 벗삼아 지내게 될 줄이야……. 시 간을 등진 듯한 이 거대한 원시의 공간에서 생면부지의 원주민과 함께 땀 흘리 게 될 줄은 일찍이 상상도 못 해본 일이었다.

"처음엔 맨땅에 헤딩한 셈이었죠. 모든 것이 낯설었습니다만 다행히 좋은 길

오성 콩고의 권의소 사장과 일꾼들이 루아치모 강변 모래흙에서
다이아몬드 함유량을 살피고 있다.
이들은 광석이 함유된 흙을 포대에 담아 옮긴 뒤 기계나 체로 걸러낸다.

잡이가 있어 조금씩 배워가며 일해 왔습니다.”

그가 아프리카에 처음 온 것은 1988년. 신문에서 본 ‘지구촌 한국인의 삶’에 남달리 관심이 많았던 그는 무역업체 아주상사 주재원으로 이곳에 왔다.

현지 생활 10년 만인 98년, 콩고 정부에 기계류를 납품하던 그의 삶에 새로운 전기가 찾아왔다. 그가 기획부(재경부 겸임) 관리인 쿨랑 씨를 찾은 날이었다. 수금하러 간 권 씨에게 쿨랑 씨는 엉뚱한 제의를 했다. 돈 대신 돌로 주면 안 되겠느냐는 것이었다.

‘돌이라니…?’ 무슨 뜻인지 의아해 하는 권 씨에게 그는 답답하다는 듯 값나가는 광석으로 결제해 주겠다는 말이라고 설명했다.

쿨랑 씨는 다이아몬드 광산지대로 유명한 치카파 부근을 소개했다. 내전 이후 채광이 중단됐고 과거 유럽인들이 사용하던 기계도 남아 있다는 것, 아예 권 씨더러 직접 채광사업에 나서면 어떻겠느냐는 제안까지 했다.

'맨땅에 헤딩'은 이렇게 시작됐다. 평소 그에게 호감을 보여온 쿨랑 씨는 민간 수송기를 보내는가 하면 기술보좌관까지 붙여주며 지원을 아끼지 않았다.

루아치모 강변 모래 걸러 원광석 채취

1년 남짓한 탐색과 현지조사 끝에 그는 낯선 세계로 뛰어들 결심을 했다. 마침 지면이 있는 오성 아이엔씨(레이저 과속단속시스템 생산업체)의 권택일 대표가 그를 밀어주었다.

2000년 1월, 그는 '오성콩고'라는 회사를 차려 로렌트 카빌라 정부 이후 첫 외국인 광산 협력업체로 현장에 들어갔다. 고장난 모래채취기를 손보고 강바닥의 모래를 빨아올릴 호스를 이었다. 원주민 청년들로 잠수부도 뽑았다.

킨샤사에서 작업현장 부근 치카파까지는 비행기로 1시간 40분, 차량으로는 여덟 시간이 더 걸린다. 직원과 일꾼 20여 명이 캠프생활을 하며 한곳에 몇 달이고 상주한다. 기름이나 식량, 장비, 부품 등은 킨샤사에서 다달이 실어오고 채취한 다이아몬드는 수시로 가져간다. 현장에서는 정부파견 감시관이 늘 채취 물량을 점검한다.

"질 좋은 광맥층을 찾느라 며칠씩 강변을 헤매곤 했습니다. 강바닥 여기저기로 잠수부를 들여보내요. 다이아몬드가 있는 곳은 물속에서도 반짝반짝 빛이 납니다. 이런 곳에 호스를 대고 펌프로 모래를 채취한 뒤 이를 기계나 채로 걸러냅니다. 더러는 육상에서도 이런 광맥을 찾아냅니다."

무거운 장비나 포대를 옮기기가 번거로워 강가에서 채로 걸러내는 원시적인 방법을 쓴다. 일꾼들에게는 최소 100달러씩의 월급을 준다. 일반 공무원의 너댓 배 월급이다.

추장 허가 없이는 사업 어려워

채광사업은 중앙정부의 허가만으로 되는 일은 아니다. 관할지역 추장의 승낙이 필요하다. 권 씨도 현지 추장에게 허가를 구하러 갔다.

땅덩이가 워낙 크다 보니 이곳 원로 추장은 우리나라의 도(道)보다 넓은 지역을 다스린다. 도지사 이상 가는 실권자인 것이다.

권 씨가 '신고' 하러 찾아간 곳은 치카파 지역의 샤문간바 추장 마을. 예물로 담배, 설탕, 소금, 성냥과 커피 등을 준비해 갔다. 추장을 '알현' 하기 위해서는 색다른 의전 절차에 따라 뱅드팜므(야자수로 만든 술)나 치참파(옥수수로 빚은 술)라는 술 한 병을 다 마셔야 한다. 그래야만 대면이 가능하다.

"독한 술이었습니다. 그 자리에서 한 병을 다 들이키니 하늘 땅이 빙빙 돌아요. 취기가 잔뜩 올랐는데 추장이 '무슨 얘긴지 해 보라.' 는 겁니다. 흐트러지려는 정신을 모아 채광사업에 대한 협조를 구했지요."

이쪽에서 프랑스 어로 말하면 추장 곁에 선 현지인이 토속어인 링갈리 어로 통역을 해 주었다. 그는 병원이나 학교를 지어달라고 요구하더니 나중엔 선선히 요구 조건을 양보하고 승낙했다. 손수 고사까지 지내줬다. 원주민이 둘러선 가운데 한동안 나뭇가지를 흔들며 신령을 부르고 주문을 왼 다음 주위 나무와 강물에도 술과 담배를 뿌렸다. 자연과 신령의 가호를 빌어준 것이다.

"한동안 누가 장비를 부수거나 훔쳐갈까봐 직원에게 지키도록 했습니다. 그런데 손대는 이가 전혀 없어요. 직원을 철수시키고도 여태 장비 하나 잃은 적이 없어요. 추장 지시를 어겼다가는 엄벌을 받게 되니 아무도 그런 짓을 안 한다고 해요."

다이아몬드는 유태 · 레바논 중간상에 넘겨

그가 캐는 다이아몬드는 시계나 액세서리 장식에 많이 쓰이는 작은 크기의 것이다. 유대나 레바논 중간상들이 이를 사들여 벨기에 등지로 가져간다. 벨기에는 이들 원광석에 관세를 매기지 않아 수입 물량을 다량 확보한 뒤 가공해 수출

권의소 씨 일행과 샤문간바 추장 등이 함께 찍은 기념 사진.
왼쪽 끝이 권의소 사장이다.

한다. 그간 한국인 중간상이 몇 팀 왔지만 실패하고 돌아갔다고 했다.

"한국 사람은 무조건 큰 다이아몬드를 찾습니다. 시장조사도 하지 않고 광석 구매 허가나 세금 규정도 무시한 채 쉽게 떼돈을 벌려고 하죠. 그러다 바가지 쓴 사람을 여럿 보았어요. 뭐든 차근차근 꼼꼼히 살핀 뒤 시작해야 합니다."

권 씨의 회사 '오성 콩고'는 현지에 진출한 20여 외국 채광업체 가운데 세금 납부실적이 가장 높은 것으로 알려져 있다.

CAPE POINT
34° 21′ 24″ SOUTH LATITUDE
18° 29′ 51″ EAST LONGITUDE
SOUTH AFRICA

7

남아프리카공화국 · 레소토

고층 건물이 들어선 요하네스버그 도심의 상가는
문을 닫은 곳이 많았다.
치안이 나빠져 사업하던 백인들이 대거 떠나간 탓이다.
소수의 백인이 지배하던 시절이 가고
절대다수를 차지하는 흑인주도의 세상이 열렸지만
정치 경제 사회적인 안정을 얻기까지는
상당한 시간이 필요할 듯하다.
한인들은, 치안부재의 불안한 환경에도 아랑곳없이
열심히 땀 흘리고 있었다.

꿈 잃은 희망봉, 요하네스버그는 휴업중

인파로 북적이는 콩고 킨샤사 공항에서 헤와보라 항공을 탔다.
'헤와보라' 는 '좋은 바람' 을 뜻하는 말이다.
누가 이처럼 시적인 이름을 지어놓은 걸까.
땅이나 나라 이름을 앞세우는 항공사 명칭보다 훨씬 매력적이지 않은가.

이제 남아공 요하네스버그로 간다. 인구 800만. 남아공에서 가장 큰 도시다. 20여 일 전 아프리카 서북부 라스팔마스에서 시작한 취재여정이 마침내 남쪽 끝 반환점을 맞게 된 것이다.

요하네스버그 공항은 아프리카 어느 나라 공항보다도 넓고 깨끗했다. 탁 트인 도로망과 큼직한 도로 표지판은 유럽이나 미국의 도시와 다름없는 느낌이다. 그러나 여기에도 빈부의 격차는 여지없이 존재했다. 신호등 네거리에는 도움을 호소하는 걸인이 종종 눈에 띈다.

취재진이 여장을 푼 곳은 한인 게스트 하우스. 1000평쯤 되는 대지에 세워진 2층짜리 주택이다. 푸른 잔디밭 한가운데는 연못이 있고 오리 떼 10여 마리가 물속에서 한가로이 노닌다. 스피츠종 하얀 강아지 서너 마리도 눈에 띈다.

탑 오브 아프리카 전망대에서 내려다본 요하네스버그의 다운타운.
범죄 발생률이 높아 도심의 건물 상당수가 텅 비어 있다.

黑白마을, 치안의 양극화

게스트 하우스 주인 박석순 씨 내외는 한때 서울에서 서양화 중개상을 하다가 이곳에 온 지 5년이 넘었다. 이웃의 주택들이 드넓은 대지 위에 띄엄띄엄 자리 잡고 있어 한결 여유로워 보인다.

이 지역은 치안이 좋은 백인 마을이다. 집집마다 담 대신 철망을 둘러쳤고 보안 시스템도 갖추고 있다. 요하네스버그 곳곳은 이처럼 치안이 잘 된 지역과 그렇지 못한 지역으로 구분된다. 치안이 좋은 곳은 백인을 위주로 외국인이 많이 살고 집값도 훨씬 비싸다. 경비원이 마을 입구를 지키며 출입하는 차량과 사람을 확인하는 고급 주택단지도 있다.

백인·아시아 인은 강도들의 표적

큰 빌딩이 많은 요하네스버그 도심은 얼핏 보아 무척 번화하다. 거리는 흑인들로 붐비고 있다. 백인 통치시절, 저녁 여섯 시면 흑인들의 도심 통행이 금지되던 때도 있었다. 흑인들은 요하네스버그 시 변두리 소웨토 등지에 격리돼 통금 시간이면 도심 쪽 출입이 차단됐다. 바로 1990년대 초반까지의 상황이다.

이처럼 엄한 규제는 백인의 인종 차별 통치가 끝나면서 사라졌다. 이제 흑인들은 아무 제한 없이 도심을 활보한다. 그러나 이들, 가난한 흑인들은 백인이나 아시아계 외국인을 곧잘 강·절도의 표적으로 삼아 문제를 일으키기도 한다.

"흑인 통치 후 남아공에서는 치안문제가 큰 골칫거리로 떠올랐어요. 도심 건물 사무실에는 들어오려는 사람이 없어요. 노른자위 땅인데도 건물 70~80%가 텅텅 비어 있습니다. 옛날, 행세하던 백인 건물주들은 '억대 거지'가 됐어요. 그들은 임대료 수입이 없어 세금조차 못 냅니다. 상당수는 아예 건물을 버리고 도시 외곽이나 유럽으로 떠났습니다." 안내하던 박 씨는 이곳 도시경제를 '빈혈증세'라고 표현했다.

백인 통치시절, 번영을 구가하던 요하네스버그 다운타운 건물 주변은 최근 10여 년 새 거대한 슬럼가로 바뀌었다. 깨진 유리창, 벽체가 무너진 채 방치된 건물들이 여기저기 눈에 띈다. 주인 없는 빈 건물들은 하나 둘 오갈 데 없는 흑인들 차지가 되고 있다. 이곳에서 그나마 활기찬 곳이라면 흑인을 상대로 장사를 하는 1~2층 점포들이 고작이다. 박 씨는 "한복판 8층짜리 건물값이 2억 원 정도."라며 "헐값인데도 사려는 사람이 없다."고 했다.

백인들은 치안이 불안한 도심보다는 비교적 안정된 북쪽 변두리로 옮겨가고 있다. 도심은 흑인이 차지하고 백인들은 변두리로 밀려나는 형국이다. 사진을 찍는 것도 위험하다고 한다. 취재진은 몇 군데서 얼른 차에서 내려 사진 몇 장씩을 찍고는 서둘러 차에 오르곤 했다.

갑갑증을 느낀 취재진은 모험에 나서기로 했다. 이곳에서 가장 높다는 칼튼센터의 '탑 오브 아프리카(Top of Africa)' 50층 전망대에 오르기로 한 것이다.

요하네스버그 다운타운에 있는 한 건물. 멀쩡한 건물인데도 벽체가 무너지고 유리창이 깨진 채 방치되어 있다.

칼튼 센터의 50층 전망대
'탑 오브 아프리카(Top of Africa)'에서 바라본
요하네스버그 도심 풍경.

"인심 흉흉해져 떠나고 싶다"

요하네스버그를 한눈에 조망할 수 있는 명소인 탑 오브 아프리카 전망대는 생각보다 썰렁한 분위기였다. 관광객들은 보이지 않는다. 강도 피해가 잦아 사람들의 발길이 뜸해진 지 오래라고 한다.

취재진은 30여 분 머물러 있었지만 젊은 흑인 남녀 한 쌍을 보았을 뿐이다. 의류 가게의 문은 굳게 잠겨져 있고 식음료를 팔았을 식당도 텅 비어 정적이 감돈다. 오직 기념품 가게 한 곳만 영업을 하고 있다. 그나마 출입문에는 '폐업 정리. 모든 상품 50% 이하 판매'라고 써 붙여 놓았다.

기념품점으로 들어서자 뜨개질하던 할머니가 하얀 얼굴로 반색을 한다.

-가게를 정리하는 것인가.

"그렇다. 고향인 독일로 돌아가려고 한다."

-여기 온 지는 얼마나 됐나.

"남아공에 온 지는 21년 됐고 전망대에서 장사한 건 19년 됐다. 여기서 장사하며 아들 딸 넷을 키웠다."

-그렇게 오래 살았는데 왜 돌아가나.

"범죄가 극심하고 인심도 흉흉해 살기가 싫어졌다. 나이가 들어서인지 고향 생각이 자꾸 난다. 고국에 돌아가도 이젠 타향살이나 다름없을 것이다."

-장사하기 어려운가.

"예전엔 관광객이 많아 장사도 잘 됐지만 지금은 보다시피 썰렁하다. 여기만이 아니다. 여기서 내려다보이는 건물 상당수가 텅 비어 있다. 보수관리는커녕 전기세조차 못 내는 건물이 수두룩하다."

W. 데이 할머니는 전기기사인 남편과 함께 20여 년을 요하네스버그에서 살아왔다. 자녀 넷 가운데 셋이 결혼하여 손자손녀가 여덟 명이라고 한다. 주름진 얼굴에는 오랜 삶의 터전을 버리고 떠나야 하는 허탈과 불안의 그림자가 엿보인다.

그녀는 정부가 치안유지에 무능하다고 불만을 털어놨다. 조금 지나면 좋아지겠지 하며 몇 년을 기다려 봤지만 갈수록 나빠진다는 것이다. 전망대에 있던 주위 점포는 그새 다 철수했고 그녀의 가게만 남았다고 했다.

전망대 창을 적시던 빗방울이 점점 굵어진다. 썰렁한 '탑 오브 아프리카'는 쏟아지는 빗줄기와 아프리카에서의 꿈을 접고 고향으로 돌아갈 날을 기다리는 백인 할머니의 허허로운 모습이 겹쳐져 더욱 을씨년스러워 보인다.

비단 이 할머니만이 아니리라. 오랫동안 이곳에서 지내온 백인 가운데 설 자리가 없어 유럽으로 귀향하는 사람들. 이들이 일찍부터 흑과 백이 함께 사는 터전을 일궈왔더라면 좋았으련만……

1층에 다시 내려왔을 때 매표창구의 안내인은 취재진에게 몇 번을 당부했다.

"경비원을 불러 건물 밖으로 나가라. 가짜 경비원도 있으니 견장 색깔과 모양을 확인해서 동행을 부탁하라."고. 그는 우리의 카메라 장비를 누가 채갈까 봐 무척 걱정스러웠던 모양이다.

취재진은 잰걸음으로 건물을 빠져 나왔다. 비를 피해 모여든 사람들의 이목이 많아서였는지 가로막는 이는 아무도 없었다.

며칠 뒤 취재진은 이곳 50층 전망대에서 한국인들도 여러 번 강도를 당했다는 얘기를 대사관 관계자로부터 들을 수 있었다.

탑 오브 아프리카 50층 전망대에서
기념품 가게를 운영하는 독일인 W.데이 할머니.
관광객의 모습이라곤 그림자조차 볼 수 없는
복도 뒤쪽이 을씨년스럽다.

"권총강도가 종종 찾아옵니다"

남아공의 한인들은 요하네스버그와 행정 수도인 프리토리아,
입법 수도이자 희망봉으로 유명한 케이프타운 등지에 많이 몰려 산다.
한인사회가 형성된 것은 1992년 12월 한국과 남아공이 수교한 뒤부터다.
상사 주재원을 중심으로 시작된 한인사회는
그새 2000여 명 규모로 불어났다.

남아공에는 짧은 기간에 한인들이 많이 진출해 있었다. 한인이 불어난 데는
이유가 있다. 우선 아프리카 어느 나라보다도 좋은 기후, 교통 통신 등 잘 갖춰
진 사회적 인프라 때문이다. 영어권으로 교육 여건이 양호하고 학비도 싸 유학
생이나 선교사들의 유동 인구도 많은 편이다.

한인들은 주로 가발, 사진현상, 무역, 여행, 민박, 자동차정비, 식당 등을 하고
있다. 그 중 가발시장은 한인업체들이 장악하고 있다. 일찍부터 니나와 린다를
비롯해 5개 업체가 진출해 남아공 내수는 물론 주변국으로 수출까지 하고 있다.
개인사업으로는 사진관이 많다. 요하네스버그와 프리토리아 등지에만 17곳에
이른다.

강도 잦아 사설경호대 활용

요하네스버그 다운타운. 취재진은 그간 찍은 필름을 현상할 겸 우범지구 한복
판에 자리 잡은 염상진 씨의 사진현상소를 찾았다. 창구 쪽은 흑인 손님들로 붐

요하네스버그 도심에서 여성들이 '사설 공중전화'를 이용하고 있다.
시내의 상가 등지에는 이처럼 개인이 전화시설을 갖추고
영업을 한다(위).

요하네스버그의 교차로에서 구걸하는 여인.
'도와주세요. 자녀 일곱을 둔 과부입니다. 먹을 것을 도와주세요.'
라고 쓴 팻말을 들고 있다(오른쪽).

빈다. 범죄가 많은 곳이다 보니 현상기가 있
는 사무실 안쪽 출입문은 늘 잠가 놓는다. 외
부인의 출입을 막기 위해서다.

　마침 염 사장의 아버지 태준 씨와 가족들이 안에서 준비해 온 밥과 라면을 들
고 있었다. 아침과 점심을 겸한 식사였다.

　–현상소는 언제부터 운영했나.
　"2001년 9월 말 개업했다. 아들(상진)이 9년쯤 현상소 일해 왔다."

　–무척 분주해 보인다.
　"낮 시간엔 조금 덜하다. 아침 여덟 시에서 열 시까지가 제일 바쁘다. 필름을

맡기는 고객이 하루 150명쯤 되는데, 보통 한 분이 두세 통씩 맡긴다."

–이쪽 출입문은 늘 잠가 놓나.
"권총강도가 종종 찾아온다. 우리와 거래하는 '찍사(카메라로 사진을 찍어주며 영업하는 사람)' 들이 대개 위험인물을 알고 있어서 그런 자들이 오면 조심하라는 신호를 보내준다."

현상소에는 경보시설을 해 놓아 단추만 누르면 곧 부근의 사설경호대가 출동하게 돼 있지만 아직은 현상소가 강도에게 털린 적은 없다. 그러나 그의 가족이 운영하는 서울식당은 최근 몇 년 새 다섯 차례나 권총강도를 당했다. 강도에게 반항하지 않으면 대개는 돈만 가져간다고 한다.
염 씨 부자는, 남아공에 돈 벌러 왔다가 실패한 한인들을 많이 봤다고 한다.
"왜 그런지 아프리카를 만만하게 보는 경향이 있어요. 영어도 못 하는 사람이 현지 한인을 다리 놓아 사업하려다 종종 큰 어려움을 겪습니다. 사전 준비도 필요하고 매사를 스스로 꼼꼼히 확인해야 해요."
"인건비가 싸다고 다 좋은 건 아녜요. 사람을 부리는 입장에선 좋지만 일자리를 찾는 입장에서 보면 그만큼 돈벌이할 일이 적다는 뜻이 되죠. 미국 같은 데서야 무슨 일을 해도 웬만큼 돈벌이가 되지만 여기 사정은 다릅니다. 막연한 생각으론 안 돼요. 쉽게 떼돈 벌겠다는 생각은 버려야 해요."

염 씨는 요즘(2009년)도 요하네스버그 도심에서 사진 현상업을 계속하고 있다. 그러나 여타 지역에서 한인들이 많이 운영하던 사진 현상업소는 줄어든 상태. 디지털 카메라가 많이 보급돼 사진 현상의 수요가 적어진 데다 중국계 등 경쟁업체가 많아진 탓이다.

'이든글렌 모터스' 와 '영 인터내셜'
안영호 대표

요하네스버그에서 주유소를 운영하는 안영호 씨는 '이든글렌 모터스' 와 무역회사 '영 인터내셔널' 대표이다. 1977년 대우실업에 입사하여 85년 남아공에 지사 창설차 파송된 것이 아프리카 진출의 계기가 됐다. 4년 뒤 안 씨는 직장 생활을 접고 이곳으로 와 92년에 주유소를 샀다.

안 씨의 주유소는 이든베일의 목 좋은 곳에 자리 잡고 있다. 부근 주민은 대부이분 백인 중산층으로 부자 동네에 비해 마음이 따뜻하고 사정이 잘 통해 장사하기도 좋은 곳이다.

주유소 · 편의점 24시간 영업

주유소 사무실. 취재진이 앉아 있는 뒷벽에서 간간이 '철커덩' '퉁' 하는 소리가 난다. 무슨 소릴까. 궁금해 하는 기자에게 안 씨는 '사무실 금고에 돈다발 떨어지는 소리' 라고 설명한다. 돈을 매장에 두면 강도에게 다 털릴 수 있기 때문에 500랜드(약 6만 원)씩 그때그때 안쪽으로 집어넣게 돼 있다는 것이다. 편의점에서 사무실로 통하는 출입구엔 튼튼한 철문이 '불청객' 에 대비하고 있다.

주유소는 24시간 영업을 한다. 남아공에는 주택가 골목마다 따로 가게가 없어 이처럼 편의점을 겸한 주유소가 많다. 주유소는 거래 물량이 많지만 이윤은 8%선. 편의점 이윤은 30%나 돼 훨씬 실속이 있다.

안 씨는 주유소와 편의점을 매니저에게 맡기고 다른 일을 많이 한다. 몇 년째 법정 통역으로 한인을 위해 자원봉사를 해 왔고 2000년에는 이 지역 한인회 회장도 맡았다.

"한국에 있을 땐 법원 구경조차 못 해 봤는데 여기선 수시로 들릅니다. 그새 '반(半)변호사' 가 다 됐어요. 허허."

취재진과 만나던 날 아침에도 그는 공항 경찰서에 들러 조사받는 한인을 만나고 왔다고 한다. 대형 이민 가방 두 개에 모자를 잔뜩 담아 왔다가 세관에 걸린한국인이었다. 누가 봐도 장사하려고 가져 온 물건이 확실하지만, 세관에 제대로 신고하지 않은 탓에 결국 다른 비행기편으로 되돌아가야 하는 신세가 됐다고한다.

법정통역 등 자원봉사 앞장

안 씨가 만나는 한인은 이처럼 문제를 안고 있는 사람들이다. 사기 피해자, 나이키 등 유명상표를 붙여 가짜 물건을 대량으로 팔다 걸린 사람, 불법 체류 조선족 등등. 특히 남아공에는 불법 체류하다 수용된 중국 동포가 많아 수시로 이들을 만난다.

그는 법원에서 통역하기 전에 이들의 사정을 많이 듣는다. 문제 해결에 도움이 될 방안을 찾기 위해서이다. 현지 한인 교회에서도 여러 교민이 중국 동포에게 일자리를 알선하는 등 어려움을 더는 데 힘쓰고 있다.

안 씨로서는 잊을 수 없는 일이 있다. 2001년 9월 그는 요하네스버그 동북쪽 스와질랜드에서 한국인이 뇌출혈로 쓰러졌다는 연락을 받았다. 부랴부랴 구급용 경비행기를 타고 현지에 도착해 보니 그는 토요타 자동차 정비과장으로 일하던 김모 씨로서 이미 뇌사상태였다. 병원에 사흘 머무는 동안 안 씨는 가족에게 김 씨의 장기 기증을 권했다. 객지에서 비명에 가는 것을 섧게 여기던 가족은 고개를 저었다.

"어차피 땅에 묻히면 몸뚱이는 썩어요. 장기를 떼주고 가면 죽어가는 사람을 여럿 살릴 수 있습니다."

안 씨의 설득에 결국 유족은 마음을 바꿨다. 김 씨의 안구와 간·폐·신장·뼈가 다른 사람에게 이식됐다.

김 씨는 이국의 환자들에게 소생의 길을 열어 주고 하늘나라로 갔다. 떠난 이

요하네스버그 이든베일에서 주유소를 운영하는 안영호(왼쪽) 씨가 직원과 이야기를 나누고 있다.

도, 남은 유족들도 모두가 '아름다운 한국인'이었다.

안 씨 자신도 이미 장기 기증에 서약해 놨다. 마지막 가는 길에 다른 생명을 살릴 수 있다면 이야말로 숭고한 봉사의 기회라고 그는 믿는다.

그의 부인 박경숙 씨는 오랫동안 한글학교 교사로 일해 왔고 둘 사이에는 딸이 셋 있다.

안영호 씨는 요즘(2009년)도 주유소 등의 운영을 매니저에게 맡겨놓고 법정이나 경찰서, 출입국 관리사무소에 자주 나가 통역 봉사를 하고 있다. 최근 수년 새 부쩍 늘어난 중국인 불법 입국자 가운데 조선족 동포가 적지 않은 건 이들 대부분이 조사받을 때 돈이 드는 중국어 통역원 대신 한국어 무료 통역원을 원하기 때문이다.

안 씨는 현지에 진출한 한국 사람들이 사업은 잘 하지만 회계관리 등이 부실한 예가 많아 문제라며, 종종 컨설팅을 해 준다고 한다. 앞으로 2~3년 정도만 사업에 신경 쓴 뒤 여생을 이곳에서 봉사하며 살고 싶다고 한다.

'아파르트헤이트' 장벽에 핀
무혈혁명의 꿈

비행기는 해질 무렵에야 케이프타운에 내렸다.
요하네스버그보다 한결 편안하고 포근한 느낌이 든다.
컴컴해졌는데도 사람들은 도심 거리를 자유로이 나다니고 있다.
어지러운 조명광고가 없고 도시 전체가 조용하다.
항구도시지만 유흥업소가 별로 없다고 한다.

아름다운 풍광을 자랑하는 케이프타운에는 볼 것이 많다. 아프리카의 땅끝 희망봉, 원숭이와 타조 등이 자유로이 노니는 자연보호 구역, 물개섬, 산 정상이 식탁처럼 평평한 테이블마운틴 등등. 이런 볼거리를 찾아 1년에 300만이 넘는 관광객이 이 도시를 찾는다.

빅토리아 알프레드 선착장 주변은 활기가 넘쳤다. 식당과 바, 각종 기념품을 파는 가게가 들어서 있고 오가는 여행객들로 붐빈다. 트럼펫 연주와 함께 춤을 선보이는 거리의 악단도 보인다. 취재진은 이곳에서 배를 타고 30분 만에 로빈 아일랜드에 내렸다.

한때의 정치 형무소, 지금은 역사 박물관으로

로빈 아일랜드. 케이프타운에서 11㎞ 떨어진 이 섬은 폭 2㎞, 길이 4㎞의 길쭉한 돌섬이다. 원래 이곳은 물개나 바다표범 · 펭귄 떼의 천국이었다. 그러나 네덜란드 인들이 남아프리카에 진출한 뒤 1658년부터 암흑의 섬으로 바뀌었다. 제

로빈 아일랜드 안내인이, 박물관 입구에서 관광객들에게 흑인 정치범 형무소였던 이곳의 역사를 설명하고 있다. 입구 게시판의 사진은 1996년, 만델라가 수감생활 중 감옥 정원에서 부총리를 지낸 월터 시술 루와 만나는 장면.

국주의 식민정책에 저항하는 흑인들의 유형지가 된 것이다.

19세기 들어 영국인이 이 지역을 차지한 뒤에는 한때 정신질환자나 나병환자를 격리하는 수용소로 쓰이다 다시 정치범 형무소가 됐다. 이곳에 수감된 정치범 가운데는 아프리카민족회의(ANC)의 지도자들이 많았다. 넬슨 만델라 전 남아공 대통령도 ANC 간부들과 함께 파업투쟁을 이끌며 반란을 꾀했다는 죄목으로 종신형을 선고받고 이곳에 왔다. 그는 27년의 감옥생활 가운데 18년을 로빈 아일랜드에서 보냈다.

오늘날 이 섬은 옛 모습 그대로 보존돼 흑인 차별의 실상을 증거하는 박물관이 돼 있다.

안내인은 "이곳 가이드 가운데는 과거 이곳에서 감옥 생활을 한 이도 여럿 있다면서, 여기서는 그들의 안내를 받으며 생생한 체험담을 들을 수 있다."고 소개한다.

예전 남아공의 '아파르트헤이트(흑인차별 정책)'는 유별났다. 죄수가 '백인'이

인종 탄압과 이에 맞선 흑인 인권 투쟁의
상징이 된 로빈 아일랜드의 형무소 내부.

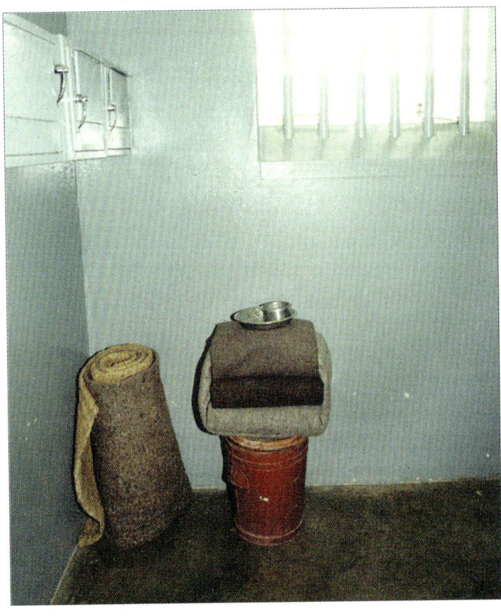

냐 '유색인' 또는 '반투인(흑인)'이냐에 따라 감옥에서도 빵과 고기, 소금의 양에
까지 차등을 둘 정도였다.

인도 인이나 유색인 죄수에게는 설탕 한 숟갈과 빵 한 덩어리가 주어졌지만
흑인들에게는 설탕 반 숟갈에 멀건 야채죽이나 옥수수죽 한 그릇이 고작이었다.
어쩌다 특별한 날에 고기 한 조각이나 채소가 지급됐다. 죄수 가운데서도 정치
범은 최악의 대우를 받았다. 감옥에서나마 흑백 차별 없는 표준 식단이 마련된
것은 1979년부터였다고 한다.

'자유의 노래' 부르며 항거

로빈 아일랜드의 죄수들은 거의 흑인이었고 간수 등 관리자는 모두 백인이었
다. 죄수들은 이른 아침이면 비위생적인 변기통에 찬물을 받아다가 세수를 했
다. 낮에는 섬 한가운데 있는 채석장에 동원돼 일을 했다. 두 사람이 한 조가 되
어 발목이 쇠줄로 묶인 채 뙤약볕 아래에서 대리석이나 돌을 깨고 이를 트럭 위
에 실어나르곤 했다.

26년간 감옥살이를 했던 엔드루 음란게티는 훗날 "무더위 속에서 돌 깨는 일
을 하다 눈을 다친 사람이 많았다. 어떤 때는 하루에 일륜차 10대 분량씩을 채워
야 했는데 책임량을 다하지 못하면 며칠씩 굶기곤 했다."며 그곳에서의 생활을
회고했다.

감방은 대개 가로 세로 2×2m쯤 되는 작은 공간으로 죄수에게는 매트 한 장
과 담요 두 장, 변기통 겸 물통이 주어졌다. 각 감방 한쪽 벽에는 이곳을 거쳐간
죄수들의 증언이 쓰인 글이 붙여져 있다.

노동자들의 사보타지를 모의한 혐의로 10년간 복역한 인드레 나이도는 다음
과 같이 증언했다.

"그들(백인 교도관)은 '다음은 저놈일 거야.' '아냐, 저놈이 확실해.'라는 말을
스스럼 없이 큰 소리로 말하곤 했다. 우리는 더 이상 인간이 아니었다. 소나 말

같은 짐승이었다. 그들은 우리를 놓고 내기를 하며 즐거워했다. 의사는, '이놈은 이빨이 좋고 엉덩이가 괜찮아. 죽는 날 가져갈 수 있을 거야.' 라며."

"교도관들은 종종 죄수들을 모래밭으로 데려가 구덩이를 파도록 했다. 그 속에 들어가 목만 내놓게 한 후 뙤약볕 아래 한나절씩 방치했다. 물을 청하면 교도관이 강제로 입을 벌리게 한 다음 그 안에 오줌을 눴다. 최고로 맛 좋은 위스키라면서……."

지금으로선 상상하기 어려운 만행이다. 더러 사람 좋은 백인 교도관이 없는 것은 아니었지만 상당수는 이처럼 악랄했던 모양이다.

백인 통치에 항거한 주요 정치범들은 다른 흑인들에게 영향을 주지 못하도록 독방에서 지내야 했다. 일과 뒤 감방 점호가 끝나고 교도관이 돌아가면 이방 저방 죄수들은 벽을 두드려 가며 신호를 보내고 굶주렸던 그들만의 대화를 나눴다. 언제 풀려날지 모르는 감옥 안에서 그들은 고향과 가족, 해방의 날을 그리며

케이프타운 자연보호 구역의 원숭이들.

‘자유의 노래’를 즐겨 불렀다.

“티나 시즈웨, 티나 시즈웨, 이신순드……”

누군가 한두 명이 줄루 말로 된 이 노래를 부르기 시작하면 곧 우렁찬 합창이 되곤 했다. 노랫말의 뜻은 다음과 같은 것이었다.

“우리는 갈색의 나라. 우린 우리 땅을 원해요. 백인들이 빼앗아간 우리 땅을. 우린 아프리카의 후예들! 우린 우리 땅을 원해요. 그들은 이 땅을 떠나야 해요……”

백인 정부의 아파르트헤이트는 ‘아프리카 영웅들’에게 죄수의 낙인을 찍고 몸을 가둘 수는 있었지만 그들의 꿈과 신념까지 묶어둘 수는 없었다. 로빈 아일랜드의 안팎에서 인종 차별정책에 항거하는 흑인들의 외침은 날이 갈수록 거세지기만 했다.

탄압과 규제 사슬 끊어내

전체 인구의 10%밖에 안 되는 백인들이 절대다수인 흑인 위에 군림한 채 온갖 이권을 독점하며 자행한 탄압과 규제의 사슬은 필경 끊어질 수밖에 없었다.

1990년 정치범들을 모두 자유의 몸이 됐다. 그로부터 4년 뒤 흑인들은 마침내 소수의 백인정권을 밀어내고 넬슨 만델라 정권을 탄생시켰다.

쓰러졌던 자는 일어섰고 짓밟은 자는 넘어졌다. 하지만 그것은 보복이 없는 무혈의 선거혁명이었다.

로빈 아일랜드에 갇혔던 정치범 수백 명이 복권됐고 최근까지 그 상당수가 남아공 정부와 의회 주정부 등에서 일해 왔다. 로빈 아일랜드는 이제 세계 사람들에게 피부색을 뛰어넘는 인간의 자유와 존엄을 일깨우는 성지로 기억되고 있다.

阿 종단철도 건설 꿈 접고 '인재 경영'

미국의 서부 개척이 그렇듯, 아프리카 개척도
'골드러시'에 힘입었다 해도 지나친 말은 아닐 것이다.
개인의 이주이든 강대국의 식민지 경영이든
그 바탕에는 황금에의 꿈이 도사리고 있다.

오늘날 세계 다이아몬드 시장을 좌지우지하는 '드 비어스사(De Beers Company)'는 남아프리카공화국에 그 뿌리를 두고 있다. 이 회사는 지금도 남아공을 비롯해 아프리카 곳곳의 산과 바다에서 다이아몬드를 채굴·가공·판매해 세계 보석시장을 주도하고 있다.

이 회사를 창업한 세실 존 로즈(Cecil J.Rhodes. 1853~1902)는 기업가이자 정치가로서 열정적인 삶을 살았다. 그는 영국인에게는 아프리카 식민지 개척의 영웅으로, 아프리카 원주민에게는 불평등 계약과 허위 계약으로 온갖 보화를 가로채 간 사기꾼으로 비쳐지기도 한다.

20대부터 기업가이자 정치가의 꿈 펼친 야심가

케이프타운 대학과 가까운 뮈젠버그의 해변. 네덜란드 풍의 집을 개조했다는 2층짜리 '그루트 슈어(대저택)'는 잔디가 깔린 드넓은 대지 위에 자리 잡고 있었다. 바로 100여 년 전 로즈가 살던 곳이다.

케이프타운의 명소 테이블 마운틴. 오른쪽은 드 비어스사를 창업한 세실 로즈.

그루트 슈어 본관은 오랫동안 남아공 국가 지도자들의 관저로 쓰여 왔고 최근까지 주마 부통령이 거주해 왔다.

로즈가 마지막 숨을 거둔 해변의 저택은 공공박물관으로 바뀌어 로즈와 관련된 갖가지 자료와 책, 가재도구, 흉상과 기념품 등을 전시하고 있다.

어릴 적 심장이 약했던 로즈는 17세 때 건강을 위해 기후가 좋은 남아공에 왔다. 그곳에서 광산업에 나섰고 1887년 드 비어스사를 세웠다. 그리고 몇 년 후 그는 세계 다이아몬드 물량의 90%를 공급하는 벼락부자가 됐다.

20대에 억만장자의 꿈을 이루었음에도 그는 남다른 꿈을 키우고 있었다. 아프리카 최남단 케이프타운에서 북쪽의 카이로까지 이어지는 철길을 깔겠다는 야심이었다.

세실 로즈가 살던 집과 그 집에 세워진 동상(위).
지금은 박물관이 되어 있다.
왼쪽은 박물관 벽의 로즈 부조와 그의 초상화.
맨 아래는 생전의 로즈 친필 사인.

"대영제국의 식민지를 잇는 1만 ㎞가 넘는 철길, 이 길을 따라 열차가 달리고 수천 년 잠들었던 검은 대륙이 깨어난다. 이로써 대영제국은 아프리카 대륙은 물론 세계를 지배할 거대한 자원을 확보하게 된다."

그러한 야망을 키우며 케이프의 국회의원으로 정계에 진출, 1890년 37세의 나이로 마침내 케이프 식민지의 총독이 됐다. 드디어 그의 비전을 현실화할 수 있는 절호의 기회를 맞은 것이다.

그는 림포푸 강을 넘어 짐바브웨, 잠비아까지 땅을 개척했다. 광맥이 있는 땅과 드넓은 식민지를 세상 물정 모르는 원주민에게 헐값에 빌리거나 사들였다. 그러한 그에게도 걸림돌이 있었다. 인접한 트란스발 공화국의 지도자 폴 크루거였다. 이 지역을 차지하고 있던 보어(네덜란드)계 주민은 목축업을 주로 했는데 거대한 금광맥을 갖고 있었다. 북쪽을 개척하자면 먼저 이 땅을 제압해야 했다.

영국의 '세계 경영' 꿈꾼 야심가

로즈는 크루거를 제거하기 위해 요하네스버그 부근 위트워터스 랜드의 백인 광부들을 이용하려고 했다. 비(非) 네덜란드계 광부들을 앞세워 무장봉기를 선동하려는 계획이었다.

그러나 결과는 참담한 실패였다. 1895년 로즈의 측근 린더 제임슨이 이끈 원정대원들은 모두 붙잡히거나 사살됐다. 로즈는 이를 사주했다는 의혹 때문에 총독의 자리에서 물러나야 했다.

이 사건으로 영국계와 네덜란드계 주민 사이에 반감이 커진 끝에 결국 앵글로보어전쟁(1899~1902)이 터졌고, 여기서 승리한 영국은 이 지역 일대를 식민지로 편입시켰다. 당시 네덜란드계 주민 수만 명이 영국군에게 학살당했다. 식민지 쟁탈을 위한 백인끼리의 유혈극이었다.

로즈의 말년은 불운했다. 그는 명예를 잃었고 몸도 쇠약해졌으며 그의 이름으로 환어음 등 문서를 위조한 라즈윌 공주와의 스캔들까지 불거져 큰 고통을 겪어야 했다.

1902년 그는 49세 때 심장병으로 숨을 거두었다. 그의 유해는 식민지 개척시절 파노라마처럼 펼쳐지는 아름다운 풍광을 보고 스스로 '세계의 풍경'이라고 이름 붙인 짐바브웨의 마토포 언덕에 묻혔다. 생전에 그는 짐바브웨(예전엔 로즈의 이름을 따 로디지아로 불리었음) 등 자그마치 100만 평방마일의 땅을 영국의 식민지로 개척했다.

그의 유산은 유언에 따라 대부분 옥스퍼드대에 로즈 장학기금으로 헌납됐다. 아프리카를 경영하려던 그의 꿈은 물거품이 됐지만 명예는 부활했다. 황금에 눈이 어두웠던 사람이 아니라 '영국의 세계 경영'을 꿈꾼 거인으로, 국제적인 육영사업의 선구자로 재평가된 것이다.

클린턴 등 5300여 명 로즈 장학금 수혜

로즈 장학기금은 100년이 지난 지금도 옥스퍼드대에 유학하는 영연방국과 미국 등의 외국 학생에게 주어지고 있다. 빌 클린턴 전 미국 대통령 등 학구열과 비전, 헌신과 봉사정신을 가진 젊은이 5300여 명이 그간 장학 혜택을 받았다.

그는 짧고 굵게 살다 갔다. 식민지를 넓혀 대영제국의 터를 닦으려던 그의 야망은 장학사업으로 승화됐다. 세계의 인재를 키우는 평화사업으로 탈바꿈한 것이다.

기자는 아프리카의 남북을 철길로 이으려던 그의 꿈도 새로워져야 하지 않을까고 생각해 본다. 검은 대륙에 거대한 물류와 정보 인프라를 깔아 아프리카가 신천지로 거듭나도록, 유럽이 유럽연합(EU)으로 하나가 되어가는 것처럼 아프리카연합(AU)이 뿌리내려 누구나 이 거대한 대륙을 종횡무진할 수 있는 날이 올 수 있도록.

케이프타운 테이블 마운틴을 오르는 관광객들.

케이프타운에 위치한 테이블 마운틴 풍경.

세계적 수준의 '교육 낙원'

남아프리카공화국에는 경영학분야에 명성이 높은 비츠대, 법학분야에서 두각을 나타낸 프리토리아대, 세계 최초로 심장이식을 성공시킨 케이프타운대, 100년의 역사를 자랑하는 샘 존스대학 등등 세계적인 수준을 자랑하는 대학이 적지 않다.

이들 대학과 중·고교에 유학중인 한국인 학생 수는 이미 300명을 넘어섰다. 일반 대학원에서 석·박사 과정을 공부하는 이는 물론 아프리카 선교를 꿈꾸는 신학도도 적지 않다. 최근에는 초·중등 학생이 많아져 이들을 부모 대신 돌봐주며 민박업을 하는 교민이 늘고 있다. 짧게는 몇달에서부터 1~2년씩 어학연수차 이곳에 오는 한국 학생도 연간 70~80명은 된다고 한다.

다음은 케이프타운에서 민박업을 하는 한 교민과의 일문일답.

–아프리카 국가인 이곳에 유학생이 느는 이유는.

영국식 교육을 하고 있고 학비가 싸기 때문이다. 학생들은 학교에서 승마나 골프 같은 다양한 취미활동을 즐길 수 있다. 게다가 도시에 유흥업소가 없어 학생들이 탈선할 우려도 없다.

–학비는 어느 정도인가.

같은 영어권인 캐나다나 호주에 비하면 훨씬 싸다. 사립 초등학교는 연간 1500~2000달러, 중·고등학교는 공립이 450~800달러, 사립은 2600달러쯤이다. 대학은 사립 2500달러, 공립은 영주권자 1200달러, 외국인 8000달러 수준이다.

–유학생 상대로 민박업을 하는 교민이 많은가.

유학생이 늘면서 많아지고 있다. 초·중등 학생만 10명쯤 전문적으로 보살피는 곳도 있다. 교민이 부모 대신 보호자 역할을 해 준다. 아침이면 학생들을 자동차로 실어다 주고 수업이 끝나면 데려온다.

–경비는 어느 정도 받는가.

학교에 내는 학비와 레슨비가 보통 월 300달러, 픽업 등 각종 경비를 포함해 숙박비가 700달러 수준이다.

태권魂 심어 '국민스포츠' 육성

레소토는 사방이 남아공에 둘러싸인 산악국가다.
전 국토가 해발 1000m 이상이고 3000m가 넘는 산도 여럿이다.
우리의 경상도 땅과 비슷한 약 3만 ㎢의 면적에 인구는 210만 명.
수도 마세루에는 11만 명이 산다. 국민 대다수가 농경과 목축업에 종사하지만
식량을 자급하지 못해 무척 가난하다.

요하네스버그에서 마세루까지는 자동차로 네 시간 거리. 국경에서 마세루 브리지를 넘어 잠시 차를 달리면 바로 마세루의 중심가 킹스웨이로 이어진다.

이곳에 사는 한인은 10여 가구 40여 명. 주로 의류와 신발 판매, 자동차 정비, 철제 · 건자재 판매, 사진현상업 등에 종사하고 있다.

태권도 통한 국위선양에 일조한 레소토 정착 최초의 한국인

이곳에 가장 먼저 정착한 한인은 태권도 사범 이중기 씨. 그는 15년간 여기 살면서 아프리카의 이름 없던 나라, '레소토'의 국위를 세상에 떨치게 한 인물이다. 마치 '히딩크 감독'이 한국에서 존경받는 것처럼, 그는 레소토에서 가장 존

이중기 태권도 사범과 레소토의 남녀 선수들.

경받는 체육인으로 국방부 체육위원, 레소토 태권도협회 기술위원장(국가 코치)을 맡고 있다.

"여기선 태권도 경기가 벌어지면 보통 밤늦도록 이어집니다. 관중들이 새벽 두세 시까지 자리를 지키며 구경해요."

마세루에서 열리는 국내 대회로는 교민 노은우 씨 등이 적극 후원하는 '헐리우드 포토 배(杯)'나 '밀레니엄 컴퍼니 챔피언십'이 있다. 초등부에서 중등부 여자·남자, 일반부까지 이틀간 벌어지며 열띤 함성 속에 축제처럼 이어진다.

우리의 아시안게임처럼 4년마다 열리는 올 아프리칸게임 제7회 대회(1999년) 때 레소토는 금 여섯, 은 하나, 동 두 개로 아프리카 53개국 가운데 7위를 차지했다. 국력도 미미한 나라가 체육강국의 면모를 과시한 것이다.

레소토의 수도 마세루 부근 2200여 m 고지(高地) 모디무 은투쩨('신이여 도우소서'의 뜻) 중턱에 있는 전통 가옥.
이엉으로 얹은 지붕이 우리의 옛 초가와 많이 닮았다.

이들 메달 가운데 복싱 종목의 동 둘을 빼면 나머지 모두 태권도 종목에서 얻은 것이다.

당시 태권도 선수들의 활약상은 산악국가 레소토에 라디오와 TV로 중계됐고, 레소토 총리는 경기가 열리는 남아공 요하네스버그로 달려가 선수들의 노고를 치하했다.

태권도에 열광하는 국민들

짐바브웨 하라레에서 열린 6회 대회(95년) 때는 은메달 두 개, 동메달 세 개를 땄다. 오직 태권도 종목에서 건진 메달이었다. 이집트 카이로에서의 5회 대회(91년) 때는 사상 처음으로 은 셋, 동 둘을 따 온 국민이 열광했다. 선수들이 귀국하는 공항에는 5개부 장관까지 나와 환영했다.

이런 성과에 힘입어 레소토에서 태권도는 축구에 이어 가장 인기 있는 스포츠 종목이 됐다. 초등학교 교사와 여성들도 태권도를 배우는 이가 많다.

"36개 도장에서 5000명쯤이 수련하고 있습니다. 도장의 사범들은 군대와 경찰에서 사범단 과정을 거친 이들로 거의 직접 지도를 받았던 제자들입니다."

국제대회에 나가는 선수층은 아직 얕은 편이어서 50명쯤 된다고 한다. 군인 선수들은 부대 안의 숙소에서 머물며 태권도를 연마한다.

태권도의 남북 대결, 80년대 중반부터 남측 장악

한국 정부는 1970년대 초부터 태권도 사범을 아프리카 여러 곳에 파견했다. 이들은 현지 정부 지도자의 경호원이나 군·경찰에게도 무술을 가르쳤다.

유엔 등 국제 무대에서 남북 대결이 극심하던 시절, 이들 정부 파견 사범은 민간 외교의 최일선에서 한국을 알린 주역이었다.

한동안 아프리카 곳곳에서는 남한의 태권도와 북한의 격술이 경합을 벌였다. 레소토의 경우 80년 북한과 수교를 맺으면서 태권도를 밀어냈다.

당시 여기서 애써 기반을 닦던 박연한 사범이 레소토·북한 수교 직후 48시간 내 떠나라는 요구를 받고 눈물을 머금고 빠져 나와야 했다. 그 뒤 5년간 이곳 군 교관단의 무술 지도는 북한인이 도맡았다.

케냐에서 레소토로

이 씨는 서른한 살이던 1981년. 정부 파견 태권도 사범으로 가족과 함께 처음 케냐 나이로비에 몸담았다. 여기서 그는 국가 코치로서 선수를 육성하고 유단자를 특별지도하며 6년 반여의 시간을 보냈다. 그러나 당시 가장으로서 그의 삶은 '빵점' 이었다. 곁길에 눈을 팔다 가산을 탕진했다.

83년 그는 국제심판(13기)에 합격하고도 세계태권도연맹에 3년 새 등록비(100달러)와 연회비(50달러)조차 내지 못해 자격을 잃었다. 4년이 지나서야 그는 재교육을 받고 국제심판에 등록됐다.

85년 말 등장한 주스티누스 레카니아 군사령관은 군부 내 친북세력을 밀어냈다. 대령 시절 윤목(현 케냐 태권도협 기술위원장, AA태권도연맹 기술위 의장) 씨에게서 태권도를 배웠던 그는 스승 윤 씨를 레소토에 초청했다.

이중기 씨가 케냐에서 레소토로 활동무대를 옮긴 것은 87년, 윤목 씨가 레소토로 갈 때 동행한 것이 계기가 되었다. 그 후 이 씨는 이곳에 뿌리내리게 된다.

대표팀과 국방부 체육위원 맡아

이 씨는 이곳에서 93년 말까지 무료로 군 교관단을 지도했다. 따로 수입이 없어 국제학교 건물을 빌려 몇 년 동안 개인체육관을 운영하기도 했다. 2년 남짓 그와 함께 지내던 윤 씨는 이 씨의 궁핍을 덜어주려고 월급에서 1000란드(약 250달러)씩을 떼 주었다.

몇 년째 생활고를 겪어온 그에게 뜻밖에 희소식이 전해졌다.

"이 나라 태권도를 이끌어온 지도자 미스터 리에게 경제적 지원이 한 푼도 없

네덜란드 제13회 세계 태권도 군인선수권대회 여자팀 주전 선수들과 이중기 사범.
선수들은 이 대회에서 세계 2위를 했다.
왼쪽부터 디켈레의 타마에, 리디아의 타마에, 메리 램파니.

다는 것은 지나치다. 그가 다른 나라로 떠나면 어쩔 것인가.”고 레포사 대령이
군 지도부에 문제를 제기하고 나섰다는 것이다. 이후 군사령관의 주선으로 그는
94년 국방부 체육위원으로 임명돼 지금까지 일하고 있다.

그가 주로 하는 일은 군 선수 등을 육성하고 태권도협회를 운영하며 국가 코
치로서 대회에 출전할 선수를 훈련시키는 것. 매주 수요일 열리는 태권도협회
임원 회의에서는 선수들의 지도와 관리 등 갖가지 과제를 논의한다. 임원끼리
토론은 격렬해도 한번 결정되면 절대 승복한다.

스승에 대한 예의는 한국 이상으로 깍듯하다. “일어섯. 차렷. 관장님께 경례.”
회의를 마칠 때마다 그는 한국말 구령을 들으며 임원들의 인사를 받는다.

2003년 임기를 마친 뒤에도 그는 이곳 태권도 발전을 계속 위해 땀 흘려 일해
왔다.

정변 터졌을 때 제자들 개입 걱정
무도인은 국가와 사회 위해 正道 걸어야

아프리카 오지에서도 태권도를 배우고, 태권도의 나라 한국을 기억하는 레소
토 인이 많아진 것에 그는 뿌듯함을 느낀다. 레소토에서 그는 가정과 교회 신앙
에 열심인 크리스천으로 거듭났다.

한때는 정변 때문에 시련을 겪은 적도 있다. 이 씨로서는 가슴을 쓸어내린 일
이었다.

“94년 엔추 모헬레 총리가 군사령관을 새로 임명한 직후 대령이던 태권도협
회 회장이 반기를 들었어요. 두 세력이 총격전을 벌인 끝에 대령이 가슴에 총을
맞아 숨졌고, 그의 아들도 다리에 총상을 입었습니다.”

소요 사태가 진정된 뒤 사령관이 그를 호출했다. 그는 각오를 단단히 했다. 필
시 태권도 교관들이 모두 대령 편에 가담했을 테니 그에게 무슨 화가 닥칠지 모
른다.

이중기 사범.

그는 부인에게 당분간 못 나올지 모른다고 말한 뒤 집을 나섰다고 한다. 그런데 뜻밖에도 사정은 정반대였다. 대령을 중심으로 반기를 든 줄 알았던 그의 제자들이 군 사령관의 신변을 교대로 근무하며 지켰다는 것이다.

제자들은, "태권도인은 국가와 사회를 위해 바른 길을 가야 한다는 것이 이 사범의 가르침이었다."며 "욕심 때문에 반기를 든 그를 따르지 않았다."고 했다.

늘 그래야 할 것이다. 무도인이란 도장 안이든 밖에서든 정도를 가야 하는 것이다. 무도인의 길을 바로 걷는 것. 제2의 고향 레소토에 태권도 정신을 심는 것. 이것이 이 씨의 소박한 꿈이다. 그는 매일 그런 다짐으로 하루를 시작하고 잠자리에 든다.

이중기 사범은 2005년 말, 레소토 국방부 체육위원직에서 은퇴했다. 2009년 현재 남아프리카 14개국의 협의체인 남부 아프리카 태권도연맹(COSATA)의 기술위원장을 맡고 있으며, 레소토 국방부에 한국인 후임 사범의 영입을 돕는 등 현지 태권도 발전에 진력하고 있다.

그의 집은 레소토에 들어가는 관문이자 아름다운 풍광을 자랑하는, 남아공의 레이디브란드(Ladybrand)에 자리 잡고 있다. 주변으로 굽이굽이 파노라마처럼 펼쳐지는 산이 한눈에 보인다. 예전엔 낯설기만 했던 산야가 이젠 고향의 풍경처럼 느껴진다고 한다. 초록빛 나무와 새들, 땅거미가 질 무렵 먼 산을 물들이는 황금빛 노을, 이국 땅에서 그를 우러르는 모든 사람들과의 인연을 생각할 때마다 체육인으로 걸어온 삶이 다행스럽고 감사하기만 하다.

8
마다가스카르

18세기의 어느 탐험가가,
'자연주의자를 위한 약속의 땅'이라며 극찬했다던
인도양의 거대한 섬 마다가스카르.
온갖 동식물이 서식하는 천혜의 환경을 갖춘 곳이지만
요즘은 매년 10~20헥타르의 삼림이 사라져 가고
멸종 위기에 처한 동식물도 늘어간다고 한다.
국민 70%가 하루 1달러 이하로 연명하는 '절대빈곤의 땅',
유칼립투스나무로 땔감을 조달하는 사람들이 부지기수인
이 외진 곳, 힘겨운 생존의 현장에서도
남다른 투지와 도전으로 땀 흘리는 한인들이 있었다.

황금어장 지천, "웰컴 아시안"

입국자가 몰린 마다가스카르의 수도 안타나나리보 공항.
북적이는 세관 검사대에서 짐 검사를 하던 직원이 취재진에게 자꾸 신호를 보낸다.
슬쩍슬쩍 손가락으로 동그라미를 만들어 보이며 눈짓을 한다.
'통행세'를 내라는 뜻이다.

가방을 열어젖혀 온통 헤집고 나서 손을 벌리다니 고약한 친구다. 모른 척 무시했더니 그예 트집을 잡는다. 사진기 넉 대와 함께 가방에 든 필름 200여 통을 구실 삼아 별실로 따라 오란다.

짐 검사를 다시 한다. 사진기는 물품 신고 사항을 보여주니 별다른 말이 없다. 그러나 필름은 물량이 많다며 산값의 64%를 세금으로 내라고 한다. 앞으로도 6~7개 나라를 더 여행하며 쓸 것이라 해도 통하지 않는다. 공항에 맡겨 뒀다가 출국 때 가져가면 어떻겠느냐고 해도 안 된단다. 속셈은 뻔하다. 부수입을 바라는 것 아닌가.

입씨름 끝에 결국 거금 40달러로 홍정을 마쳤다. 가슴이 쓰리다. 수도 공항이 이러니 이곳 관리들의 행태가 어떨지 짐작이 간다.

공항에서 안타나나리보 시가지까지는 왕복 2차선 정도의 구불구불한 길이 이어진다. 도로 가장자리는 포장이 벗겨져 굴곡이 많다. 황토가 흔한지 불그스름한 야산이 보이고 황토색 벽돌로 쌓은 집도 자주 눈에 띈다.

마다가스카르의 수도 안타나나리보 시내.
비탈진 구릉지대에까지 집들이 빽빽이 들어차 있다.

안타나나리보 도심 지역은 구릉이 많다. 비탈진 언덕에는 집들이 빽빽이 들어차 있어 우리의 달동네를 연상시킨다.

취재진이 여장을 푼 곳은 서울식당. 교민 강득희 씨가 운영하는데 민박업을 겸하고 있었다.

마다가스카르는 그린랜드 · 뉴기니아 · 보르네오에 이어 세계에서 네 번째로 큰

섬이다. 길이 1600km, 너비 600km에 면적은 59만 km²로 남한 땅의 여섯 배에 이른다. 인구는 약 1600만 명. 1895년 프랑스의 식민지가 됐다가 1960년 독립했다. 언어는 프랑스 어와 말라가시 어를 쓴다.

안타나나리보 거리의 어린이 악단. 시장 입구 등 사람이 많이 모이는 곳에서 연주를 하며 돈을 벌기도 한다.

메린 왕조 시대 여왕이 살았다는 궁궐.
메린 왕조는 19세기 중엽 마다가스카르가 프랑스 식민지가 될 때까지 마다가스카르 전역을 다스렸다.

마다가스카르 국민 상당수는 기원전부터 뱃길로 이곳에 온 인도네시아 인과 원주민의 피가 섞여 형성된 것으로 여겨진다. 국민 대다수가 농업에 종사하지만 생산성이 낮아 무척 가난하다.

해안도시에는 일본·프랑스·독일업체가 많이 진출해 있다. 이들은 트롤 어선과 냉동창고 같은 현대적 장비와 시설을 갖추고 랍스터·새우·참치·상어 등의 원양어업과 양식업으로 재미를 보고 있다고 한다.

취재진을 안내하던 김세풍 씨는 이곳에 살면서 보고 겪은 현지인들의 생활풍습을 들려줬다.

원주민 메린 족, 자부심 강하고 아시아계 사람 선호

"원주민인 메린 족은 이곳이 프랑스 식민지가 되기 전 이 땅을 300년쯤 지배해 온 세력이에요. 자부심이 상당합니다. 아프리카 흑인과 달리 머리카락이 검고 피부도 황갈색입니다. 자기네 조상은 아시아 사람이라고 해요. 남들이 아프

집들이 빽빽이 들어선 언덕 위에 자리한 메린 왕조 시대의 궁궐.

리카 인으로 취급하면 싫어합니다.”

마다가스카르 인, 특히 메린 족은 곱슬머리인 다른 종족과는 결혼하지 않는다. 만일 다른 종족과 결혼하면 가족과 종족으로부터 따돌림을 당한다. 가족 묘에서조차 완전히 제외된다. 외국인 특히 아시아 인과의 결혼을 선호하는 편이다. 자신들의 뿌리가 아시아라고 여기는 까닭인 듯하다.

성에 대한 의식은 해이해서 10대나 20대 초반의 미혼모가 많다. 경제력도 없이 ‘아이가 아이를 낳아 키우는’ 사례가 한둘이 아니라고 한다.

메린 족에게는 1년에 한 번 땅속에 묻힌 시신의 옷을 갈아입혀 주는 특이한 풍습이 있다. 이 날은 가족 친지들이 모두 한자리에 모인다. 비록 생활이 어려워도 조상을 모시는 데는 열심인 것이다.

가족 친척의 결혼 장례식 같은 경조사를 이유로 결근하는 일이 다반사여서 외국회사 고용주들은 골머리를 앓기도 한다.

도심을 구경하다 눈에 번쩍 띄는 사람이 있다. 가죽 점파를 걸친 이다. 30도가 넘는 이 무더위에 두터운 가죽 옷을 걸치다니…….

“가끔 돈 많은 걸 과시하려는 사람이 저러고 다닌다.”는 것이 김 씨의 설명이다. 신기한 얘기는 이것만이 아니었다. 성탄절이 낀 12월이 이곳에서는 가장 무더운 절기인데도 ‘흰 눈 사이로 썰매를 타고…….’로 시작하는 화이트 크리스마스 노래가 울려 퍼진다고 한다.

12월 한 달 내내 캐럴송이 울려퍼지던 우리의 옛 시절을 떠오르게 하는 이야기였다.

'황금 숯' 캐다 로비스트로 변신

안타나나리보 거리에선 두툼한 자루를 잔뜩 실은 차량이나 마차가
종종 눈에 띄었다. 뭔가 했더니 숯 자루다. 시내 이반드리 빈민가에도
몇몇 아주머니들이 땅바닥에 숯을 벌여놓은 채 손님을 기다리고 있다.
손님마다 사 가는 숯은 기껏해야 하루 1~2kg 정도.
1kg에 우리 돈으로 100원(600말라가시 프랑) 꼴이다.
한두 깡통씩 사 들고 가는 모습에서 하루하루 '고단한 삶'의 단면이 엿보인다.

인구 200만이 사는 이 도시에서는 매일 숯 250 t 쯤이 재로 변한다고 한다. 취사 때 가스를 쓰는 주민은 20%뿐이고 대다수는 숯을 쓴다.

이곳 숯 시장에서 한 한국인이 숯을 팔고 있다. 아마도 그는 검은 대륙 아프리카를 통틀어 유일한 '한국인 숯 장수'일 것이다. 한때 무역업으로 승승장구하다가 '환란'이 닥치면서 나락에 떨어졌던 강득희 씨. 실의에 빠졌던 그는 맨주먹으로 다시 일어나 75만 평(250㏊)의 산림을 개간한다. 오지의 산속에서 숯을 구워 내다 파는 그의 기행(奇行)은 어찌 보면 '현대판 봉이 김선달' 같다.

예전엔 숯 장수를 천민으로 취급했지만

"제가 숯 장사를 한다니까 친했던 이곳 친구들이 모두 등을 돌리더라구요. 한국 사람들조차 미친 놈 취급을 했어요. 그도 그럴 것이, 여기선 숯 장수가 천민 중의 천민이거든요. 마치 우리의 옛날 양반이 백정이나 가파치를 천시한 것과 비슷해요."

마다가스카르의 길거리에서 숯을 파는 여인들.

안타나나리보에서 서울식당을 운영하는 강득희 씨는 수년째 숯 장사를 하고 있다. 남이야 어떻게 생각하든 그는 거리낄 이유가 없다. 이거야말로 먼 앞날을 내다보는 도전이고, 황금 알을 낳는 멋진 사업이라는 믿음 때문이다. 숯은 그에게 농장 경영의 꿈을 착착 실현시켜주는 밑천인 것이다.

강 씨가 개간중인 산림은 안타나나리보 북쪽 70㎞쯤 떨어진 베우라나에 자리잡고 있다. 대규모 키위 농장 조성을 목표로 그는 이곳 산판에서 나오는 목재로 숯을 만들어 판다. 숯은 생필품이고 소모품이어서 만드는 대로 돈이 된다. 게다가 그의 산에는 숯을 만들 나무 유칼립투스가 얼마든지 자라고 있다.

2002년 상반기는 숯 장수들에게 신나는 대목이었다. 전ㆍ현직 대통령 둘이서 권력 투쟁을 벌이면서 지방도로가 끊기고 석유와 가스공급마저 중단되자 숯은 엄청난 특수를 맞았다. 값도 천정부지로 치솟았다. 덕분에 숯 장수가 연료산업의 주역으로 당당히 자리매김하는 기회가 됐다.

"숯값이 뛰니 숯을 훔치는 도둑이 늘었습니다. 산판을 지키다 직접 총을 들고 싸우는 일까지 벌어졌습니다. 주위에선 숯 장사도 해병대 출신이 아니면 못 할 거라고 농담을 하더군요."

숯 장사로 성공, 한국식당 인수 후 민박업 겸해

안타나나리보 일대의 숯 장수는 어림잡아 2000명 정도 된다. 얼마 전까지만 해도 멸시받던 이들이 지금은 모두 값비싼 휴대전화를 갖고 다니는 '귀족'으로 변신했다. 자칭 왕족이나 유럽 출신의 백인까지도 숯 장사에 나서는 판이다. 이제는 주위의 현지인이나 교민들도 강 씨를 부러워하고 격려를 아끼지 않는다. 강 씨는 그가 세운 '강 인터내셔널사(社)' 주식 일부를 팔아 이미 2001년 한국 식당을 인수했고 민박업도 겸하고 있다. 빈털터리 신세로 전락했다가 숯 때문에 재기에 성공한 것이다.

강 씨가 스리랑카를 거쳐 마다가스카르에 온 것은 1990년. 가족은 3년 뒤에 이주해 왔다. 1997년 '환란' 때까지만 해도 그는 이곳에서 '헬리어스(Helios)'란

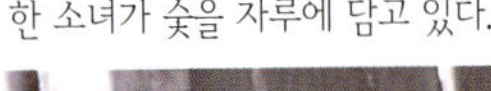

한 소녀가 숯을 자루에 담고 있다.

산판에서 작업 중인 강득희 씨(맨 뒤)와 현지인들.

무역회사를 운영하고 있었다. 약재로 쓰이는 '마데카솔' 원료와 건해삼 등을 한국에 수출해 왔다.

그러나 갑자기 닥친 외환 위기로 한국 내 수입회사가 마데카솔 원료의 신용장 대금을 지불정지했고, 한 수입업체는 건해삼 대금을 갚지 않았다. 그는 한국에서 6개월간 대금 회수에 매달렸으나 별무소득이었다. 빈손으로 마다가스카르에 돌아와보니 이번엔 현지인 동업자가 회사 재산을 모두 빼돌린 뒤였다. 땀흘려 닦은 모든 기반이 일거에 무너진 것이다.

절망이었다. 남은 차를 한 대씩 팔아가며 온 가족이 연명하는 처지가 됐다. 99년 3월 그는 회사 문을 닫고 몇 달간 과거의 동업자와 법정 투쟁을 벌였다. 그러나 한동안 그를 형무소로 보낼 수는 있었지만 빼앗긴 재산을 되찾을 수는 없었다.

이젠 아무것도 없다. 바닥부터 다시 시작해야 하는 것이다. 궁리를 거듭한 끝

숯을 땅바닥에 벌여 놓고 손님을 기다리는 소녀.

에 그는 산림청 장관을 찾았다. 상공부 차관 시절부터 절친했던 그에게 농장사
업 계획을 설명하고 협조를 구했다.

놀리는 땅 75만 평, 30년간 임차

강득희 씨는 놀리는 산을 개간해 키위농장을 만들겠다는 야심찬 계획서를 제
시했다. 산림청은 그에게 선뜻 산림 사용 허가를 내주었다. 250ha(약 75만 평)의
땅을 30년간 임대해 준 것이다. 임대 비용은 해마다 한국 돈으로 약 50만 원.

이 정도의 비용은 아무것도 아니다. 문제는 농장 개간에 드는 막대한 돈을 어
떻게 마련하느냐는 것이었다. 그 비장의 카드는 바로 산판에서 나는 나무 유칼
립투스였고, 이 나무로 만든 숯은 그의 예상대로 '황금 알'로 둔갑한 것이다.

강득희 씨가 안타나나리보 숯 시장에 공급하는 물량은 한 달에 50kg짜리로 약
5000자루. 전체 숯 시장에서 3~4%를 차지한다. 강 씨는 숯 사업의 전망이 무
척 밝다고 한다.

-숯 장사를 계속할 것인가.

"상당 기간 하게 될 것이다. 숯은 앞으로 최소 50년은 지속될 괜찮은 사업이다. 이 나라 형편상 집집마다 가스 같은 대체연료를 보급하자면 오랜 세월이 걸릴 수밖에 없다. 국제 환경단체들은 이 나라 정부를 향해 원시림을 베지 못하게 규제하라고 요구한다. 정부에서는 "그러자면 당신들이 대체 연료를 개발해 주든지 아니면 숯을 쓰지 않아도 될 만큼 생활 보장을 해 달라."고 주장한다. 해마다 그런 입씨름만 되풀이하다 만다."

-숯은 어떻게 만드는가.

"유칼립투스 같은 나무로 만든다. 호주에 가면 코알라가 먹고 사는 것이 바로 이 나뭇잎이다. 줄기를 잘라서 숯을 만드는 데 한 2년 지나면 뿌리에서 새 줄기가 돋아나 다시 숯을 만들 수 있다. 우리 산판에선 큰 나무는 놔두고 직경 15㎝ 이하의 나무만 잘라 굽는다."

-어떤 과정으로 유통되나.

"나처럼 산림을 가진 사람은 직접 숯을 구워 도매업자에게 넘긴다. 산이 없는 사람은 트럭을 몰고 지방을 다니며 주민이 구운 숯을 사 도시의 도매업자에게 판다. 소매업자는 소비자에게 kg 단위나 자루로, 또는 분유깡통 분량으로 판다."

그는 2002년 현지 고용인을 30명으로 늘렸다. 자금이 넉넉해지면 200명으로 불려 농장 개발에 박차를 가할 생각이다.

고통스럽던 시절은 이제 옛 추억이 되어 간다. 숯을 굽는 산판은 몇 년 후 원시 휴양림으로 둘러싸인 아름다운 농장으로 바뀌고 이 속에 통나무집도 몇 채 자리 잡게 될 것이다. 그렇게 '아프리카 숯 장수'의 꿈이 무르익어감을 느낄 때면 그의 가슴은 벅차오른다.

요즘은 현지인에게 '산판' 넘기고 로비스트로

　　강득희 씨는 여러 해 동안 숯 사업을 하다가 2009년 2월 산판을 현지 주민들에게 넘겨주었다. 2006년 이후 인근 망가밀라 시(市)와 주민들이 외국인의 산판 운영에 반발해 잇따라 민원과 소송을 제기했기 때문이다. 정치불안이 이어지고 쿠데타까지 일어난 마당에 굳이 주민들과의 갈등을 키울 필요가 없겠다 싶어 손을 뗐다고 한다.

　　강 씨는 2006년 말부터 현지 정부가 추진하는 재난구호대책본부 사업을 뒷받침하는 조언자이자 로비스트로 일하고 있다. 내무부와 22개 주정부마다 조직과 장비, 인력을 갖추어 재난구호 활동을 벌이는 사업이다.

　　강 씨는 이를 토대로 마다가스카르 정부가 한국 수출입은행의 경제개발 협력 자금(EDCF : Economic Development Cooperation Fund) 차관을 받을 수 있도록 중개 역할을 했다. 한국 정부로부터는 2008년 말 협력사업으로 승인을 받은 상태. 마다가스카르 정부는 이 차관으로 도로 유실이나 화재에 대처할 각종 중장비와 고가 사다리, 앰뷸런스 등의 차량을 확보하게 된다.

　　"사업 집행 직전 마다가스카르에 쿠데타가 일어나 현재(2009년 말) 정국 안정을 기다리는 중입니다. 현지 정부가 국제적인 승인을 받으면 사업은 순조롭게 추진될 겁니다. 정부 차관이니 한국업체 가운데서 공개 입찰을 통하여 장비 공급 업체를 선정하게 됩니다."

　　숯 장수에서 로비스트로의 변신이 화려하다. 현지에서 쌓은 인적 기반을 바탕으로 그는 남다른 수완을 발휘하고 있다.

강 씨는 부인 김순이 씨와의 사이에 아들 셋을 두고 있다. 2009년 말 현재 막내와 셋째는
중 고교에서 공부하고 있고 큰아들은 프랑스 국립 스타스부흐(Strasbourg) 대학에 유학중이다.

“희귀원석 다듬어 수출, 요즘엔 구리광산 개발해요”

이곳에서 눈길을 끄는 한인업체로는 현지 특산물인 희귀석을 가공·판매하는 ‘마다스톤 김기권(金基權 사장)’ 씨가 있다. 김 씨는 국내에서 카센터 등을 운영하며 자동차 정비에만 27년을 매달려 왔다.

‘마다스톤’ 사장 김기권 씨가 현지 직원에게
원석 가공 기술을 가르치고 있다.

김기권 씨는 “1998년 친구를 따라 이곳에 왔다가 돌 사업에 눈뜨게 됐다.”고 한다.

“여긴 진기한 돌이 참 많습니다. 자스퍼·수정·투르말린·루비, 물이 담긴 돌이나 빛이 나는 돌이 있는가 하면 암모나이트, 나뭇잎과 동물 뼈 화석도 흔합니다. 이걸 가공해 수출하면 괜찮겠다는 생각이 들었어요.”

그는 현지인과의 원활한 의사소통을 위해 그새 말라가시 어를 익히며 돌에 대한 공부도 했다. 사업에 뛰어든 지 2년만에 현지인 기술자 등 15명을 고용했다.

김 씨는 광산에서 나는 원석을 사들인다. 볼품없어 보이는 돌을 깎고 다듬어 광택을 내면 아름다운 소장용품으로 또는 고급 의류에 다는 단추로 바뀐다. 그는 이 돌을 한국이나 이탈리아로 수출하고 있다.

김 씨는 앞으로 이 사업을 발전시켜 공예품과 돌침대, 탁자, 책상 등에까지 생산 기반을 넓혀 갈 포부를 갖고 있다.

김기권 씨는 2008년 9월부터 수도 안타나나리보의 서쪽 600km쯤 떨어진 마인티라노에서 구리광산을 개발중이다. 현지인과의 친분 덕택에 원석에 구리가 60% 이상 함유된 질 좋은 광맥을 확보한 것. 김 씨는 전북 익산에 있는 (주)한성공업 한용규 대표와의 합작으로 이미 이 일대의 시추작업을 끝내고 현지 정부의 환경평가를 기다리고 있다. 애로가 있다면 데모 등 사회불안으로 인허가 절차가 늦어지고 있다는 점. 그러나 2010년 중반이면 채광이 가능할 것으로 기대하고 있다. 김 씨는 2009년부터 희귀석 가공 수출은 일단 중단한 채 광산 개발에 전념하고 있다.

유칼립투스로 만드는 숯

숯의 원료인
유칼립투스 나무.

나무를 베어
약 1주일간
자연건조 시킨 후
땅에 구덩이를 판다.
건조된 나무를 일정한
간격으로 구덩이에
채워 넣는다.

불을 지펴
구덩이 안의 나무를
태운다.

나무가 다 타고나면
사진에서처럼
볼록했던 흙구덩이의
봉분이 거의 무너진
형태가 된다.

나무가 숯이 되도록
구워지면

마지막 점검 후
숯을 캐낸다.

쇠스랑으로 캐낸
숯더미.

자루에 담긴 숯을
살펴본다.
오른쪽이 강득희 씨.

"커피 한 잔값으로도 희망 심어요"

수도 안타나나리보 시내는 사람들로 붐빈다.
도심엔 반듯한 건물들이 제법 있지만 주변을 조금만 돌아보면 판자촌이 즐비하다.
달동네 주민들은 30달러도 채 안 되는 월급으로 살아가는 집이 태반이고
한 사람이 버는 돈으로 열 명이 넘는 대가족이 연명하기도 한다.
대도시에서도 주민 대다수는 숯불로 밥을 짓고 밤이면 호롱불을 켠다.

문맹률 42%. 절반 가까운 국민이 글을 읽지 못하는 '까막눈'이다. 굶주리는 판이니 부모는 자녀를 중·고교까지 보내려 하지 않는다. 이런 극빈과 문맹의 땅 마다가스카르의 외딴 농촌에서 교육과 봉사로 사랑을 심는 한국인이 있다. 김기례 수녀가 바로 그 사람이다.

안타나나리보에서 남쪽으로 420km 떨어진 소도시 피아나란추아는 인구 약 16만 명의 농촌도시이다. 고원지대로 꼬불꼬불한 산길이 이어져 수도에서 이곳까지는 자동차로도 여덟 시간이 넘게 걸린다.

이곳 돈 보스코의 살레시오 수녀회 공동체에서 일하는 김기례(세례명:프란체스카) 수녀는 1989년 마다가스카르에 왔다. 1987년 한국을 떠나 유럽에서 2년 6개월간 선교학과 프랑스어 등을 익혔다. 마다가스카르에 온 직후에는 안타나나리보 해안지역의 소도시 등 몇 군데 공동체에서 일해 왔다.

"처음 왔을 땐 사람들이 모두 맨발이었어요. 달리 교통수단도 없지만 돈도 없으니 무거운 짐을 머리에 이고 몇십 리를 걸어다니곤 합니다. 밥은 하루 두 끼가 고작이고요. 안쓰럽고 목이 메어 밥알을 넘길 수가 없었습니다."

마다가스카르의
농촌도시
피아나란추아
살레시오 수녀원
부근 마을에서
아주머니와
얘기하는
김기례 수녀.

나이 어린 떠돌이 고아들도 부지기수였다. 안타나나리보 시내의 쓰레기통을 뒤져 먹을 것을 찾는 고아들을 그녀는 두고만 볼 수가 없었다. 여기저기 도움을 호소해 자금을 마련하고 국제공항 부근에 고아원을 세웠다.

빈 가슴 채워주고자 고아원 세워

"코흘리개 어린이 40여 명을 맞아들였지요. 따스한 애정을 느껴 보지 못한 어린 소녀들의 빈 가슴을 채워줄 수 없어 늘 안타까웠는데 그래도 보살피다 보니 정도 들고 잘들 자라줬어요. 12년이 지난 지금 첫 고아원 졸업생 중에는 벌써 아이 어머니가 돼 찾아오는 이가 있습니다. '할머니시다.' 며 어린 딸을 안겨주기도 합니다. 철부지들이 예쁜 아가씨로 장성해 프랑스어로 당당하게 이야기할 땐 너무 대견스러워요."

피아나란추아의 수녀원에서 이탈리아 · 아르헨티나 · 마다가스카르 출신 수녀와 넷이서 지낸다. 주민들과도 친숙해져 마을을 오갈 때면 "수녀님, 안녕하세요." 하는 인사가 그치지 않는다.

김기례 수녀와 마을 주민.

기술학교 세워 희망의 씨앗 뿌려

공동체 안에서 수녀들은 1999년부터 단기 기술학교를 운영하고 있다. 비서 · 경리(3년제), 양재 · 수예(2년제), 미용 · 농업과(각 1년제)를 두고 교사 20명과 함께 학생들을 가르친다.

기술학교는 오랫동안 건물도 없이 운영돼 왔다. 수녀원, 성당, 차고와 개인 방까지 모두 교실로 사용해 왔다. 독일 벨기에 이탈리아 등지에서 성금을 보내 주어 학교 건물을 신축해 2003년부터 사용하고 있다. 김 수녀는 학교 관리 책임자로 일하면서 종교와 인성교육을 담당한다. 부근 초등학교에서도 종교교육과 교육위원 일을 맡고 있다.

기술학교는 한국에서 독지가나 교우들이 지원해 준 컴퓨터, 재봉틀, 미용기구, 비디오 등을 갖추고 있다. 그러나 교육시설은 부족한 것이 너무 많다. 그간 로마 총본부 수도회의 도움이 있었지만 그밖에는 수녀들 각자가 아는 이들에게 도움을 청해 시설을 장만해 왔다.

김기례 수녀와 기술학교 학생들.

"미래의 꿈나무 함께 키워요"

김 수녀는 가끔 한국에 나오게 될 때 지인들에게 현지 사정을 알려주고 도움을 청한다.

"새로 운영을 맡은 초등학교 형편이 너무 어려워요. 학교 비품은 고사하고 책도 없습니다. 칠판에 선생님이 써 준 것을 어린이들이 베껴 가며 어렵사리 수업을 하고 있습니다."

공동으로 쓰는 책을 종이상자에 넣어두면 밤새 쥐들이 뜯어먹고 벌레들이 마구 갉아 먹는다. 전교생 450명이 한데 모일 땐 금세 수녀나 교사들의 목이 아프다. 마이크 시설이 없어 계속 큰 소리로 외쳐야 하기 때문이다.

"우선 급한 대로 앰프와 마이크 같은 몇 가지 비품이라도 갖췄으면 해요. 혹시 도움 주실 분 계시면 알려주세요. 한국에서 담배 한 갑, 커피 한 잔값만 아끼면 여기서는 많은 어린이들에게 희망을 줄 수 있습니다."

"서로 아끼고 도우며 살아가는 이에겐 남다른 기쁨의 수확이 있을 거예요." 그녀는 힘주어 말한다.

요즘은 안타나나리보에서 초·중학교 위탁운영

김기례 수녀는 2003년 9월부터 이듬해 4월까지 프랑스에서 안식년을 보낸 뒤 안타나나리보 국립대학교에서 멀지 않은 지아다나라는 동네에서 성프린체스코 아씨시 학교의 교장으로 헌신하고 있다. 학교 주변은 대부분 판잣집. 길도 제대로 닦여 있지 않아 자동차가 다니지 못한다. 주민들은 동네 몇 군데 공동 수도에서 날마다 물을 받아 간다. 하수도 시설은 전혀 없다.

"여긴 시골에서 올라온 이주민 가정이 많습니다. 가난한 사람들이지요. 처음 왔을 땐 분위기도 거칠고 힘들었는데 요즘엔 많이 달라졌습니다. 학교가 정성을 다해 아이들을 가르치고 있고 교육 여건이 조금씩 좋아지고 있는 것을 다들 느끼니까요."

안타나나리보에 있는 옛 프랑스 총독 관저.
마다가스카르가 프랑스 식민통치(1896년 이후 60여 년간)를 받던 시절 세워진 건물이다.

처음에는 햇빛이 들지 않는 본당 지하실을 교실로 쓰다가 볕이 드는 곳으로 옮겼다고 한다. 후원금이 생기면 도서실을 만들고 놀이시설을 하나 둘 늘리는 데 보태왔다. 학교 부근엔 하수도 시설도 갖추었다. 요즘엔 특히 학생들이 쓸 교과서 확보와 교사 양성에 주력하고 있다.

살레시안 정신이 살아 숨쉬는 곳, 가난한 학교의 교사와 학생들이지만 그들에겐 진솔한 꿈이 자라고 있다.

"아이들아, 무럭무럭 자라거라! 너희의 미래가 밝고 아름답기를, 이웃과 세상에도 널리 유익한 인재가 될 수 있기를!"

아씨시의 성자처럼 김 수녀는 가난한 이들의 친구요 어머니로, 밤낮 없이 학교를 가꾸고 가르치느라 여념이 없다.

(김기례 수녀 이메일: francescak57@yahoo.co.kr 휴대전화: 261 32 44 30706)

2009년 말 현재, 아씨시 학교의 학생 수는 초등학교(5년 과정) 400여 명, 중학교(4년 과정) 100여 명. 학교는 본당 교회 소속으로 김 수녀는 운영을 위탁받은 입장이다. 사립으로, 국가의 보조가 전혀 없이 자체 운영한다. 살림이 어려워 월급을 주는 정규직 교사와 직원은 모두 20명, 시간제로 일하는 사람이 10여 명이다.

아프리카 한인사회의 뒷모습

마다가스카르의 수도 안타나나리보 등지에는 한인 200여 명이 산다. 주로 식당, 자동차 정비소, 문구점, 돌 또는 나무화석 같은 토산품 가공·수출업 등에 진출해 있다. 그러나 이런 한인은 실상 소수일 뿐이고, 대다수는 아직 생활기반을 닦지 못한 상태이다.

자동차 정비소 직원들. 능숙한 솜씨로 정비를 한다.

자동차 수입업, 세금 높아져
자동차부품 판매나 정비업 재미

안타나나리보 시내에는 간간이 한국산 무쏘나 갤로퍼·그레이스가 눈에 띈다. 비포장 도로가 많아서인지 지프형 차량이 특히 인기를 끈다. 1990년대 초만 해도 지프형 자동차값은 한국에서의 배가 넘는 수준이었다. 이곳에 지프형 중고차를 갖다 팔아 톡톡히 재미를 본 교민도 있다. 그러나 요즘엔 세금이 엄청나게 비싸져 예전같은 수익은 기대하기 힘든 상황이다.

최근 몇 년 동안 이곳에서 자동차 정비소를 운영했던 김세풍 씨, "이곳에서 무쏘나 갤로퍼를 모는 사람은 장성이나 장관 같은 최고위급 관리이거나 부유층."이라고 한다. 그러다보니 정비업소 고객도 고위층 인사들이 대부분이다.

교민 중에는 미니버스를 수입해 판매하는 사람들도 있다. 하지만 요즘은 차량 수입보다 부품 판매나 정비업 쪽 수입이 더 짭짤하다고 한다.

외환위기 이후 이주자 증가

이곳에는 1997년 '환란' 이후, 기업이 도산하는 바람에 온 사람도 적지 않다. 한인

세 명 가운데 두 명꼴로 가족과 함께 살고 있고 나머지는 외톨이로 '이산'의 아픔을 안고 지낸다.

이곳에서 만난 교민 몇 사람은 취재진에게 한인사회의 속사정을 들려 주었다.

"맥주 한 병 사 마실 형편도 안 되는 한인이 꽤 있습니다. 올 때 아예 빈손이었던 사람도 있지만, 허황된 꿈에 붕 떠서 온 사람들이 1년 남짓 지내다 보면 깡통을 차다시피하는 예도 흔합니다. 씀씀이가 컸던 사람이 빈털터리가 돼 객지에서 살자니 얼마나 힘들겠습니까. 더러는 카지노 뒤켠에서 몇 시간을 구경하다 칩 몇 개를 얻어 옆에서 놀기도 합니다. 어떤 이는 그 칩을 돈으로 바꿔 밥을 사 먹습니다."

신분 노출 꺼리는 불법체류자도

"간혹 케냐·나이로비 같은 데 가면 은둔생활을 하는 비참한 한인들도 볼 수 있어요. 하도 불쌍해 가진 돈을 털어준 적도 있습니다."

떠돌이 한인 가운데는 한국에서 부도를 내고 도피해 온 이들도 있다. 이들은 신분 노출을 꺼리기 때문에 여권 기한이 끝나면 오갈 데 없는 불법 체류자가 된다. 법적으로 아무런 보호를 받을 수 없는 신세가 된다. 고국으로 돌아갈 수도, 외지에서조차 마음대로 나다닐 수 없는 은둔자로, 고단한 삶을 연명해가는 것이다.

물론 해외에서 새 삶을 개척하고자 도전에 나선 사람도 많다. 그렇더라도 별다른 준비없이 나와 낭패를 보는 예가 흔한 실정이라고 한다.

"여기서 쓰는 프랑스 어는 물론이고 기초적인 영어 회화조차 하지 못해 의사소통에 장애를 겪는 이가 꽤 있습니다. 다급하면 어린 자녀의 통역으로 현지인들과 대화를 나누는 예도 왕왕 벌어집니다."

안타나나리보의 한 교민은 준비 없는 이민의 허상을 이렇게 꼬집었다.

"외지에 나와 살면서도 사전 하나 없이 지내는 사람을 보면 도무지 이해할 수 없어요. 말이 통하지 않고 여기 사람과 어울리지도 못하면서 어떻게 온전한 정착을 기대할 수 있겠습니까."

ㅇ
짐바브웨

초당, 평균 55만 입방미터의 물이 수직으로 떨어지는
빅토리아 폭포의 굉음,
물안개 피는 열대우림 속의 산책,
원주민들의 타악연주를 손쉽게 즐길 수 있는 곳이 짐바브웨다.
원시의 절경과 함께 아프리카의 채취가 물씬 풍기는
조각문화로도 유명하다.
짐바브웨가 걸출한 조각가들을 배출한 데에는
쇼나 조각이 한몫을 톡톡히 하고 있다.
지난 수십 년간 유럽식 예술 교육과 아프리카 민속이 섞여
재창조해 낸 아름다움이다.

"땅 주인 누구냐" 둘러싸고 黑·白 갈등

"누가 환전하자고 해도 공항에선 하지 마십시오.
공식 환율과 실제 환율 간 차이가 많으니까."
하라레 주재 한국대사관의 김희철 영사는 국제 전화 통화 중
기자에게 재차 당부를 했다. 현지에 도착해 보니 사정은 훨씬 심각했다.
아프리카 어디에서도 볼 수 없는 현상이었다.

공식 환율과 암시장의 환율은 자그마치 열두 배 이상 차이가 난다. 멋모르고 공항이나 호텔에서 환전했다가는 엄청난 손해를 보게 돼 있다.

공항과 관광지에서는 외국인에게 다가와 환전을 권하는 현지인도 흔하다. 짐바브웨 정부 역시 돈 장사에 열을 올린다. 수출을 하는 모든 업체에게 수출 대금의 40% 만큼을 공식 환율에 따라 환전하도록 의무화하고 있다. 막대한 환전 차익을 얻는 한편 외화 확보에 안간힘을 쓰고 있는 것이다.

공식·비공식 환율의 격차가 갈수록 벌어지면서 외화를 가진 부유층과 현지 돈으로 봉급을 받는 주민 간에는 빈부의 골도 깊어지고 있다.

백인 소유 농장에서 전체 농산물 80% 생산

짐바브웨의 국토는 약 39만 ㎢로 한반도의 1.7배 크기. 인구 약 1300만 명 가운데 수도 하라레에 약 180만 명이 산다.

하라레 도심은 번화해 보였다. 여기저기 큰 건물이 들어서 있고 오가는 시민

자를 대고 그려놓은 듯한 짐바브웨 수도 하라레 도심 전경.
번듯해 보이는 겉모습과 달리 최근 몇 년째 심각한 경제난을 겪고 있다.

들도 태평스러워 보인다. 도심의 커피점은 빈 자리를 찾아보기 어려울 정도로 손님들로 꽉 차 있다.

그러나 현지에서 만난 교민들은 겉모습과 달리 요즘이 최악의 불경기라고 한다. 에너지난, 식량난, 외환 고갈 등으로 경기가 바닥이라는 것이다. 사업하는 이들은 그저 명맥이라도 유지하면서 '좋은 때'가 오기만 기다려 온 것이 벌써 수년째라고 한다.

왜 이 지경이 됐을까. 남아프리카에서는 경제·사회적 인프라가 제법 잘 갖춰졌고 한동안 잘 나갔다던 이 나라가. 교민들은 "아무래도 후진 정치가 경제의 발목을 잡고 있다."는 얘기를 많이 했다. 20여 년 장기집권해온 로버트 무가베 대통령이 무리한 정책을 펴 외교적 고립과 경제난을 자초하고 있다는 것이다.

1980년 독립하기 전까지 이 나라는 90여 년간 영국의 지배를 받아왔다. 백인의 세력은 처음 광산채굴로 시작해 농업이민으로 확장됐다. 이미 1930년대에 전 국토의 50%를 백인이 차지하고 있었다.

과학 영농으로 유럽에 판로 확보

당시 백인 지배세력은 토지할당법을 단행했다. 국토를 백인지구와 흑인지구, 보존지구로 나누었다. 흑인을 농사짓기 힘든 땅으로 쫓아내는 한편 백인에게는 기름진 농토와 요지를 거저 내주었다.

하라레 국제공항 부근의 대규모 담배농장.

오늘날 백인 소유 농장은 전체 농업 생산의 80%를 차지한다. 농장에서는 옥수수·엽연초·면화·설탕·커피 등이 생산되고 있다. 담배는 브라질·미국에 이어 세계 3위의 수출량을 자랑한다.

아프리카라지만 이곳에서는 유럽 못지않은 대규모 과학영농을 한다. 농산품은 유럽에 판로가 확보돼 있어 7만 명에 달하는 농장주들은 가장 부유한 계층에 속한다. 그러나 무가베 대통령은 '토지 재분배정책'으로 이들을 압박하고 있다. 백인 주도의 대단위 영농을 다수의 흑인에 의한 소작농 체제로 바꿔보겠다는 것이 그의 복안이다.

토지 재분배 정책으로 흑백 대립

처음엔 백인 소유 토지 가운데 '유휴지'를 환수해 흑인 서민에게 나눠준다는 것이 대통령의 공약이었다고 한다. 이른바 백인에게 빼앗긴 토지를 원래의 주인이 되찾는다는 식민지 청산정책을 표방한 것이다. "문제는 그게 그저 '유휴지'만으로 그치지 않고 있다는 점입니다. 환수한 땅도 일반 서민이 아닌 군부나 정치 권력층이 차지하는 예가 많습니다."

백인 농장은 전체 농지의 80%쯤 되는 4500여 곳 900만 ㏊에 이른다. 여기저기서 강압적인 퇴거조치로 마찰이 빚어지고 정부 조치에 맞서는 백인 농장주들이 이 문제를 국제여론화하고 있다.

"식민통치 시절, 백인들은 몇 십 년간 토지를 무상임대 받았습니다. 그 시효가 끝난 농장주들에게 정부가 임대료를 대폭 올리자 '백인을 쫓아내려는 것 아니냐.'고 반발하는 거죠. 그에 대해 이곳 사람들 역시 '그동안 우리 땅을 공짜로 얻어 잘 벌어먹고 살지 않았느냐.'고 백인들을 반박하고 있습니다."

주로 영국계 백인 농장주들은 요즘 무가베 정권의 압력으로 불안감에 휩싸여 있다. 과거 선조들이 강압적 일방적으로 점유했던 땅을 이제는 흑인 위주의 토지 재분배 정책으로 빼앗기지 않을까 걱정하는 처지가 된 것이다.

짐바브웨의 자연.

기자는 현지 소식통으로부터 이와 관련된 흥미로운 얘기를 들을 수 있었다. "짐바브웨 정부가 지난 몇 년간 에너지난으로 리비아로부터 석유를 유·무상으로 지원받았는데 지금은 기름값으로 농장이나 건물 등을 넘겨주고 있다."는 것이다. 최근 1~2년 새 이곳 농장 운영에 리비아 인들이 대거 나서고 있다고 한다.

물 부족, 경작할 농토의 부족으로 고민해온 리비아가 아프리카 다른 나라의 땅을 확보해 간다는 것, 해외 영농으로 자국의 식량문제 해결을 꾀한다는 것은 우리에게도 시사하는 바가 크다.

식량난이 심각한 북한 주민을 위해 우리도 이런 방법을 원용해 볼 수는 없을런지…….

가발업계 쌍두마차 '벨라' 와 '플로라'

하라레에 사는 교민은 20여 가구 100여 명 정도. 이들은 가발업 외에 가방 생산, 스포츠용품 수입·판매업, 사진 현상업 등에 종사하고 있다. 그 중 아프리카에 진출한 가발업체로는 '벨라' 와 '플로라' 두 곳이 있다.

"근로자 손재주 좋지만 쟁의 잦고 노동법규 엄해"

벨라(사장 정인수)는 남아공을 거점으로 기니·잠비아·탄자니아·말라위 등에 공장과 지점을 두고 있다. 반면 플로라(사장 이명배)는 이곳 짐바브웨의 수도인 하라레 한 곳에만 공장을 두고 운영한다. 두 회사의 공장은 모두 94년 세워졌다. 벨라 지사의 신종민 대리는 "여기서 만드는 가발은 전부 내수용이다. 수출대금의 40%를 공식환율로 환전해야 하는 부담이 워낙 커서 수출은 엄두도 못 낸다."고 한다.

－이곳 시장에서 한국 가발업체의 비중은.

벨라와 플로라 두 업체가 전체 시장을 석권하고 있다.

－환율이 계속 올라 회사 운영에 어려움이 클 텐데.

그렇다. 고정 가격을 유지하기 힘들어 고민이다. 물건을 판 뒤에 환율이 뛰면 가만히 앉아서 손해보는 셈이다. 그렇다고 구매력이 약한 흑인을 상대로 값을 계속 올릴 수도 없는 노릇이다.

－현지인을 얼마나 고용하고 있나. 임금 수준은.

우리 회사는 70여 명, 플로라는 40여 명이다. 매니저급 몇 명의 월급은 100달러쯤 되고 일반 생산직은 40달러 정도다.

－근로조건이나 노사관계는 어떤가.

1주 45시간 일하고, 토·일요일은 쉬게 돼 있다. 예전 사회주의 국가여서 그런지 노동법규가 엄하고 노동자 위주로 돼 있다. 이들은 외국인 회사에 까다로운 요구를 하고 노동 쟁의도 잦다. 근로자들은 손재주가 좋고 잘 따르는 편이지만 기회만 생기면 임금 인상을 요구한다.

하라레의
한인 가방업체에서
작업 중인 현지인들.

　전에는 TV에 장학퀴즈 형태로 기부금을 내고 광고도 했는데, 요즘은 신문광고만 주로 한다. A4용지 크기의 광고가 150달러쯤 되고, 2색 전면광고는 400달러면 가능하다. 신문 열독률이 높아 광고 효과는 괜찮은 편이다.

토착민 영혼 새긴 '쇼나 조각' 세계 찬사

짐바브웨는 '돌의 집' 또는 '성스러운 집' 이란 뜻의 토착어.
사하라 이남의 아프리카 대륙에서 유일하게 거석(巨石)문화 유적을 지닌 나라다.
수도 하라레에서 남쪽으로 300㎞ 떨어진 마스빙고 시 근방
그레이트 짐바브웨의 '거석 유적'은 11세기에서 15세기까지
남아프리카를 지배했던 쇼나(Shona) 왕국의 자취로 알려져 있다.

두께 5.2m 높이 9.8m의 타원형으로 돌을 차곡차곡 쌓아 만든 거대한 신전의 유물과 미로로 미루어 보아 이들의 거석문화는 중세기에 이미 상당한 수준에 올랐었음을 짐작할 수 있다. 이 같은 배경 때문인지 이 나라는 '쇼나 조각'으로 유명하다. 특히 석공예는 '국가 예술'로 일컬어질 만큼 세계적으로도 명성이 높다.

영국인 맥퀸, 전통적 예술혼 일깨워

반 세기 전까지만 해도 세상에 알려지지 않았던 이들의 조각이 '아프리카에서 가장 역동적인 조형예술'로 꽃피우게 된 데는 한 외국인의 노력이 밑거름이 됐다. 이 나라 초대 국립미술관장이자 조각예술 운동을 일으킨 영국인 프랭크 맥퀸(Frank McEwen.1907~94)이 그 주역이었다.

영국의 〈타임스〉지는 1994년 그의 사망 소식을 전하는 기사에서 다음과 같이 썼다.

"식민주의가 저무는 시기에 백인이 흑인을 위해 좋은 일을 한 사람 얘기를 책

짐바브웨 하라레의 차풍구 조각공원.
드넓은 야외 곳곳에 대표작가들의 작품이 전시되어 있다.
오른쪽은 생전의 프랭크 맥퀸.

으로 펴낸다면 프랭크 맥퀸이라는 이름이 반드시 들어가
야 할 것이다. 그의 행적은 실상 종족이나 피부색을 뛰어
넘는 것이었다. 그는 지고(至高)한 영혼의 가치는 모든 개인 속에 깃들어 있다는
것, 그리고 예술이야말로 사람들, 특히 선진사회의 틀에서 훈련받지 않은 사람
들한테서 그런 가치를 이끌어낼 수 있다는 믿음으로 헌신했다."

중세기 빛냈던 쇼나 왕국 문명 계승

당초 미술관장으로서 그의 주된 임무는 선진국 예술품을 미술관에 수집·소
장하는 것이었다. 하지만 그는 아프리카의 예술에 더욱 깊은 관심을 기울였다.

쇼나 왕국의 유적.
쇼나 부족은
중세기 때의
수준 높았던
거석문화를
지니고 있다.

"이 땅에 사는 백인과 흑인은 그들의 전통적 문화를 까마득히 잊고 있었다. 이주해 사는 유럽인들은 주로 무역을 하거나 농사를 지었으며 변변한 예술작품 하나 지닌 것이 없었다."

"남아프리카의 미술관에 과연 무엇을 전시할 것인가. 전통음악과 춤이 뛰어난 데 비해 당시 이 지역의 시각예술은 눈에 띄는 것이 별로 없었다. 게다가 미술관 예산도 충분치 않아 외국 작품을 사들이는 데도 한계가 있었다(올리버 술탄 'Life in Stone'에서 발췌)."

맥퀸이 생각한 것은 바로 아프리카 전통에 뿌리를 둔 새로운 예술의 창조였다. 예술혼이란 반드시 정규 교육을 받아야만 발휘되는 건 아니라는 그의 믿음, 토착문화에 밴 순수한 창조성에서 얼마든지 아름다움이 빚어질 수 있다는 믿음을 확인하고자 했다.

그는 실험적인 미술학교를 세워 미래의 예술가들이 자유롭게 그림 그리고 조각을 할 수 있는 공간을 마련해 주었다. 틀에 짜인 교육이나 훈련, 평가보다 개개인의 창조적인 열정을 훨씬 소중히 여긴 그는, 흑인들이 자신의 작품을 부끄럼 없이 발표하도록 늘 용기를 북돋우고 수시로 작품 전시회를 열었다.

佛·美 등 잇단 순회전, 역동성 호평

이들의 작품이 널리 알려지기 시작하자
상업화의 물결에 오염되지 않도록
자비를 들여 '예술인 마을' 까지
만들어 뒷바라지했다.
　1971년 프랑스 파리의
로댕박물관에서 열린
이들의 작품 전시회는
유럽 미술계에 큰 충격을 주었다.
〈르 몽드〉지는 당시
'로디지아(짐바브웨의 당시 이름)의
기적' 이라며 아낌없는 찬사를 보냈고,
파리의 수많은 수집가와 애호가들이
그들의 작품을 사들였다. 예술교육이나 일반 정규 교육조차 받지 못한 짐바브웨
조각가들의 작품이 '아프리카를 통틀어 가장 역동적인' 예술로 구미인들의 마
음을 사로잡은 것이다.
쇼나 조각의 해외 전시회는 세계 도처에서 꾸준히 이어지고 있다.

코스마스
무첸제 작
〈영양〉, 1998.

예술혼 빚어내는 세계적 명소, 차풍구 조각공원

　하라레 도심에서 동쪽으로 8km쯤 떨어진 차풍구 조각공원(Chapungu Kraal)은
국립미술관과 더불어 짐바브웨 조각예술의 진수를 엿볼 수 있는 명소다. 1970
년에 세워져 짐바브웨에서 가장 유서깊은 사설 미술관으로 자리 잡은 이곳 드넓
은 잔디밭과 미술관에는 수많은 작품이 전시돼 있다.
　실내에 진열된 작품은 거의 판매용으로 보통 수백 달러의 가격이 붙어 있다.
야외 오두막 몇 군데서는 조각가 네댓 명이 돌을 다듬고 있다. 40대로 보이는

차풍구 조각공원에
전시된 작품들(위).
전시회에서 작품을 설명하는
생전의 프랭크 맥퀸.

글래드먼 지니예키 작
〈상처받은 영혼〉, 1998.

한 조각가는 높이 2m나 되는 큰 돌을 깨고 있다. 다미안 마누화(Damian Manuhwa)라는 그 조각가에게 질문을 던져 보았다.

-무슨 작품을 만드나.
"알을 지키는 어미새를 형상화하는 중이다."

-어디에 전시하는 것인가.
"미국 미주리주 세인트루이스 식물원에 가게 될 작품이다. 얼마 전 주문을 받아 제작중인데 완성되려면 4개월은 걸린다."

-해외 주문이 많은가.
"미술관을 통해 유럽이나 미국 등지의 주문이 잦다. 해외 초청 전시회가 잦아 이곳 미술관과 조각 작품에 대한 외국인의 인식이 높다. 지금도 6개월째 미국 유타주 솔트레이크에서 조각 전시회가 열리고 있다."

파나다니 아쿠다 작 〈어머니와 아이〉, 1991.

-조각품의 값이 높은 편이던데.

예술품이기 때문이다. 상업적인 모조품이나 대량 생산되는 상품과는 비교할 수 없다. 작가의 수준에 따라, 작품의 재질이나 크기에 따라 값도 다양하다. 이곳 출신으로 인근 남아공이나 유럽에 진출해 활발하게 국제적인 작품활동을 벌이는 조각가도 상당수 있다.

-하라레에 이런 미술관이 얼마나 있는가.
"대여섯 곳 정도가 널리 알려져 있다.
예전엔 더 많았는데 경제사정이 나빠지면서
몇 군데 미술관이 문을 닫았기 때문이다."

-여기서 일하는 조각가는 몇 명인가.
"미술관에 상주하는 조각가는 15명,
독립해서 회원으로 활동하는 조각가는
300명이 넘는다."

-수입은 얼마나 되나.
"짐바브웨 달러로 한 달 월급이
6만~8만 달러
(공식환율로는 약 900~1200달러,
비공식 환율로는 공환율의 12분의 1 수준)
정도이다."

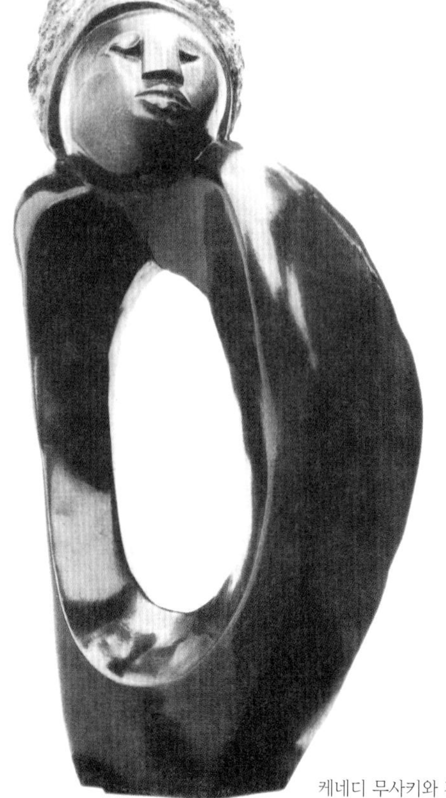

케네디 무사키와 작 〈출산 후〉, 1997.

지축 흔드는 굉음과 물보라,
협곡 따라 무지개 파노라마

하라레 공항에서 국내선 비행기를 탔다. 행선지는 서쪽으로 560㎞ 떨어진
빅토리아 폭포. 북미의 나이아가라, 남미의 이과수와 함께
세계 3대 폭포의 하나로 꼽히는 곳이다.
짐바브웨와 잠비아 국경을 흐르는 잠베지 강 줄기가
갑자기 협곡을 만나 떨어지면서 이 거대한 폭포의 조화(造化)를 연출한다.
너비는 자그마치 1600여 m. 폭포의 3분의 2쯤은 짐바브웨에,
나머지는 잠비아 땅에 속해 있다.

사하라 이남의 아프리카 10여 개 나라를 숨가쁘게 돌아 짐바브웨 공항에 내렸다. 공항에는 현지 여행사 직원이 기다리고 있었다. 취재진은 다른 여행객 몇 사람과 함께 미니 밴을 타고 20여 분을 달렸다.

숲과 벌판이 이어지는 국립공원을 지나자 작은 마을이 나타난다. 도로변 여기저기에 주변 경관과 어우러진 호텔과 롯지가 보인다. 당일치기 여행인만큼 취재진은 곧바로 폭포 입구에서 차를 내렸다.

매표소 안쪽 우거진 열대림 사이로 샛길이 이어진다. 다가갈수록 점점 커지는 굉음, 지축이 울리는 듯한 소리에 가슴마저 쿵쿵거린다. 잠시 후 눈앞에는 가슴 속까지 시원해지는 청량제 같은 광경이 펼쳐졌다.

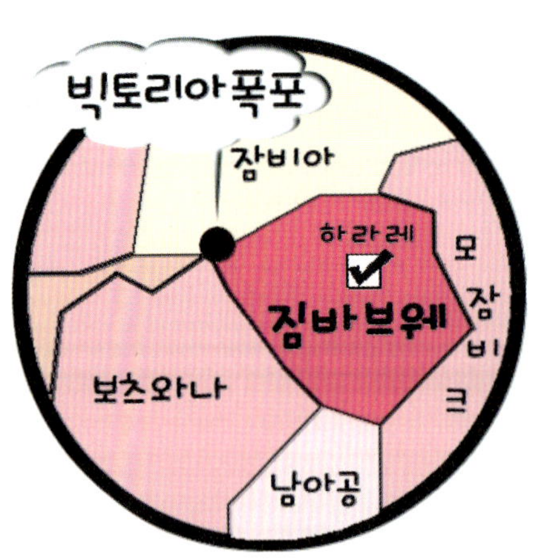

세계 3대 폭포 중 하나인 빅토리아 폭포의 장관.

숨죽인 문명, 대자연의 절경

마른 하늘 쨍쨍 내리쬐던 햇빛 사이로 갑자기 물안개가 흩날린다. 나무와 풀은 흠뻑 젖어 있고 잎새에서는 뚝뚝 물방울이 떨어진다. 금세 물기에 젖는 안경을 몇 번이나 닦으며 거대한 폭포수 앞에 다가섰다.

건너편 강에서 흘러오던 물줄기가 뚝 끊겨 벼랑 아래로 떨어진다. 물길은 비명을 내지르며 하얗게 부서진다. 이리 튀고 저리 튀며 마구 곤두박질친다. 보는 이의 영혼마저 빨아들일 듯 내리꽂히는 물줄기에 현기증이 인다.

치솟는 물안개. 협곡을 따라 소용돌이치는 물줄기. 영롱한 무지개 사이로 거대한 용이 포효하며 치솟아 오를 것 같다. 아아! 웅장함이여. 대자연의 경이로움이여. 찬탄이 절로 나온다.

폭포의 장관은 협곡을 따라 파노라마처럼 이어졌다. 악마의 몸부림을 연상한 듯한 데블스 폭포, 거대한 물줄기와 물안개로 자욱한 메인 폭포, 가장 영롱하고 아름다운 무지개가 뜬다는 무지개 폭포, 말발굽 폭포, 이스턴 폭포 등등.

폭포 주변에선 기계문명의 자취를 찾아볼 수 없다. 관광객이 관람하는 벼랑 위로는 철조망이나 콘크리트 대신 군데군데 나무로 둘러친 울타리가 고작이다

폭포의 물은 우기(雨期)인 11~3월 불어나 4~6월까지 가장 풍부하다. 이때는 1초에 9000여 t 의 물을 쏟아부으며 상공 500m 높이까지 물안개를 일으킨다고 한다.

폭포를 휘휘 둘러보는 데는 한 시간 남짓 걸렸다. 부근 잠비아 땅으로 이어지는 철교에서는 110여 m 계곡 아래로 아찔한 번지점프를 즐기려는 여행객들이 차례를 기다리며 서 있다. 마을에서 며칠 묵는 이들은 헬기나 열기구를 타고 공중에서 폭포를 구경한다. 협곡을 잠시 둘러보고 훌쩍 떠나야 하는 아쉬움이 크다. 후일 언젠가 여기 다시 오리라.

리빙스턴

빅토리아 폭포가 서방에 알려진 것은 영국의 선교사이자 탐험가였던 데이비드 리빙스턴(1813~1873)에 의해서였다. 1853년 리빙스턴은 지금의 잠비아와 짐바브웨의 경계를 가로지르는 잠베지 강 탐험을 시작해 이곳에 이른다.

1855년 11월 17일 그는 눈앞에서 연기처럼 피어오르는 거대한 물안개를 보았다. 원주민들의 표현대로 '천둥소리를 내는 안개'에 매료된 그는 이 폭포에 '빅토리아 여왕'의 이름을 붙였다. 폭포가 바라보이는 잠베지 강변에는 리빙스턴의 탐사 행적을 기리는 동상이 세워져 있다.

리빙스턴은 비극적인 탐험가였다. 1849년 칼라하리 사막을 탐험한 지 24년이 지나 잠비아 방궤울루 호 부근의 작은 마을 치탐보에서 숨을 거두기까지, 그는 평생 전인미답의 땅을 찾아 선교와 탐구의 길을 걸었다.

세 번에 걸친 탐험으로 그는 남부 아프리카의 지리적 공백을 지도상에 뚜렷이 밝혀내고 흑인 노예 매매의 실상을 유럽사회에 고발했다. 두 번째 탐험에서는 사랑하는 아내를 잃었고, 세 번째 탐험에서는 꺼져가는 생명의 불을 사르면서 나일 강의 수원(水源)을 찾고자 안간힘을 썼다.

그가 허름한 오두막에서 숨지자 그를 따르던 충직한 흑인 2명은 그의 심장을 마을의 나무 아래 묻고 잔지바르 부근 해안까지 1500마일이나 되는 길을 1년간 걸어 시신을 운반했다. 그의 몸은 영국 배에 실려가 웨스트민스터 성당에 안치됐다.

그를 비극적 탐험가라 칭하는 건 아프리카 오지에서 객사해서가 아니다. 탐험의 성과가 영국의 제국주의적 침략에 이용됐다는 사실에 있다. 그의 꿈은 순수한 선교와 탐험에 있었지만, 그가 피땀으로 이뤄낸 지리적 발견의 성과는 흑인 원주민의 보금자리를 빼앗는 데 이용되고 말았다. 나아가 1888년 '세실 로즈(Cecil Rodes)가 영국 남아프리카 회사'를 앞세워 이 지방 추장들에게서 광산 채굴권을 손에 넣으며 새로운 식민주의 시대를 열게 된 후유증마저 남겼다.

짐바브웨가 독립한 지 어언 30년에 이르렀지만 오늘도 짐바브웨에선 대규모 농장을 둘러싸고 서로가 '내 땅'임을 주장하는 흑백 갈등이 끊이지 않고 있다.

이승복 씨

수도 하라레의 한인업체로는 가발 공장 두 곳 외에 비교적 규모를 갖춘 가방·스포츠용품 제조업체 '퀄포트(이승복 사장)'를 들 수 있다. 이 씨는 서울 동대문구 신설동에서 섬유원단 장사를 했다. 97년 사업에 실패한 데다 외환위기로 국내 경제가 계속 침체되자 그는 해외로 눈을 돌렸다. 마침 하라레에 먼저 진출해 있던 친지의 소개로 98년 이곳에 와 친지와 동업하며 현지 사정을 익혔다. 독립한 것은 2000년부터였다.

–어떤 물건을 생산하나.

짐바브웨에서 생산되지 않는 나일론, 특수 폴리에스터 같은 화학섬유로 스포츠용 의류나 손가방, 여행용 가방을 만든다.

–요즘 경기는 어떤가.

아주 안 좋은 편이다. 외환사정이 나빠 수입 원자재값이 비싸졌다. 사람들 월급은 제자리 걸음인데 물건값은 비싸지니 판매에 어려움이 있다.

가방을 만들고 있는 현지인 근로자들.

급류타기를
즐기고 있는 사람들.

게다가 가방 분야는 유럽인 등이 운영하는 제조업체가 6~7군데 더 있어 경쟁이 치열하다. 가방으론 별 재미를 못 보고 스포츠 의류로 버텨나가고 있다.

-고용인원은.

70명이다.

-재료는 어디서 가져오나.

한국 원단을 쓴다. 여기는 70~80년대 한국 스타일이 주를 이룬다. 우리 업체는 다른 업체가 생산할 수 없는 고급 제품을 만들어 차별화하고 있다.

-여기서 지내기는 어떤가.

삶의 질은 한국 이상이다. 교육 여건도 괜찮은 편이고 물가는 남아공 같은 이웃나라보다 훨씬 싸다. 1000여 평 넓은 대지에 살아도 생활비는 한국의 1/5 수준밖에 안 든다. 사람들은 순박한 반면, 사회적으로 부정부패가 심각해도 아무런 문제의식을 갖지 않을 정도로 답답하다.

이승복 씨는 부인 이재정 씨와의 사이에 두 아들을 두고 있다. 아이들은 영국계 사립학교에 다니는데, 학비는 3개월마다 300달러쯤 든다고 한다.

10

케냐

케냐의 수도 나이로비에는 고층 빌딩과 승용차가 생각보다 많다.
그렇지만 도심을 조금만 벗어나면 거대한 빈민가가 펼쳐진다.
빈부격차가 심하고 실업자가 많아 범죄율도 높은 편,
혼전 성관계가 흔해 20대 여성의 70~80%가 미혼모이다.
복잡한 사회 문제를 안고 있지만
그들만의 잣대로 낙천적이고 느긋한 삶을 살아간다.

빈부격차 극심, 힘들게 살아도 느긋

집바브웨 하라레에서 케냐행 비행기를 탔다.
중간 경유지로 잠시 내린 말라위 블렌타이어 공항은 시골 기차역처럼 간소했다.
탑승자 대기실 출구는 곧바로 공항 활주로와 툭 터져 있다.
비행장 주변은 허허벌판으로 건물 하나 보이지 않는다.
여기저기 잡초가 돋아난 활주로, 푸른 하늘에 유유히 떠가는 뭉게구름.
한적한 시골 간이역 같은 소박한 풍경이었다.

몇 시간 뒤 도착한 케냐 나이로비 공항은 엉성해 보이긴 해도 블렌타이어 공항에 비해 훨씬 번잡했다. 공항 계류장엔 비행기가 여러 대 세워져 있고 뜨고 내리는 비행기로 소음이 요란하다. 동부 아프리카의 관문 나이로비에 온 것이다.

케냐의 인구는 3000만. 면적은 58만 3000㎢로 한반도의 2.7배 정도 된다. 케냐 중심부에 자리 잡은 수도 나이로비에는 약 150만 명이 산다.

도심은 부자 동네
외곽엔 빈민촌 빽빽

위도상으로 나이로비는 적도 바로 밑에 있지만 해발 1600m가 넘는 고원에 위치해 연평균 18도의 쾌적한 날씨를 보인다. 영국의 식민지 시절, 동아

케냐 나이로비 케냐타 콘퍼런스센터에서 내려다본 도심 풍경.
나이로비는 동아프리카의 중심 도시로 150만 인구가 살고 있으나 빈부격차가 심하다.

프리카의 거점 도시로 개발돼 백인 이주자가 많이 몰렸다.

케냐에 사는 아프리카 인은 70여 종족. 여기에 비록 적은 숫자이지만 영향력이 큰 아시아 인(약 8만 명)과 아랍 인(약 4만 명), 유럽 인(약 4만 명)까지 섞여 동아프리카에서 인종구성이 가장 다양한 나라로 꼽힌다. 서구화 경향으로 원주민 사회의 전통양식이 점차 느슨해지고 있지만, 종족에 따라 각기 이어온 풍속과 규범을 지켜가려는 의지도 강하다.

양철지붕이 다닥다닥 밀집해 있는 나이로비의 빈민가.

　"원주민들은 근친혼이 많고 혼전 성관계가 흔합니다. 직원을 채용하려고 면접을 하면 미혼이라면서도 '아이가 있다.'는 여성이 많아요. 20대 미혼 여성 열 명 중 7~8명쯤이 '애기 엄마' 입니다. 미혼모의 아이들은 대개 외할머니 손에서 큽니다."

　"빈부 격차가 워낙 커요. 유럽 인이나 아랍 인, 더러는 현지인 중에도 벤츠를 몇 대씩 굴리는 이가 있지만 대다수는 차비가 없어 몇 십 리를 걸어다닙니다. 국민의 반이 하루 생활비 1달러도 안 되는 돈으로 근근이 연명하는 곳입니다."

　몇몇 교민들 얘기처럼 나이로비의 시가 풍경은 그런 빈부 격차를 완연히 드러내고 있었다. 고층 빌딩이 들어선 도심은 얼핏 유럽의 도시처럼 구획이 잘 돼 있고 화려해 보인다. 드넓은 땅에 조경이 잘 된 부잣집들은 높은 담을 둘러치고 있다. 낮 시간인데도 길거리엔 하릴없이 앉아 있는 이들, 삼삼오오 모여 있는 젊은이들이 자주 보인다. 시 외곽 키베라 지역엔 허름한 빈민촌이 빽빽이 들어차 있다.

나이로비의 빈민가. 한 소녀가 어린 동생을 돌보고 있다.

인구 50% 이상 하루 1달러 미만으로 연명

이곳은 실업자가 많은 만큼 범죄율도 높다.

나이로버리(나이로비+로버리robbery=강도)라는 말이 나돌 정도로 소매치기와 강도가 기승을 부리고 총기 강도도 흔하다. 인근 소말리아나 수단, 에티오피아에 내전이 이어지면서 최근까지 난민이 대거 흘러들고 있다. 이 와중에 총기 밀거래도 흔하다. 현지에 사는 한인 가운데서도 종종 도난이나 강도 피해자가 나오고 있다.

묘한 것은 도시 외곽의 가난한 원주민들은 오히려 느긋하게 살아가는 데 비해 경제적으로 이들보다 몇십 배 몇백 배 윤택한 한국인의 삶은 늘 쫓기듯 바쁘게 허덕이며 산다는 것이다.

나이로비에서 자동차 정비업을 하는 김성수 씨는, "어떤 한국인 선교사가 원

나이로비 '버마스 오브 케냐'에서 원주민들이 전통춤을 추고 있다(위).
관광객들이 나이로비 '버마스 오브 케냐'의 민속 마을을 구경하고 있다.
민속 마을은 종족별로 다양한 주거 형태를 보여준다(아래).

단란해 보이는 빈민가의 한 가정.

주민의 헐벗은 모습을 불쌍히 여겨 신발을 사 신기고 팬티를 사 입혔습니다. 그런데 얼마 뒤 그들에게 피부질환이 자꾸 생겨요. 꽉 조이는 신발과 옷이 그들에게 맞지 않았던 것이죠. 우리에게 익숙한 것이라고 저들에게도 좋을 거라는 생각, 저들 삶의 질이나 행·불행을 우리의 가치나 생활잣대로 평가한다는 거, 어줍잖은 일이죠."라고 말한다.

교민 500여 명 선교사 가정이 40%

케냐에 사는 교민은 120여 가구 500여 명. 대부분 나이로비에 몰려 있고 항구도시
몸바사에는 40여 명이 산다. 교민 중 40% 이상을 선교사 가정이 차지한다고 하니
현지에 생활 기반을 둔 교민은 30여 가구에 불과한 셈이다.
현지 한인 가운데는 불법 체류자도 30%가 넘는 것으로 알려져 있다.

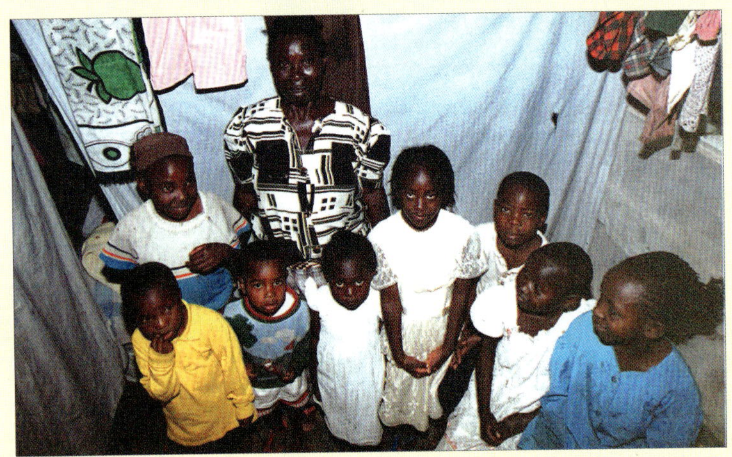

빈민촌의 한가족.

케냐에 교민사회가 형성된 것은 30년 가까이 되지만 교민 수는 10년 전이나 지금이
나 비슷하다. 케냐 경제가 뒷걸음질치면서 교민들이 기반을 잡기가 어려워진 탓도 있
다고 한다. 교민이 운영하는 게스트 하우스에서 만난 한인들은 이곳 정착의 어려움을
몇 가지 지적했다.

준비 없이 왔다가는 100% 낭패

"미국이나 캐나다·호주 등지로 이민 가는 한인은 지식층이 많고 거의가 적잖은 돈
을 갖고 갑니다. 아프리카 쪽은 그렇지 않아요. 맨손 아니면 그저 적은 돈만 갖고 옵
니다. 영어도 전혀 못 하죠. 아무 준비 없이 와서 이미 뿌리내린 인도인이나 유럽인들
틈에서 어떻게 현지인을 상대로 사업을 하겠습니까."

인건비 싸지만 구매력도 낮아

"보따리상을 해보려고 왔다가 실패하고 돌아간 사람도 많고, 생각보다 기반 닦기가 어려운 곳입니다. 우선 실업률이 높아 취업 허가를 받기도 힘듭니다. 인건비는 싸지만 구매력이 열악해 투자한 돈이 곧바로 돌아오지 않아요. 더구나 흑인들을 얕봤다가는 큰코다칩니다. 99%가 순조로워도 1%의 장애 때문에 사업이 주춤거리는 예가 허다합니다. 사업을 하려면 처음엔 소규모로 투자해 경험을 쌓은 뒤 확장해야 합니다."

나이로비 교민 가운데는 카지노를 운영하는 이들도 있다. 시내 크고 작은 카지노 15곳 가운데 교민이 운영하는 곳은 두 곳. 이들 카지노는 한국에서처럼 100억 원대가 넘는 대규모 투자 업소는 아니다. 많을 경우라도 100만 달러(12억 원) 안팎이라고 한다. 20년 전만 해도 카지노 영업 허가권을 사려면 150만 달러 이상이 들었지만 요즘은 한국 돈으로 4000~5000만 원에 사고 파는 실정이다.

도박에 빠져 패가망신도

교민 가운데는 카지노에 빠져 패가망신한 사람도 여럿 있다.

1990년대 중반 무역업을 하며 골프숍을 열어 한동안 잘 나가던 K씨가 대표적인 경우. 사업이 번창하면서 카지노에 빠져든 그는 점심시간마다 가게 일을 놓고 슬롯머신 앞에 앉아 있곤 했다. 오후 장사를 마치면 또 카지노장으로 '출근' 했다. 그러나 돈을 따기보다는 잃을 때가 훨씬 많았다.

부인은 밤늦도록 돌아오지 않는 남편을 찾아 여기저기 카지노장을 헤매야 했다. 이러기를 수십 차례. 지친 부인은 보따리를 싸 자녀들과 함께 귀국해 버렸다. 다시는 도박을 하지 않겠다고 다짐하여 부인이 돌아오면, 한두 달 지나 도박벽은 다시 도졌다. 도박 빚이 눈덩이처럼 불어나자 부인은 네 번째로 짐을 싸 '영구 귀국' 해 버렸고, K씨는 사업체까지 몽땅 날리고 말았다.

이곳을 찾는 한국 여행객 중에도 더러는 카지노에서 돈을 다 날리고 서울 갈 여비를 꾸어가는 이가 있어 교민사회의 웃음거리가 되고 있다.

월 소득 30달러, 온 가족 단칸방에 오글오글

나이로비 외곽에는 키베라 · 마타레 · 고로고초 등
대규모 빈민촌이 여러 곳 있다.
규모가 가장 큰 키베라에는 70만 명이 몰려 산다.
실업자가 많다 보니 밀주 판매와 매춘이 흔하고
월 30달러(약 3만 6000원)를 밑도는 수입으로
근근이 연명하는 가정이 태반이다.

전기가 없어 밤이면 어둠의 세계가 된다. 식수는 공동수도나 우물로 공급되는 마을. 하수시설이 없어 위생도 엉망이다. 최근 몇 년 새 키베라 지역에서는 유혈 폭동이 나기도 했다. 주인들이 임대료를 올리자 세입자가 폭력을 휘두르며 맞서다 종족 간 맞대결로 번진 것이다.

이곳은 총기 사건이 잦아 외국인은 무장 경찰을 동행하지 않고는 들어갈 엄두조차 내지 못한다. 이들 빈민촌 가운데 고로고초를 둘러보기로 한 취재진은 빈민촌에서 '지라니 교육센터'를 운영하는 한국의 '굿네이버스(좋은 이웃)' 현지 관계자와 경찰의 안내를 받았다.

상하수도 없는 빈민촌, 아이들은 쓰레기더미 뒤져

나이로비 강 작은 지류가 지나는 고로고초 입구. 4층짜리 건물에서 바라본 빈민가는 다닥다닥 허름한 판잣집들이 완만한 경사지를 덮고 있다. 어림잡아 4~5만 평은 돼 보인다. 주민 수는 15만 명쯤 된다고 한다.

케냐 나이로비 교회 고로고초 빈민촌의 어린이들.
허름한 집이 다닥다닥 붙어 있는 빈민촌에는 한두 평짜리 좁은 방에서 가족 7~8명이 사는 예가 허다하다.

마을 오른쪽으로는 서울의 옛 난지도 같은 거대한 쓰레기장이 보인다. 마을로 들어서자 낡은 구두와 녹슨 다리미, 카세트테이프, 전기줄, 칼, 물통 등 갖가지 고물을 늘어놓은 노점상이 있다.

"여기선 학교 다녀야 할 어린이들이 쓰레기더미를 뒤져 철물이나 병 따위의 재활용품을 주워 팔아 용돈을 법니다. 도로 표지판이든 전화선이든 돈 되는 것은 뭐든 잘라가기 일쑤죠."

"빈민촌은 산업공단에 인력을 공급하는 곳이기도 합니다. 아침 저녁이면 공단을 오가는 인파가 끝없이 이어져요. 거대한 사람의 물결이죠. 출퇴근 때 차비를 아끼려고 한두 시간씩 잰걸음으로 다닙니다. 다들 키가 호리호리한 것이 매일 장거리를 걸어다니기 때문일 거예요." 안내인의 설명이다.

283

빈민촌의 사람들.

대부분 단칸방에서 근근이 살아

어린이들은 카메라를 짊어진 낯선 취재진을 계속 따라다닌다. 골목길로 들어섰다. 미로처럼 이어진 좁은 길 좌우로 허름한 집들이 이어진다. 불그레한 흙벽돌 위로 슬레이트나 양철지붕이 얹혀 있다. 지붕 위 양철은 여기저기 누더기처럼 덧씌워진 것도 있다.

앨프리드 알라리라는 남자에게 양해를 구하고 집 안을 구경했다. 반 평쯤 되는 부엌과 한 평 남짓한 단칸방이다. 한낮인데도 부엌과 방이 모두 어둠침침하다.

－가족이 몇인가.
"아내와 자녀 셋, 남동생까지 여섯 식구다."

－모두 한 방에서 사나.
"그렇다."

－여기서 산 지는 얼마나 됐나.
"13년째다."

－하는 일은.
"작은 목공소에서 일한다. 한 달에 2000실링(약 3만 원)쯤 번다."

－이 방은 빌려 쓰는 것인가.
"그렇다. 주인에게 한 달에 800실링(약 1만 2000원)을 낸다. 나머지 돈으로 근근이 먹고 산다."

식생활에 가장 긴요한 물은 하루 20ℓ 한 통에 1실링(약 150원). 전기료나 목욕비가 따로 없으니 나머지는 거의 식비로 쓰는 셈이다. 그가 안고 있는 두어 살

난 딸의 귀에는 굵은 종양과 부스럼이 나 있었다.

"가난한 나라에 태어난 것이 무슨 죄라고"

이웃집 60대 후반으로 보이는 한 노인은 아들 내외와 손자 손녀, 모두 여덟 명이 작은 방 두 칸에서 산다. 방바닥은 맨땅이고 한 켠에 나무 침대가 놓여 있다. 집주인에게는 다달이 600실링을 내는데, 대개 이 지역 방 한두 칸의 임대료가 월 500~1000실링이라고 한다.

이들은 공동 수도에서 물을 받아 온다. 화장실도 공동으로 쓴다. 수십 가구가 이용하다 보니 늘 붐비기 마련이다. 다급하면 비닐봉지에 용변을 보고 나중에 내다 버린다.

무크르 쓰레기 하치장 입구.

빈민촌 부근에서 쓰레기더미를 뒤지는 어린이(왼쪽)와 외발자전거에 아이를 태운 주민.

인근의 무크르 쓰레기 하치장 입구. 쓰레기를 잔뜩 실은 트럭이 먼지를 날리며 잇따라 들어간다. 쓰레기장 여기저기서 연기가 피어오르고 독수리 떼가 오르내린다. 저만치서 한 코흘리개 어린이가 쓰레기더미를 뒤지고 있다.

무엇을 찾는 것일까. 악취로 가득한 이 쓰레기산 속에서…. 이 숱한 빈민들은 거대한 빈곤의 늪에서 어떻게 벗어날 수 있을까. 가난한 나라에 태어났다는 것이 무슨 잘못이랴. 풍요와 빈곤. 스스로 택한 길이 아니련만 이들에겐 최소한의 의식주와 미래의 삶마저 막막해 보인다.

갑자기 가슴이 답답해진다. 여기선 어떻게 살 것이냐가 문제가 아니라 생존 그 자체가 절박한 현실인 것이다. 경제 선진국 대도시에도 흔히 거지가 있고 빈민이 있지만 케냐 나이로비의 빈부격차는 그 골이 너무 깊어 보였다.

함석 쪼가리를 잇대 만든 빈민가의 담장과 집.

빈민촌의 모습.

굿네이버스

나이로비 시내에는 3만 명이 넘는 아이들이 집도 없이 거리를 떠돈다. 그 상당수가 미혼모의 손에서 자라다 가출했거나 부모가 에이즈 등으로 숨진 뒤 고아가 된 아이들이다. 이런 음지의 아이들에게 희망을 주려는 움직임이 각국 봉사·선교단체의 지원사업을 통해 펼쳐지고 있다. 한국에서도 1996년부터 국제적인 비정부기구인 '사회복지법인 굿네이버스'가 고로고초의 빈민촌에 '지라니 교육센터'를 세워 운영하고 있다.

굿네이버스 회원들이
케냐 나이로비 지라니 교육센터 부근
고로고초의 빈민촌을 돌아보고 있다.
굿네이버스는
해마다 후원자들이 참가하는
빈민촌 체험 여행을 벌인다.

지라니 교육센터 운영

'지라니'란 이곳 스와힐리 어로 '이웃'을 뜻한다. 이 교육센터를 뿌리내리게 한 이는 김인권 초대 케냐이웃사랑회 지부장이다.

그는 이곳 빈민촌에서 몇 년간 가정집을 빌려 어린이 수십 명을 가르치다가 본부 지원과 한국국제협력단(KOICA)의 부지 구입비 지원 등에 힘입어 99년 10월, 이 학교를 준공했다.

청소년에 배움의 장 마련

현지인 교사 등 30명이 정규 교육과정을 운영하는데, 월요일부터 금요일까지 빈민촌의 청소년 150여 명을 가르치고 있다.

초등생에게는 일반교육, 중등학생에게는 봉제·목공 등 취업훈련까지 시키고 있다. 케냐에서도 우수학교로 인정돼 태권도 대회나 수학 경시대회 등에서 수상자를 많이 배출한다.

한국에서 파견된 케냐 지부장이 교육센터 등의 운영을 뒷바라지하고 있다.

클리닉 설립, 의료 서비스도

굿네이버스는 이곳에서 보건소 역할을 하는 고로고초 클리닉도 운영하고 있다.

케냐 정부 지원을 받아 간호사와 직원들이 에이즈 예방교육과 함께 결핵환자에게는 무료로 의료 서비스를 해주고 다섯 살 이하의 영양실조 어린이에게는 예방접종과 함께 영양죽을 준다.

진료비가 싸기 때문에 평생 병원 문턱에도 못 가본 주민이 즐겨 찾는 곳이 되고 있다. 이곳을 이용하는 주민은 월 600여 명 정도 된다.

그간 이곳에서는 경비원과 간호사들이 권총 등 흉기를 든 강도에게 습격당해 다치거나 살해위협을 받은 적도 여러 번 있었다. 이런 열악한 환경 속에서도 봉사의 삶을 실천해 온 이들의 노고가 교육센터와 클리닉에 배어 있다.

(사회복지법인 굿네이버스 홈페이지 www.goodneighbors.org)

우직한 '가발 외길', 업계 최고봉 우뚝

아프리카 곳곳에 한인 가발업체가 있지만
케냐 사나산업(Sana Industries Co. Ltd)의 기반은 독보적이다.
케냐를 비롯한 동부 아프리카 가발시장의 70% 물량을 이 회사가 차지하고 있다.
나이로비 산업공단 지역 룽가룽가 거리에 있는 사나산업 공장은
부지 1600평 위에 연건평 2500평을 쓰고 있다.
직원 수는 550명. 규모가 큰 데도 공장 내부는 조밀해 보인다.

작업대 앞에서 원사(原絲)를 자르고 다듬는 이, 재봉질하거나 제품을 포장하는 현지인들의 손놀림이 부산하다. 이 공장은 다른 업체와 달리 가발 원재료인 원사까지 생산한다.

"남보다 앞서려면 가발 재료를 수입만 할 것이 아니라 직접 만들어야겠다고 생각했습니다. 원사를 자체생산하니 물량 확보에 어려움이 없고 원가도 절감됩니다." 이 회사 최영철(崔榮哲) 사장의 말이다.

10년 걸려 닦은 기반

최 사장이 가발 공장을 차린 것은 1989년. 출범 1년 만에 그는 이곳 공단에 새로 땅을 구입해 건물을 지어 이전했고 이후 꾸준히 시설을 늘려가며 재투자를 거듭했다. 원사를 생산하는 시설은 이곳에 진출한 지 6년째 되던 해 한국에서 도입했다.

"한 10년 지나니 비로소 돈이 모이기 시작하더군요. 가발 제조업 하나 기반 닦

나이로비 산업공단의 가발공장 사나산업 직원들이 컬링된 가발을 다듬고 있다.

는 데 이렇게 오랜 세월이 걸릴 줄 몰랐습니다."

　케냐에는 생산업체가 별로 없어 제조업이 대접받는다. 기반을
닦기까지는 힘들지만 일단 궤도에 오르면 사업하기는 아주 편한
곳이라고 한다.

"천국 같은 곳이라기에 달려갔더니"

　최 씨가 케냐에 오게 된 건 군 제대 후 첫 입사했던 무역회사 사장과의 인연에
서 비롯되었다. 1984년 그가 29세 되던 해 어느 날이었다. 사장이 한밤중에 그
를 술집으로 불러내 뜻밖의 제안을 했다. 케냐에 함께 가자는 것이었다.

　"가서 좋으면 불러달라고 했지요. 몇 달 뒤 사장에게서 전화가 왔습니다. '놀
러 와라. 천국 같은 곳'이다."라고.

사파리 자동차도 아랑곳 않고 제 갈 길 가는 코끼리 떼.

'천국 같은 곳?' 그는 기대에 부풀었다. 물건을 사서 보내달라는 사장의 제안 대로 2000만 원을 들여 섬유류 한 컨테이너를 배편으로 보냈다. 전자제품도 가져오면 돈이 된다기에 중간에 주머니돈을 다 털어 비디오도 한 대 샀다.

나이로비 공항 비행기 트랩을 내려왔을 때 그는 깜짝 놀랐다. 트랩 바로 아래까지 사장이 마중나와 있었던 것이다.

입국 수속은 그가 잠시 공항 귀빈실에 앉아 있는 동안 간단히 끝났다. 그가 어느새 대단한 기반을 닦아놓은 것이라 여겼다.

컨테이너는 두 달 만에 도착했다. 물건은 불티나게 팔리는 듯했다.

혼자서 집에만 있기가 따분했던 최 씨는 사장의 가게에서 100~200실링(약 1500~3000원)씩 받아 클럽을 찾곤 했다. 맥주 한 잔씩을 나눠 마시며 클럽의 종업원들과 대화를 나눴다. 처음엔 영어 몇 마디를 주고받다가 몇 달 지나자 몇 시간씩 얘기를 나눌 정도가 됐다.

6개월 뒤 모처럼 사장의 가게에서 들러 지켜보니 사장이 쓰는 영어는 '하우 머치', '하우 매니' 등 몇 마디밖에 모르는 초보 수준이었다.

"이런 사람이 어떻게 무역을 했을까 싶을 정도였죠."

"행주라도 팔 수 있는 멋진 시장이었지요"

사장은 물건 판 돈을 주지 않았다. 사정도 하고 매달려보기도 했지만 그는 아직 별로 팔린 것이 없다고 버텼다. 9개월쯤 되자 쌀이 떨어졌다. 라면으로 끼니를 때우던 그는 라면냄새에 질려 볶아먹거나 설탕에 튀겨먹기까지 했다. 처량한 신세였다.

결국 그는 사장으로부터 달랑 서울행 비행기표 한 장과 현금 300달러를 받아 보따리를 싸야 했다. 귀국하는 비행기 안에서 눈물이 하염없이 흘러내렸다.

"아프리카, 이 황금시장에서 빈털터리가 돼 나오다니, 행주라도 있으면 얼마든지 팔 수 있을 이 멋진 시장을 놔두고 철수해야 하다니……."

케냐의 자연.

그는 주먹을 불끈 쥐었다. '꼭 이곳에 다시 오리라, 기필코 여기서 기반을 잡으리라.'

몇 달 후 그는 다시 의류 한 컨테이너를 배에 실어보냈다.

"케냐 공항에 도착하니 생면부지의 어느 한국인이 마중 나와 있었습니다. 저보다 열다섯 살 위였는데, 컨테이너를 찾으면 자기가 물건을 팔아주고 이익금을 반씩 나누면 어떻겠느냐고 제안했습니다. 승낙했지요."

그러나 이번에도 비슷한 일이 벌어졌다. 몇 달 동안 최 씨는 버스만 타고 다녔는데, 돈 한 푼 주지 않던 그 사람은 고급 일제 차를 사서 굴리고 있었던 것이다.

그는 비로소 당시 교민사회 일각의 어두운 실상에 눈떴다. 국내에서 부도를 내거나 사기를 치고 해외 도피한 이들, 현지에서 사업하다 망한 이들이 다른 한국인을 등치는 일이 흔하디흔한 이곳 물정을 너무 몰랐던 것이다.

최 씨는 사장의 멱살을 잡고 우격다짐한 끝에 그가 타던 고급 차 한 대를 받아낼 수 있었다.

한국선 사양길, 여기선 뜨는 가발업

그러나 이대로 물러설 수는 없었다. 그는 세 번째 도전에 나섰다. 이번에는 모든 일을 혼자 처리하기로 했다. 다른 한인도 만나지 않았다.

한국에서 짐을 보낸 뒤 다시 나이로비에 와서 장사에 뛰어든 지 6~7개월. 돈이 모이기 시작했다. 이러기를 몇 차례. 적잖은 돈을 벌었지만 또 다른 고민이 생겼다.

"80년대 후반 서울 목동에서 1억 2000만 원 하던 아파트값이 얼마 뒤에 보니 2억 원, 2억 5000만 원으로 껑충껑충 뛰는 것이었습니다. 외국에서 돈을 벌었어도 한국의 인플레를 도저히 따라잡을 수가 없었어요. 허탈했습니다. 이곳에서 돈을 벌었어도 한국에 가 봐야 자리를 잡을 방법이 없지 않습니까."

한동안 그는 아프리카에서 살 것이냐 한국으로 돌아갈 것이냐. 과연 언제까지 보따리장사를 계속할 것이냐는 생각으로 고심했다. 이때 그의 관심을 끈 분야가

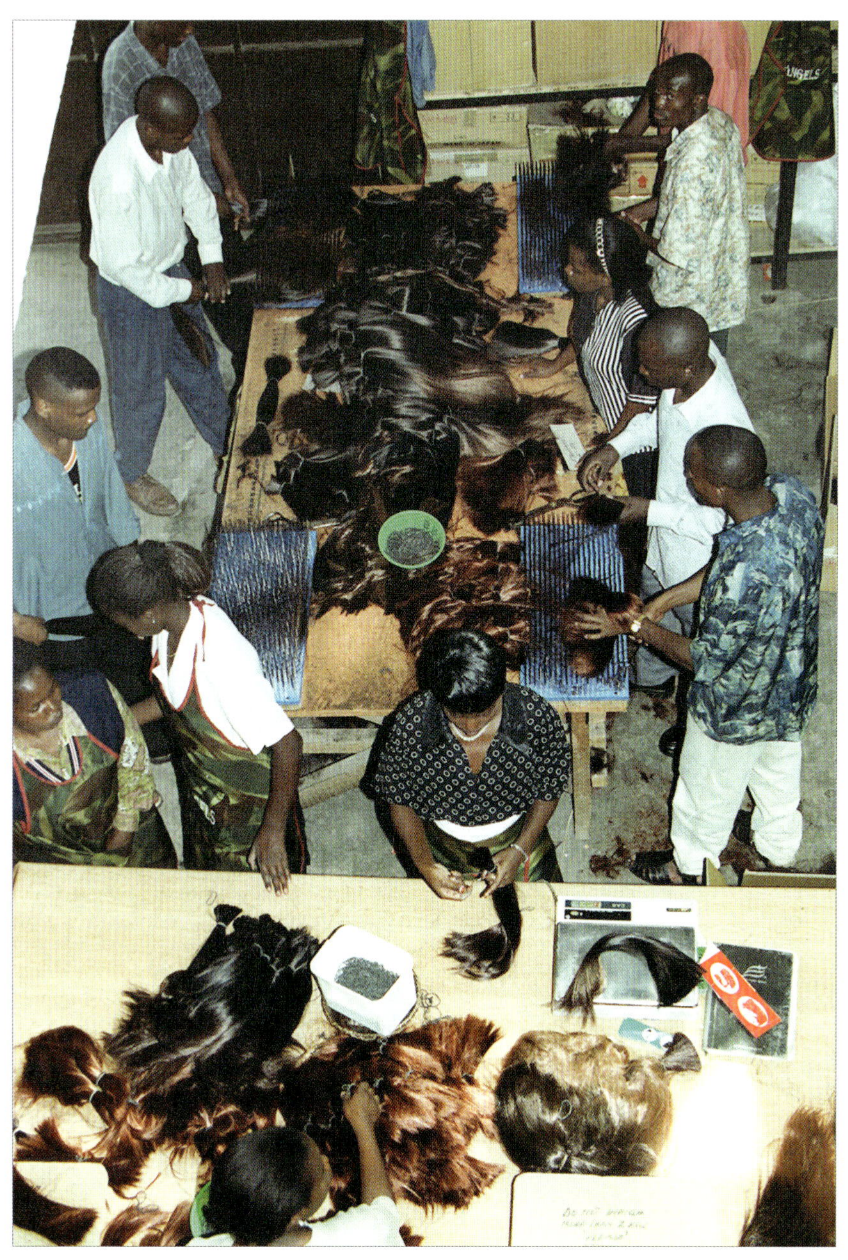

사나산업 직원들이 공장에서 가발을 만들고 있다.

나이로비 시내의 한 이발소.

가발업이었다.

"한국에서는 사양산업이지만 이곳은 인건비가 워낙 싼데다 가발 수요는 계속 늘어났어요. 해볼 만한 분야였죠."

가발분야에 경험 많은 동생 친구를 통해 가능성을 살핀 뒤 그는 공장을 세웠다. 당시 현지인 직원 30명으로 시작했던 공장은 이제 550명의 대식구로 불었다. 가방공장 크로바(주)를 운영하는 그의 동생(최영문. 崔榮文)도 현지인 150명을 고용하고 있다. 가발 생산량의 절반쯤은 인근 탄자니아·우간다 등 동부 아프리카로 수출되고 있다.

교민 기반 미흡, 적극적 통상외교 필요

최 씨가 케냐에 온 지 어언 20여 년. 그간 한국행을 접은 뒤 우직하게 제조업에만 매달려 왔다. 가족도 모두 나이로비로 이주했다.

그는 자기 잇속 때문에 남에게 해를 끼치는 영악한 사람을 혐오한다. 사회생활 초기에 여러 번 사기를 겪어서일까. 누구에게나 원만하기보다는 사람을 가려 사귀고, 좋고 나쁜 것을 명확히 구분하는 성격이라고 자신을 평한다.

"이렇게 외국에 나와 있는 교민 입장에서 보기에, 한국의 정치판은 너무 소모적이고 민족 에너지를 낭비하고 있습니다. 정신차려야 해요. 이곳 중국대사관만 해도 차이나타운 건설을 주도하면서 장사에도 적극적으로 나서고 있습니다. 자만하면 뒤처집니다. 우리나라도 통상외교에 힘써 우리 기업과 한인들 기반을 아프리카 대륙에 넓혀가야 해요."

그는 기업이든 정부든 경영 목표를 뚜렷이 하면 해외에서 해볼 만한 일이 수두룩하다고 강조한다.

최영철 회장이 세운 케냐 공장은 2009년 현재 3000평 규모에 직원 1300명으로 불어났다. 연매출 2000만 달러로 동아프리카 가발시장의 70% 이상을 석권하고 있다.

그는 우간다와 탄자니아·에티오피아 등 다섯 곳에 공장을 설립하였고, 한국에 가발 원사공장을 세워 전량을 아프리카에 수출하고 있다.

연락처: mb: 722-512641 off: 254-20-534596~9 주소: P.O. Box 30685 NAIROBI-KENYA

그의 동생 최영문 씨는 값싼 중국제품과 경쟁해야 하는 가방공장을 접고, 에이-플러스 테크놀로지(A-Plus Technology, Ltd)라는 회사를 경영하고 있다. 이 회사는 타포린이라는 방수 천막원단을 제조해 케냐는 물론 동부 아프리카 곳곳에 공급하고 있다. 직원은 100여 명 정도. 천막 수요가 많아 매출이 계속 성장하고 있다.

문명 등지고 사는 '사바나의 카우보이'

교민이 운영하는 민박 집에서 나이로비 교외의 사파리 파크호텔로 옮겼다.
짙은 풀내음, 새소리와 풀벌레 소리 · 비탈을 따라 푸른 잔디와
아름드리 거목이 어울려 싱그러운 전원 풍경이 펼쳐지는 아름다운 호텔이다.
목조로 세워진 객실은 풀과 숲에 둘러싸여
아프리카의 전통마을 같은 분위기를 자아낸다.

사파리 파크호텔은 파라다이스 그룹 전락원(田樂園. 2004년 별세) 회장이 1975년 인수한 것이다. 10만여 평의 드넓은 정원에 야외 극장, 국제 회의장 등 다양한 시설을 갖추고 있다.

"말레이시아 진출 실적에 힘입어 73년 케냐 관광공사로부터 대통령 별저(別邸)인 워터 프론트 롯지를 운영해 달라는 요청을 받았지요. 별저는 나이로비에서 30㎞쯤 떨어진 엔지루라는 시 외곽에 있었습니다. 여기서 카지노 사업을 시작했어요. 영국인 사업가가 자본을 대고 우리가 경영을 하는 합작투자사였습니다."

故 전락원 회장 호텔사업 진출, 교민위상 높여

"그땐 서울에 국제 전화 한 통 하려면 신청 후 꼬박 하루를 기다려야 했던 시절이었지요." 초창기 현지 사업을 이끈 홍순천(洪淳天. 現 (주)덕승기업인 전 파라다이스 그룹 부회장) 회장의 말이다. "한국도 국력이 미약했고 케냐 역시 독립한 지 10년밖에 되지 않아 풀어야 할 난제가 하나 둘이 아니었어요."

파라다이스 그룹 전락원 회장 소유의 사파리 파크호텔.

엔지루에서 카지노를 운영하던 파라다이스 측은 나이로비 근교 사파리 파크
호텔이 매물로 나오자 이를 사들였다. 카지노와 숙박업을 함께 하기 위해 낡은
시설을 대대적으로 개·보수했다. 동업했던 영국인 사업가는 한때 이 호텔 직영
에 나섰다가 경영난을 자초한 뒤 결국 파라다이스 측에 모든 지분을 넘겼다.

이 카지노 호텔은 현지 외국 투자 기업 가운데 대표적 성공 사례로 꼽힌다. 야
생동물 숯불구이 등 진기한 먹거리와 토속춤을 공연한다. 고급 카지노와 슬롯머
신을 즐기는 외국인의 발길은 끊일 새가 없다. 이로써 케냐의 관광수입 확대는
물론 카지노와 호텔의 전문 서비스인력을 기르는 데도 큰 몫을 해왔다.

교민들은 일찍이 케냐에 터를 잡은 이 호텔이 한인들에게도 보이지 않는 힘이

301

마사이 족 추장의 아들 펠릭스 데샨과 그가 사는 집 내부. 이들은 나뭇가지를 엮은 뒤
쇠똥과 재를 이겨 집을 만든다. 아래는 갖가지 장신구로 치장한 마사이 족의 모습.

돼 왔다고 말한다.

사파리 파크호텔에서 하루를 묵은 뒤 암보셀리 국립공원으로 출발했다.

암보셀리 공원을 택한 건 코끼리·사자 등 야생동물 사파리 관광지로 최적이
며 아프리카 최고봉 킬리만자로 산의 웅지를 감상할 수 있다는 점 때문이기도
하지만, 킬리만자로에 오르자면 최소 5박 6일이 걸리는 만큼 가까이서 산을 바
라볼 수 있는 것으로 위안을 삼고자 한 것이다.

암보셀리 국립공원의 마사이 족

듬성듬성 잡목이 솟은 사바나 초원 사이로 4시간 30분쯤 차를 달려 암보셀리
올투카이 롯지에 도착했다. 흐린 날씨에 가려 킬리만자로 산은 보이지 않는다.

취재진은 우선 이 지역 원주민 마사이 족 마을을 찾기로 했다.

마사이 족은 문명화한 삶을 거부한 채 목축 생활의 오랜 전통을 지켜온 종족
이다. 케냐와 탄자니아 등지에 퍼져 있지만 주 활동무대는 킬리만자로 산 주변
의 산록과 평원이다.

마을 부근에 이르자 바위 위에 앉아 있던 몇몇 마사이 족 청년이 차에 탄 취재
진을 향해 손짓하며 달려온다. 한 친구는 자전거를 타고 따라온다. 자기네 마을
로 와달라는 뜻이다. 관광수입을 겨냥한 듯 손님 유치경쟁이 자못 뜨겁다.

마을 앞에서 차를 내렸다. 펠릭스 레샨이라는 젊은이가 취재진을 맞았다. 추
장의 아들이었다. 인사를 나눈 뒤 집 구경과 사진 촬영에 30달러를 내기로 했다.

주민 20여 명이 먼저 환영의식을 베푼다. 여행객의 안전과 건강을 기원하는
노래를 부른다. 남자들은 후렴으로 "헴 헴 헴 헴…….", 여자들은 "히야예 호예
라레이요, ~(반복), 라레이요 라레이요, 라레이요 호야아."를 되풀이한다. 한동
안 노래를 부르더니 저마다 땅을 차고 뛰어오른다. 높이뛰기 경연이라도 벌이는
것 같다. 남녀 모두 붉은 옷과 붉은 망토를 걸치고 있다. 펠릭스는 '붉은색은 맹
수들이 싫어하는 색'이라고 설명한다.

"우리는 늘 지팡이를 들고 다닌다. 박달나무로 만든 이 지팡이는 가축을 몰 때

나 맹수로부터 몸을 지킬 때 쓴다. 어릴 때부터 야생동물 속에서 커왔기에 맹수가 우글대는 들판에서도 거리낌없이 가축을 몰고 다닌다."

마을에는 담이 없다. 가운데는 빈터이고 직사각 모양의 집 아홉 채가 빙 돌아가며 서 있다. 모두 쇠똥을 쌓아 만든 집이다. 냄새는 나지만 생각처럼 그리 심하지는 않다. 집을 지을 땐 먼저 기둥을 세우고 기둥 사이에 나뭇가지를 씨날로 엮어 벽체를 만든 뒤 쇠똥과 재를 이겨 벽에 바른다고 한다.

일부다처제 유지, 추장 아내 일곱 명

펠릭스가 사는 집 내부는 칸막이가 없다. 좌우로 방이 하나씩 있고 가운데 화덕을 놓는 자리가 있다. 한쪽 방은 아이들, 다른 하나는 자신과 부인이 쓴다.

마을 앞에 나와 있는 케냐 암보셀리 국립공원의 마사이 족.

마사이 족 주민들이 마을 앞에서 취재진을 환영하며 노래를 부르고 있다.

마사이 족은 예부터 일부다처제를 유지해 왔다. 추장인 펠릭스의 아버지는 그의 어머니를 포함해 아내 일곱 명을 데리고 산다. 부인마다 집을 한 채씩 갖게 돼 있다고 한다.

펠릭스에게는 배다른 형제자매를 포함해 모두 여섯 형제와 세 자매가 있었다. 이들의 자녀, 곧 아버지의 손자 손녀는 모두 열여덟 명. 펠릭스에게는 아내와 함께 두 자녀가 있었다.

3대가 함께 사는 이곳 주민은 모두 50여 명. 부근에는 여섯 개 마을이 있는데, 그의 아버지가 이 모든 마을의 추장이다. 마을끼리는 수시로 공동회의를 열고 관광수입의 상당액은 공동분배한다. 특히 가장(家長)이 숨졌거나 환자가 있는 가족의 몫은 따로 떼 놓은 뒤 나머지를 나누는 공동체적 생활방식이 짙다.

집 안에서 뜨개질을 하는 마사이 족의 젊은 부인과 딸.

서구문물 유입으로 흔들리는 전통양식

마사이 족은 주식으로 고기와 우유를 먹는다. 식물은 약용으로 풀이나 나무뿌리 등을 달여먹을 뿐이다. 말라리아에 걸리면 오루코닐이라는 나무뿌리를 달여먹는데 신통하게 잘 낫는다고 한다.

펠릭스는 부근 마을 어린이 35명을 가르치는 교사이기도 하다. 기초적인 수학과 그들의 고유 언어인 마 어(語), 영어 등을 가르친다. 방 두 개를 교실로 쓰고 때로는 나무 아래서도 공부한다.

－추장은 어떻게 뽑는가.

"마을 대표의 합의가 필요하다. 우리의 경우 아버지가 연로해지면 장남인 내가 이어받게 돼 있다."

－서양문물의 영향이 커지고 있다. 마사이 족 전통이 계속 유지될 것인가.

"사실 생활방식이 많이 바뀌고 있다. 서양식 학교에 다니는 아이가 늘어가고 일부다처제라지만 아내를 적게 갖는 남편, 자녀를 적게 갖는 부부가 늘어간다. 밭농사를 짓는 마사이 족도 생기고 있다. 그러나 목축을 하며 자연을 가까이해 온 우리의 생활 방식과 전통은 유지될 것이며 우리는 이를 지키려 애쓸 것이다."

펠릭스의 아버지는 현재 78세. 30대 중반인 펠릭스는 1992년 나이로비에서 교육대학을 마쳤다고 한다. 마사이 족으로서는 드물게 서양식 고등교육을 받은 그는, "도시생활보다 고향에서 목축을 하며 종족과 함께 사는 것이 더 행복하다."고 했다.

11
탄자니아

탄자니아는 '탕가니카' 와 '잔지바르' 의 합성어.
아직 절대빈곤에서 벗어나지 못한 국가 중 하나로
에이즈 환자가 많고 국민의 평균 수명도 짧다.
사회주의 국가의 통제 분위기가 남아 있어
범죄율은 높지 않지만 생계형 범죄가 잦다.
아프리카 대륙에서 가장 높은 킬리만자로 산이 있다.

마사이 족 말로, '끝없는 평원' 이라 불리는 세렝게티 국립공원.
케냐의 마사이마라 국립공원과 국경선으로 갈라져 있지만
때묻지 않은 하나의 초원으로 연결된다.
사파리 차에 몸을 싣고 달리다 보면, 문득
알 수 없는 존재의 시원으로 돌아가는 착각에 빠지게 하는
원시의 땅, 아름다운 자연의 보고이다.

야생 그대로… 사파리 관광 명소

케냐 암보셀리 국립공원에서의 동물 사파리는 흥미진진했다.
사파리 차량으로 들판을 돌며 코끼리 떼와 임팔라·자칼·하이에나 등
갖가지 야생동물을 구경했다. 그러나 정작 기대했던 킬리만자로 산,
머리에 만년설을 인 아프리카 최고봉의 위용은
안개와 구름 때문에 보이지 않았다. 불원천리 찾아왔건만……

취재진은 탄자니아의 국립공원인 응고롱고로와 세렝게티에서 사흘간의 동물 사파리를 예정하고 있었기에 암보셀리에서는 하루만 묵고 떠나야 했다.

킬리만자로 산자락을 멀리 빙 돌아 작은 도시 나망가에서 국경을 넘었다. 국경 통관절차는 비행기를 탈 때보다 훨씬 간소했다. 여권에 도장을 찍어주고 짐 검사는 하는 둥 마는 둥 그냥 '통과'다.

나망가에서 응고롱고로 분화구로 가는 거점 도시인 아루샤까지는 약 115㎞. 여기서 응고롱고로까지의 거리는 200㎞쯤 된다. 여행사를 통해 예약된 미니 밴은 여기저기 비포장도로를 털털거리며 흙먼지를 뒤집어쓴 채 4시간을 달렸다.

해질 무렵 도착한 응고롱고로의 와일드 라이프 롯지는 여행객으로 붐비

탄자니아 응고롱고로 초원의 누 떼.

고 있었다. 적도 가까운 곳이지만 해발 2300m 고지여서인지 무더운 느낌은 들지 않는다.

서울 절반 크기 거대 분화구에 온갖 동물들 서식

응고롱고로는 세계 8대 불가사의로 꼽힌다. 수백만 년 전 용암을 분출한 뒤 내려앉은 타원형의 분화구는 동서 19㎞, 남북 16㎞나 된다. 자그마치 서울의 절반 정도 크기의 땅에 병풍처럼 둘러선 산줄기와 누렇게 펼쳐진 초원, 짙푸른 하늘

응고롱고로 분화구의 초원에서 가축을 돌보는 마사이 족 청년.

을 배경으로 햇빛을 반사하는 호수면이 선명하다. 거대한 자연의 조화, 그 장엄한 기세에 절로 외경심이 인다. 이 드넓은 초원과 호수, 습지가 온갖 야생동물의 보금자리가 되고 있는 것이다.

이튿날 오전, 사파리 차로 높이 600m의 산비탈을 따라 분화구 쪽으로 내려갔다. 동물들은 인근 세렝게티 대초원에서 병풍같이 둘러쳐진 이 '벽'을 수시로 넘나든다고 한다. 우리보다 먼저 온 차량 몇 대가 이미 평지에서 출발 채비를 하고 있다. 어떻게 이곳까지 왔는지 멀리서 가축을 몰고 있는 마사이 족 청년도 보인다.

차량 덮개를 열고 이동하면서 야생동물 구경에 나섰다. 큰 영양의 무리와 검은 꼬리에 앙증맞은 톰슨 가젤이 보인다.

체중이 15kg이나 되는 새, 날아다니는 새들 중 가장 무겁다는 능에(Kori Bustard)도 있다. 얼룩말과 누 떼도 보인다. 물속에서는 하마 수십 마리가 거대한 몸뚱이를 담근 채 가끔 돌아눕느라 요동을 친다. 세상 걱정 없이 그저 편안한

모습이다. 안내자 유수프 하사니는 동물 도감을 펴보이며 눈앞에 보이는 동물들을 하나하나 설명했다.

수십 마리 얼룩말·누 떼 장관

"저기 함께 있는 누와 얼룩말은 공생관계다. 둘 다 풀을 뜯어먹지만 얼룩말은 긴 풀을 뜯어먹고 누는 작은 풀을 뜯어먹는다. 누는 듣기를 잘하고 냄새도 잘 맡는 데 비해 얼룩말은 시력이 아주 좋다. 사자나 하이에나 같은 적을 방비하자면 함께 지내는 것이 서로에게 보탬이 된다."

"코뿔소는 아프리카에 두 종류가 있다. 동아프리카에 많은 검은 코뿔소는 성질이 아주 사납다. 다 자라면 체구가 1.5 t 쯤 된다. 흰 코뿔소는 그보다 덩치가 더 커 2 t 쯤 나가지만 성질이 온순하다. 새끼일 때는 사자나 하이에나가 덤벼들

313

수 있지만 조금만 자라면 천하무적이 된다. 수명은 40년쯤 된다."

"얼룩말은 어릴 땐 몸뚱이가 약간 누렇다. 어른이 되면 누런 티를 벗고 희고 검은색이 뚜렷해진다."

차로 돌아다닌 지 한 시간 반. 롯지에서 내려다볼 땐 한눈에 보이던 분화구 바닥이 막상 밑에서 돌아다녀보니 어마어마하게 넓다. 엷게 깔린 호수에서는 홍학 떼 수천 마리가 쉬고 있다. 한 켠에서는 독수리 몇마리가 죽은 홍학의 몸뚱이를 쪼아먹는 모습이 보인다. 안내자는 끊임없이 동물의 생태를 설명하는데 야생동물에 관한 한 여간 박식한 게 아니다.

응고롱고로 초원에서 사파리 차량을 탄 관광객이 타조를 구경하고 있다.

30대 초반인 그에게는 아내와 여덟 살, 여섯 살 난 두 아들이 있다고 한다. 사립학교에 다니는 큰아이 교육비가 3개월마다 40만 실링(약 60만 원)이란다. 현지인의 생활수준으로는 막대한 비용이다.

그에게, 자녀 교육에 많은 돈을 들이는 이유를 묻자, "아이는 우리의 미래."라는 말로 답했다. 문맹률이 높은 이곳에서 그의 교육열은 경이롭게 느껴진다.

사파리 안내원은 절기와 관광객 수에 따라 기복이 있지만 팁을 포함해 월 300달러 이상의 수입이 가능하단다. 일반 근로자보다 네댓 배 높은 수입이다.

야생동물의 천국 동부 아프리카 국립공원에도 밀렵꾼이 있을까. 사파리 안내원은 "지금은 상상할 수 없는 일."이라고 얘기한다. 비록 가난한 나라이긴 해도 이들의 자연보호 의식은 한국보다 훨씬 앞서 있다.

탄자니아의 경우 국토의 38%가 국립공원 아니면 자연보호 지구에 속한다. 그 면적을 다 합치면 한반도의 1.5배가 넘는다. 이 넓은 땅에 사람의 거주가 금지되거나 제한돼 있고 사냥조차 할 수 없게 돼 있는 것이다.

야생동물 수호천사

그르지멕 교수

생전의 베른하르트 그르지멕

동부 아프리카에서 야생동물 보호운동이 본격화한 것은 1950년대 말부터였다. 구미의 지식층과 케냐·탄자니아 정부가 합심해 공원을 지정하고 사파리 차량이 다닐 수 있는 길을 정비하는 한편 밀렵꾼 단속을 강화했다.

당시 탄자니아에서 야생동물 연구와 자연보호 운동에 앞장선 대표적인 인물은 독일의 베른하르트 그르지멕(Bernhard Grzimek) 교수였다. 그는 기금을 모아 동부 아프리카 국가를 지원하며 이 지역 동물 보호운동에 불을 붙였다. 아들 미카엘과 함께 동물의 이동 경로를 밝히려고 응고롱고로와 인근 세렝게티 평원의 식물과 흙 샘플을 수천 번 채집해 유럽에 보냈다.

책·언론·영화 통해 유산 보존 호소

그는 경비행기를 타고 하늘에서 동물의 대이동을 관찰했다. 『세렝게티는 죽어선 안 된다』는 제목으로 책을 펴내고 영화를 상영했으며 언론 매체를 통해 유럽과 아프리카 지도자들을 향해 역설했다. "야생동물과 자연, 이 값진 무한대의 인류 유산을 보존해야 한다."고.

아들 미카엘은 아버지의 연구를 돕다 25세 때 세렝게티에서 경비행기 추락사고로 숨졌다. 응고롱고로 분화구 가장자리에는 이들의 삶을 기리는 소박한 비(碑)가 세워져 있다. 비문에 적힌 아들 미카엘(1934~1959)의 이름 밑에는 다음의 글귀가 새겨져 있다. "그는 아프리카의 야생동물을 위해 목숨과 모든 것을 바쳤다."

아버지 그르지멕 교수(1909~1987)의 생존연도 밑에는 '야생동물과 그 생활 터전을 돌본 한평생'이라는 글과 함께 '어둠을 탓하기보다는 촛불 하나라도 밝히는 것이 낫다.'는 경구가 보인다.

어둠을 탓하기보다 촛불 하나라도…. 그르지멕 교수의 실천적 삶을 웅변하는 신조이리라. 사냥과 밀렵, 밀거래가 판치는 암담한 현실을 그는 원망하고만 있지 않았다. '자연 속의 야생동물'을 지키고자 불을 밝힌 것이다.

충청도 크기의 보호구역 '동물의 왕국'

TV 프로그램 '동물의 왕국'의 주무대인 세렝게티 국립공원은
응로롱고로 자연보호 구역과 인접해 있다.
공원의 면적은 자그마치 1만 4763㎢.
우리나라 충청남북도를 합친 면적에 육박한다.
이 광활한 땅의 주인은 물론 야생동물이다.
사파리 관광객을 위한 롯지와 캠프장이 몇 군데 있을 뿐
사람은 거주할 수 없다.

드넓은 응로롱고로의 산자락을 벗어난 뒤 세렝게티 공원 숙소인 소파 롯지에 이르기까지는 네 시간이 걸렸다. 차창 밖으로는 끝없이 평원이 펼쳐진다. 가도 가도 하늘과 맞닿은 지평선. 어느 누구도 애써 만지거나 가꾸지 않은 원초적인 자연의 모습, 태곳적부터 내려온 야생의 모습 그대로이다.

야생 품은 자연의 경이

달리던 차가 갑자기 멈추었다. 운전하던 안티파스 아센가가 탄성을 지르며 손가락으로 앞을 가리킨다. 20여 m 앞 길섶에 치타 어미와 새끼 두 마리가 이방인을 구경이라도 하듯 앉은 채 이쪽을 보고 있다.

한동안 우리는 서로를 탐색하며 마주보고 있었다. 말 없는 교감, 서로에게 아무런 두려움이 없는 눈빛의 교감이다.

잠시 후 차가 다가가자 어미가 몸을 털고 일어나더니 풀밭 속으로 어슬렁어슬렁 들어간다. 새끼들도 따라간다.

세렝게티 초원에서 만난 치타 가족.

나뭇잎을 뜯어먹고 있는 기린들.

　안티파스는 우리에게, "세렝게티에 온갖 동물이 많지만 치타는 좀체로 구경하기 힘들다."며 "오늘은 운이 좋다."고 귀띔해 주었다.

　드넓은 초원에 호젓이 자리 잡은 롯지에 여장을 풀었다. 긴 여정에 쌓인 피로가 잠시 초원 위에 녹아내리듯, 신선한 공기와 대자연 속에 온몸이 솜털처럼 떠다니고 있었다.

　잠시 후 찾아간 롯지의 식당에는 가족 단위 여행객이 많이 눈에 띄었다. 대부분이 백인이다. 하지만 갓난아이까지 다섯 식구가 둘러앉은 흑인 가족도 있다.

흑인들도 어엿이 사파리 관광을 즐기는 이가 늘고 있는 것이다.

시나브로 어둠이 깔리는 평원에는 온통 정적이 감돈다. 도시의 소란과 번잡함, 깜박이는 전기불마저 사라진 외딴 세상이다. 오직 이곳 롯지만이 별세계에 착륙한 우주선처럼 환히 불을 밝히고 있을 뿐.

철저한 관리로 보호되는 야생동물 서식지

세렝게티 평원에는 오후 일곱 시부터 다음 날 오전 여섯 시까지 모든 차량의 운행이 금지된다. 야생동물을 보호하기 위한 통금 조치다. 전기도 자가발전하는 관계로 오전 한 시 이후에는 끊어진다. 대평원의 한밤은 전기불 하나 없는 자연 그대로 어둠의 시간인 것이다.

이튿날은 하루 종일 평원을 돌았다. 톰슨가젤과 임팔라는 어디에나 흔해 이제는 별로 눈길이 가지 않는다. 워낙 넓은 곳이다 보니 동물을 구경하는 시간보다 차를 타고 이동하는 시간이 훨씬 많은데도 흥미로운 볼거리는 끝이 없을 듯 이어졌다. 개코원숭이가 떼로 모여앉아 단란하게 노니는 모습, 물속 하마들이 서로 큰 입을 맞대며 을러대는 모습, 암수 사자가 교미하는 모습, 코끼리나 누 곁

물속에서 하마 두 마리가 입을 맞대며 을러대고 있다.

에서 옆으로 뛰는 풀벌레를 잡아먹는 해오라기의 모습 등등…. 그 중에서도 압권은 큰 아까시나무 위에서 낮잠을 즐기는 사자들이었다. 잠든 맹수는 도무지 체통도 위엄도 없어 보인다. 따스한 햇볕을 받으며 사지를 축 늘어뜨린 채 눈을 감고 있는 백수의 왕.

포식을 한 뒤일까. 만족한 듯 맥 놓은 모습이 우스꽝스럽다.

응고롱고로 분화구에서나 이곳에서 몇 차례 구경한 사자들은 늘 나무 밑에서 잠자는 모습뿐이었다. 배고프지 않으면 누워만 지내는 사자는 무척 게으른 짐승이다.

사자가 잠들어 있는 나무 주변으로 사파리 차들이 몰려든다. 관광객들은 나무 위에 축 늘어져 있는 사자의 모습을 놓칠 새라 카메라에 담느라 여념이 없다.

잠자는 사자의 모습을 카메라에 담는 관광객들.

세렝게티 공원의 누 떼.

우기 따라 이동하는 자연의 질서

얼룩말과 함께 누 떼도 흔히 보인다. 이곳에서 서식하는 얼룩말과 누는 7~8월 건기가 시작될 때면 북쪽 1000㎞나 떨어진 케냐의 마사이 마라 지역까지 떼지어 이동한다. 수천~수만 마리가 함께 옮겨가는 것이다.

이때쯤이면 세렝게티 평원의 풀은 메말라 황갈색으로 바뀌고 흙먼지 회오리 바람이 자주 인다. 발굽이 있는 초식동물이 새로운 풀과 물을 찾아 제일 먼저 길을 떠나고 다른 초식동물들도 뒤를 이어 옮겨간다. 초식동물을 먹이 삼는 육식동물도 뒤따라간다.

롯지에서 내려다본 응고롱고로 분화구.

탄자니아의 자연.

메말랐던 대평원은 10월부터 비가 쏟아지면서 다시 파릇파릇한 초록의 대지로 바뀐다. 싱싱한 풀을 좋아하는 얼룩말과 누 떼가 제일 먼저 찾아오고 다른 동물도 1~2월까지 되돌아온다.

비구름이 수없이 몰려왔다 사라지는 우기와 건기, 그 계절의 순환을 따라 세렝게티 평원의 주인들은 끊임없이 이동과 순환을 계속한다.

거대한 자연의 파노라마다.

(아프리카 야생동물에 대해서는 African Wildlife Foundation : www.awf.org 참조).

사자 두 마리가
나무 위에서 낮잠을 자고 있다.

인류의 기원지 올두바이

인류의 기원지와 나비, 참으로 묘한 조화다. 아프리카에서 나비 한 마리가 펄럭이며 일으킨 바람 때문에 아메리카 대륙에 태풍이 일 수 있다는 '나비효과'는 이런 때 적절한 말인지도 모른다. 하찮게 여겨지는 나비의 유혹이 수백만 년 전 인간 조상의 발자취를 찾아내는 실마리가 됐으니 말이다.

깊이 100m 계곡 200만 년 동안 지층 형성
400만 년 전 인간 화석 발견된 고고학의 보고

1911년 독일의 나비학자 카트윈켈 교수가, 탄자니아 올두바이 계곡에서 나비를 채집하다 현생인류 화석을 발견했다. 화석이 발견된 올두바이 계곡은 바로 응고롱고로 분화구에서 40㎞쯤 떨어진 곳으로, 세렝게티 평원으로 이어지는 길목에 있다.

지진으로 갈라진 듯한 이 계곡의 깊이는 바닥까지 거의 100m인데 200만 년에 걸쳐 쌓인 지층이라고 한다. 이 지층 한 켜 한 켜에는 수백만 년 전 고생물의 흔적이 곳곳에 숨겨져 있는 것이다.

바로 이곳에서 영국인 루이스 리키 박사 부부가 1959년 '진잔트로푸스'라는 175만 년 전 인류 화석을 발견했다. 다시 11년이 지난 1970년 여기서 45㎞ 떨어진 세렝게티 평원의 남쪽 라에톨리라는 곳에서 부인 메리 리키 박사가 360만 년 전의 것으로 추정되는 인간의 전신 '호미니드(Hominid)'의 발자국을 발견했다. 성인 여자와 남자, 그리고 어린아이의 발자국이다. 까마득한 태곳적 인간 조상의 생생한 발자국을 찾아 낸 것이다. 올두바이에 세워진 조그만 박물관에는 이들의 발자국을 본뜬 모양이 전시되어 있다.

그 후로도 도널드 조핸슨은 이 부근에서 약 400만 년 전으로 거슬러올라가 인간 화석 '루시'를 발견해 세계적인 명성을 얻었다.

이들 유적은 고인류의 진화를 이해하는 데 귀중한 단서로 평가되고 있다.

동아프리카는 이로써 자연 생태계의 보고일 뿐 아니라 선사 고고학의 보고임이 확인된 것이다. 올두바이 계곡 등지에 묻힌 이 '고고학의 노다지'를 캐려고 세계의 고생물학계가 각축전을 벌이고 있다.

제조업 열악, 농업 · 관광산업 활기

'동물의 왕국' 세렝게티에서 이틀을 보낸 뒤
탄자니아 최대의 도시 다르에스살람까지는 경비행기를 두 번 갈아탔다.
아루샤까지 처음 탄 비행기에는 뜻밖에도 취재진 외에는 손님이 아무도 없었다.
20여 명이 타는 비행기를 단둘이 전세 낸 셈이었다.

비행기는 요란한 프로펠러 소리를 내며 맨땅 위를 내닫다 하늘로 솟았다. 눈 아래 드넓은 평원이 이어지더니 주름진 산맥과 호수가 보인다. 스쳐가는 구름 아래로 응고롱고로 분화구도 보인다.

흙먼지를 쐬며 차로 4시간 가까이 달렸던 길을 단 30분 만에 되돌아왔다. 아루샤에서 갈아탄 비행기는 한참 뒤 어느 결엔가 초록빛 바다와 산호초로 둘러싸인 섬, 잔지바르에 내렸다. 오만 술탄이 지배할 당시 세워진 회교사원이 있고 옛 노예시장의 자취도 남아 있는 곳이다.

그러나 이곳은 기착지일 뿐, 30여 분 뒤 비행기는 백사장과 야자수, 맑은 바다가 어우러진 아름다운 풍경을 뒤로 한 채 얼마 뒤 다르에스살람에 도착했다.

부정부패 · 외국인 배척 풍토로 사업 어려워

탄자니아는 인구 3300만 명 100여 갈래의 종족으로 구성돼 있다. 이 나라의 입법 수도는 내륙 중심에 있는 '도도마'이지만 인도양에 접한 항구도시 다르에

탄자니아 다르에스살람의 마고고니 해변에서 몇몇 어민이 물고기를 주민들에게 경매하고 있다.

스살람이 사실상 정치 · 경제의 중심지이다.

탄자니아의 해안지역은 18세기부터 포르투갈과 아랍 인에 이어 유럽 열강의 각축지였다. 특히 걸프만 나들목을 지배한 오만은 19세기 초반, 잔지바르 섬을 수십 년간 다스렸다.

19세기 중반부터 탄자니아(당시 이름은 탕가니카)는 독일의 식민지가 된다. 독일 탐험가 칼 피터스가 순진한 원주민 추장들을 설득해 '우호조약' 서명을 받은 뒤부터였다. 독일은 이 우호조약을 구실로 '독일 동아프리카회사'를 세워 식민정책을 펴게 된다.

다르에스살람 거리에서 만난 탄자니아 어린이들.

탄자니아에는 대규모 빈민촌은 없다고 한다. 얼기설기 만든 집이 눈길을 끈다.

독일이 1차 세계대전에서 패한 뒤 이 지역은 영국의 식민지가 되었다가 1961년 탕가니카 공화국으로 독립했다. 1964년에는 잔지바르와 합병해 오늘의 탄자니아 연방공화국으로 거듭났다.

이 나라는 세계 최빈국의 하나로 1인당 GDP가 300달러를 밑돈다. 주산업은 농업으로 커피, 면화, 차, 담배 등이 많이 재배되며 킬리만자로 산과 세렝게티 대평원 등의 야생 동물 서식지를 활용해 관광산업을 키워가고 있다.

"제조업은 아직 전무한 실정입니다. 봉제업 같은 섬유산업이 이제 막 시작 단계에 있어요. 투자 보장이 안 돼 EU 같은 데서도 아직 투자를 꺼리고 있어요. 현지 자본이 거의 없기 때문에 투자자가 전액을 가져와야 합니다."

다르에스살람에 사는 한인들은 이곳에서 기반 닦기가 생각보다 어렵다고 말한다.

"부정부패가 만연해 있습니다. 내국인끼리는 현장에서 붙잡힌 도둑을 돌로 죽

다르에스살람 해변에서 고기를 잡는 사람들.

여도 괜찮게 여길 정도지만 외국인의 물건을 훔치는 것은 범죄로 여기지 않아
요. 식민지 지배를 오래 받아 온 탓인지 은연중에 외국인을 배척하는 풍토를 버
리지 못하고 있습니다.”

“정부 예산은 항상 외부 지원을 감안해서 짭니다. 예산의 40% 가까운 액수가
해외원조로 충당됩니다. 원조액이 줄어들면 계획했던 사업이 지지부진하게 되
는 거죠. 우리로서 선뜻 이해하기 어려운 점은 외국의 원조를 너무나 당연시한
다는 겁니다. 허리굽혀 사정하고 매달리는 것도 아니고 오히려 당당하게 요구합
니다.”

낮은 교육열, 에이즈 · 마약 등 고질적 사회문제

외국 원조를 당연시한다는 것……. 개인이든 국가든 ‘자조와 자립’을 중시해
온 한국인의 정서와 상당히 다른 점인 것 같다. 이들에겐 열심히 공부하고 일하
면 무언가 이룰 수 있다는 생각이 별로 없다. 가난 때문이기도 하지만 초등학교
입학생의 절반 이상이 중간에 학업을 포기하는 열악한 교육 의식은 이들이 서둘
러 풀어야 할 큰 문제이다.

이곳 상권 역시 외국인인 인도 인이 장악하고 있다. 식민지 시절, 영국 인이
인도 인을 중간 관리자로 많이 활용한 때문이다. 이들은 벌써 4~5대째 터를 잡
고 기업이나 상가운영은 물론 변호사, 회계사 등의 고급인력을 배출하고 있다.
반면 현지인들은 거의 단순업무에 종사한다.

그 외에도 에이즈와 마약확산 등의 사회문제를 안고 있는 탄자니아는 국민의
15%인 370만 명이 에이즈 보균자로 알려져 있다. 이웃 나라 케냐에서처럼 거리
에서 대마초를 피우며 환각에 빠진 이들을 흔히 볼 수 있는 것이 탄자니아의 실
정이다.

다르에스살람의 어시장과 목각시장

다르에스살람 해변의 마고고니 지역은 이 도시에서는 가장 큰 어시장이다. 그러나 막상 둘러보면 규모도 작고 상인들은 영세하다. 생선을 올려놓은 좌판은 대부분 사과 상자만한 크기로 널찍한 판매대에 생선을 고루 갖춘 가게는 몇 안 된다.
고기는 주민들이 조그만 무동력선을 타고 낚시를 하여 잡는다. 고깃배라야 겨우 한두 명이 타고 다니는 카누 형태로 찢어진 비닐 돛을 펄럭이며 다니는 배들도 있다.

헐값에 팔리는 공예품, 생선은 하루 종일 팔아도 고작 몇 마리

이곳 어민은 대개 무슬림이다. 무슬림은 비늘 없는 생선을 먹지 않는다. 그 때문에 오징어 같은 고기는 1000~1100실링의 헐값에 팔린다. 값나가는 새우는 인도 인들 손에서 대량판매가 이루어진다.
어시장 옆 모래밭 여기저기서 소년들이 물고기 비늘을 칼로 벗기고 있다. 시장 상인이나 생선을 사는 고객에게서 200~300실링씩 받고 하는 일이다.
모래밭 저편 여기저기에서는 수시로 소규모 경매가 벌어진다.
고기를 파는 사람에 따라 큰 것은 한두 마리씩, 잡어는 수십 마리를 합쳐 수천 실링의 높은 가격부터 부른 뒤 점차 값을 낮춰간다. 살 사람이 나서면 돈을 받고 그 자리에서 넘겨 준다.
어시장 풍경과 달리 다르에스살람 교외의 목각시장은 규모가 훨씬 커 넓은 상가를 이루고 있었다. 목각만을 전문으로 취급하는 가게와, 강렬한 원색의 동물 모양을 그려넣은 팅가팅가 등을 파는 곳, 마사이 족의 지팡이와 몸에 두르는 천 등 각종 기념품 가게가 모여 있다. 값은 도심보다 훨씬 싼 편이다.
상가 중앙의 빈터에서는 조각공 10여 명이 나무를 깎고 있다. 주변에는 크고 작은 통나무가 쌓여 있다. 흑단(黑檀 검은 박달나무)이다.
나무 한 뭉치가 비슷한 크기의 쇳덩이처럼 무겁다. 조각공들은 이 단단한 나무를 크기에 걸맞은 모양으로 깎고 다듬어 코뿔소·코끼리·임팔라 등 갖가지 동물이나 인물상을 만들어낸다.
완성된 목각은 운이 좋은 날이면 오가는 관광객에게 한두 개씩 팔리기도 하고 대개는 헐값에 주변 가게로 넘겨진다.

다르에스살람의 어시장에서 생선을 늘어놓고 손님을 기다리는 사람들(왼쪽).
오른쪽은 목각시장. 연장을 들고 손과 발을 모두 사용해 조각에 열심인 청년.

다르에스살람에서 10여 년을 지낸 박인덕 사범은 한 가게에서 취재진이 고른 목각 20여 점을 놓고 주인과 흥정하더니 당초 부른 값의 3분의 1쯤 되는 단돈 4만 원에 포장하도록 했다. 온종일 애써 만든 조각이 이렇게 싸다니. 땀 흘린 노력에 비하면 너무 헐한 것 같아 마음 한편으론 미안함을 지울 수 없었다.

방역 · 통신장비 · 무역업 등
280여 명 정착

탄자니아의 한인은 현재 280여 명. 이 중 70%를 차지하는
선교사 가정(40여 가구)을 뺀 나머지 현지 정착 한인은 20여 가구 70여 명이다.
대개 수도 다르에스살람에 살며, 전선 제조,
의약품 · 신발 · 의류의 수입 판매, 방역, 컴퓨터 · 통신기기 판매,
무역, 목재 가공 · 수출, 가발 제조업 등에 종사한다.

'코타 비즈니스' 최병군 사장

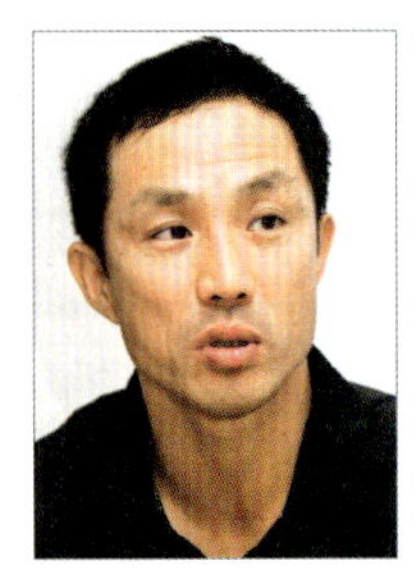

최병군(崔秉君) 코타 비즈니스 사장은 다르에스살람의 도심 모로고로 거리에 사무실을 두고 있다. 컴퓨터와 통신 네트워크 장비를 판다.

이곳의 컴퓨터 가격은 서울 소비자 가격의 두 배 정도 된다. 매출액의 20%나 되던 부가세가 없어지면서 최근 컴퓨터를 사는 가정이 부쩍 늘고 있다. 도심에는 컴퓨터를 30~50대까지 갖춘 인터넷 카페도 여러 곳 생겼다.

최 사장은 2001년부터 다르에스살람 대학교 컴퓨터센터와 20만 달러씩 합작 투자해 컴퓨터 조립사업을 시작했다. 2002년부터는 정부기관에 공식 납품업체로 등록돼 공급 물량을 늘려가고 있다. 그간 판매한 컴퓨터는 2001년과 2002년 각각 700여 대. 그 가운데 반 이상은 대학에 일괄납품한 것이다. 네트워크와 광케이블 등을 합치면 2001년 매출은 150만 달러쯤 된다.

"여긴 의사결정이 워낙 느려요. 정부나 대학에서 구매 여부를 판단하는 데도 보통 반 년이 넘게 걸립니다. 장사하는 덴 큰 애로사항이죠. 하지만 그 덕에 납품할 때쯤이면 제안서를 냈을 때보다 컴퓨터 가격이 떨어져 판매업자로서는 오히려 득을 보는 수가 종종 있습니다."

이곳 컴퓨터 시장은 IBM이나 컴팩 등 외국 유명업체가 선점하고 있다. 한국업체는 거의 알려져 있지 않다. 시장 규모가 작다 보니 영업이 금방 활성화하기를 기대하기는 어렵다.

컴퓨터 사용 인구 증가, 통신기술 시장 전망 밝아

최 사장은 현지 영업을 강화하려고 2년 전 한국에서 전문대 졸업자를 모집한 적이 있었다.

"컴퓨터 기술분야를 뒷받침하고 현지인을 지도할 사람이 필요했습니다. 조건은 초봉이 월 150만 원, 연중 최소 2주 휴가와 한국행 왕복 비행기삯을 보장하겠다고 했습니다. 서울 가서 8~9명 면접을 했습니다만 일할 곳이 아프리카라니까 나서려고 하지를 않아요. 우리 젊은이들, 시야가 너무 좁다는 생각을 많이 했습니다. 결국 사람을 구하지 못하고 돌아왔습니다."

이 나라의 전화 보급률은 아직 1%에도 못 미친다. 통신비와 전기료가 비싼 편이다보니 한국의 웬만한 장비와 기술이 이쪽에선 선진기술이 된다. 때문에 앞선 영업 기반을 구축할 수 있다는 게 그의 생각이다.

최 사장은 95년 8월 LG기공(테크) 총무과장으로 이곳에 왔다. 3년간 다르에스살람 잔지바르 등지의 통신망구축 사업을 하며 이곳 엘리트층과 사귀게 됐다. 98년 독립한 이후 현지인과의 탄탄한 인간관계가 사업에 적잖은 밑거름이 됐다.

그는 한국의 엔지니어들도 해외 마케팅에 나설 필요가 있다고 강조한다.

"이제는 기술을 아는 사람이 마케팅하는 시대입니다. 비좁은 한국만이 아니라 해외무대를 개척해야 합니다. 기업하는 사람들도 이공계 젊은이들의 활동무대를 넓혀 줘야 한다고 봐요."

최 사장은 부인 민영애 씨와 외국인 학교에 다니는 아들 딸을 두고 있다.

인트코 투자(주) 이태조 사장

이태조(李泰造. 인트코 Intkor 투자㈜ 사장) 씨는 1990년부터 방역사업을 해 왔다. 대사관 건물이나 외국업체 사무실, 외국인 집을 훈증살포 소독하며 바퀴벌레나 개미 · 모기 · 쥐를 제거한다.

"여긴 날씨가 덥고 환경이 깨끗하지 못해 말라리아 같은 각종 질병이 기승을 부립니다. 요즘은 위생관리에 관심이 높아져 방역사업도 여건이 좋아지고 있습니다."

최근까지도 연막소독은 희귀한 구경거리인 이곳에서, 이 사장은 몇 년 전 다르에스살람의 무힘빌리 국립병원을 무상으로 소독한 적이 있었다.

당시 현지 신문들은 이를 대서특필했고 신문에는 연기가 자욱한 병원 건물 사진과 함께 '이것은 화재가 아닙니다.' 라는 제목을 붙여놨다.

쥐 떼 극성, 식량보호 위생관리 겨냥한 방역사업 호조

탄자니아엔 쥐가 많아 페스트가 곧잘 유행한다. 아프리카 쥐는 덩치가 큰 데다 잠든 사람의 살점을 떼어 먹을 정도로 공격적이다. 마을 상황에 따라 식량의 절반 이상을 쥐 떼가 먹어 치워버린다.

외국인들은 쥐를 퇴치하려고 약을 자주 놓는다. 쥐가 약을 먹고 아무 데서나 죽어 썩지 않도록 별의별 약을 다 쓴다. 세상이 캄캄해지고 속이 타들어가 환한 곳을 찾아나오게 하는 비싼 약으로 주로 독일제나 영국제이다.

이 사장은 "현지인의 최저 임금이 3만 5000실링(약 4만 3000원)인데 약값이 더들 때도 있어 차라리 사람을 고용해 쥐만 때려잡는 것이 낫지 않을까 하는 생각

탄자니아에서 방역 사업을 하는 이태조 씨가 한 외국인 주택을 연막 소독하고 있다.

이 든다."고도 했다.

이 사장은 건설관련 중장비를 수입 · 판매하는 한편 2001년부터 한국에서 수입한 미니 연막소독기를 조립해 팔고 있다. 앞으로 수요가 늘면 소독기를 현지 생산할 생각도 갖고 있다.

이 씨에겐 부인 이해명(李海明) 씨와의 사이에 아들 셋이 있다. 아들 둘은 서울의 형 집에서, 막내는 함께 살고 있다.

이태조 씨는 방역 · 소독기 판매 사업 외에도 2009년 성냥 제조기계를 탄자니아 등지에 판매해 재미를 보았다. 나무로 만든 성냥은 아프리카에서는 시장 수요가 많은 생필품이다. 이 씨는 성냥 만드는 기계 판매업의 공동 투자자이기도 하다. 인도 · 방글라데시 · 파키스탄 등지의 시장 개척에 주력하고 있다.
이 씨는 부인 이해명 씨와 다르에스살람에서 게스트 하우스도 운영하고 있다(전화 255–754 782722).

'탄자니아 대성전선' 최성환 사장

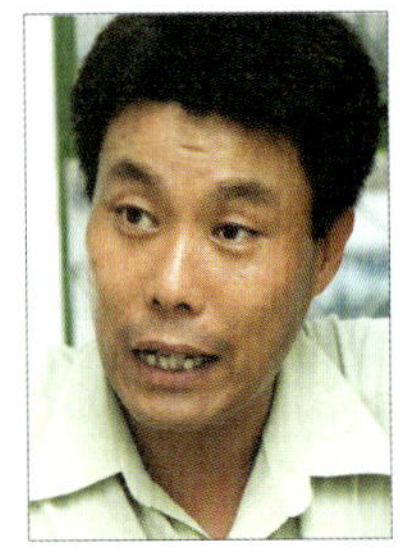

　　탄자니아에는 '탄자니아 대성전선(주)' 이라는 전선제조 업체가 진출해 있다. 시내 공장지대에 자리 잡은 이 회사 건물 외벽에는 큼지막한 한글로 회사 이름이 씌어 있다. 생산품은 동(銅)케이블. 변전소에서 가정까지 전기를 배달하는 구리선이다.

전기공급 銅케이블 생산, 정부 전력사업에 큰몫

　　1997년 대성전선(현재의 모기업은 넥상스 코리아)은 경영난에 빠진 케이블 공장을 인수했다. 대성전선이 주식의 51%를 소유하고 탄자니아 정부(29%)와 전력청(TANESCO) 등이 나머지 지분을 갖는 조건이다. 인수 당시 실투자액은 69만 달러. 한국인 지사장 한 명을 포함해 직원 수는 70명이다.

　　회사의 매출은 인수한 97년 약 300만 달러였고 2002년에는 약 420만 달러였다. 생산량의 75%는 이 나라 전력청이 사 간다. 처음 생산담당 부사장으로 왔던 최성환 씨가 2001년 5월부터 현지공장 사장을 맡고 있다.

　　"아프리카라 해도 여기 노조는 발언권이 셉니다. 그러나 과격한 정도는 아니죠. 과거 사회주의 영향을 받은 탓인지 때로는 경영에까지 간섭하려는 경향도 있습니다."

　　부인 이희윤 씨, 초등학생인 아들과 함께 이곳에 산 지 7년째인 최 씨는, "이곳은 한국보다 여가가 많고 그 만큼 가족이 함께 지낼 시간이 많아 좋지만, 문화시설이 없어 휴일에는 뭐를 해야 할지 고민한다."고 한다.

　　한인교포가 적다 보니 아직 한국 물건을 파는 가게나 음식점이 없다. 신발이나 문구, 의류 등 각종 생필품도 조악해 생활도 불편하다. 그러나 이곳 국립공원 등지에서 보는 야생동물의 세계는 경이롭기만 하다. 세계 어디서도 볼 수 없는 천혜의 자연을 향유할 수 있다는 걸 행운이라 여기고 있다.

다르에스살람에 있는 대성전선(주) 직원들이
완성된 케이블을 옮기고 있다(위).
아래는 銅케이블 생산라인에서 작업하는 모습.

대성전선 지사는 2005년 케냐에 있는 동아프리카 케이블회사(East African Cable Company)에 매각되었
다. 회사 매각 후 최성환 지사장 등 대성전선 현지회사에 근무했던 한국인들은 모두 철수했다.

"광물사기로 피해보는 한국인이 많습니다"

다르에스살람은 동부 아프리카의 대표적인 항구도시로 인접 국가에서 실려온 전기동이나 금 등 수출용 광물은 이곳에 모인다. 구리 전기동은 주로 잠비아와 콩고민주공화국 제련소에서 수출계약이 완료된 상태로 이곳으로 들어와 배로 옮겨진다. 그러다 보니 엉터리 서류를 만들어 장난을 치는 사기꾼들이 득실거리기도 한다.

헐값에 金 넘기겠다 미끼, 돈만 떼먹고 잠적

"일확천금을 꿈꾸는 한인들이 사기사건에 곧잘 걸려듭니다. 사기꾼들이 가짜 정부 문서까지 보여주니 속기 십상이죠."

다르에스살람에서 태권도를 가르치며 한인사회의 궂은 일을 자주 챙겨 온 박인덕 사범(사진)은 "10여 년 동안 보고 들은 한인 피해 사건이 허다하다."고 했다. 대개 인근 콩고민주공화국과 잠비아의 광산에서 캤다는 금·구리 등 광물을 미끼로 한 사기사건이다.

"동아프리카 정부나 광산 관계자 이름으로 금이나 동(銅)을 시세의 반 이하로 싸게 넘기겠다는 이메일과 팩스가 옵니다. 돈은 우선 10%만 달라, 그러면 물건을 다 보내주겠다, 나머지 90%는 한국에 가서 천천히 받겠다는 식입니다."

유혹에 넘어가 돈을 보내주면 결국 "물건을 보내려다 세관에 걸려 압수당했다."는 식으로 돈만 떼먹고 잠적해버린다는 것이다. 박 사범은 "이런 물건 사서 횡재했다는 사람은 한 번도 본 적 없으니 아예 꿈도 꾸지 말아야 한다."고 신신당부한다.

법망 피한 교묘한 사기수법
일확천금 눈먼 한국인 덕에 떼부자 된 현지인 많아

미국에서 기반을 닦은 한국인 J박사는 인터넷 메일로 전송된 '콩고 금 헐값 매매' 사기에 걸려 몇 년 전 수십억 원을 날렸고, 섬유업체 H사에서 일해온 P씨는 3만 달러(3600만 원), S씨는 근 20만 달러(약 2억 4000만 원)를 떼였다. 최근에도 잠비아의 동(銅)을 헐값에 넘기겠다는 얘기에 홀린 L씨가 현지인들에게 4~5개월간 유인당한 끝에 4

만 달러(4800만 원)를 잃었다.

"혼자서 일을 벌여놓고 상황이 끝난 뒤에야 도움을 청하니 뾰족한 수가 없습니다. 너무 욕심을 부리다 아프리카 사람들 꾀에 넘어가는 거예요. 한국인 덕에 벼락부자 된 흑인도 참 많습니다."

정상적인 절차를 무시한 방법으로 낭패를 보기 마련이고 어디에 하소연도 못 한다고 박 사범은 강조했다.

사기 피해의 대상은 동양 사람들 특히 중국인과 한국인이 주를 이룬다. 이곳 항구에 쌓여 있는 전기동을 보고는 서류확인을 제대로 하지 못한 상태에서 금전거래를 하다 보니 피해자가 속출한다. 진짜 주인과 소송을 벌이는 사태까지 생겨나고 있다. 전기동은 모든 제련소들이 LME(London Metal Exchange, 런던 금속거래소 : 세계의 비철금속 거래가 행해지는 시장, 1877년 설립.) 제재를 받기 때문에 터무니없이 싼 물건이라면 일단 사기라고 봐도 무방하다. 하지만 싼 가격에 눈이 멀어 앞뒤 살피지 않고 계약금을 건네주는 예가 많다고 한다.

"광물 수입하려면 꼭 탄자니아 한국 대사관에 문의해야"

이곳 탄자니아나 케냐·잠비아·콩고·남아공 등에서 사기를 치는 아프리카 현지인들은 수법은 다양하지만 몇 가지 유형이 있다. 사기꾼들은 보세구역 관리인이나 현지 공무원들과 짜고 보세구역에 있는 여러 광물을 자기 소유도 아니면서 직접 보여준다. 한국인들은 의심을 풀고 이들의 제의에 응하는 경우가 많다. "물건값은 나중에 한국에서 지불해 달라.", "물건을 한국산 중장비나 트랙터 등과 교환하자."는 제안이 솔깃하기 때문이다. 사기꾼들은 처음에 단지 수출 서류비용이나 통관에 필요한 자금을 요구하며, 물건값의 10% 정도밖에 안 되는 계약금을 요구한다. 처음 물건값이 싸 의심하던 사람들도 결국 이런 수법에 넘어가는 예가 많다.

박인덕 사범은 2009년 말 현재, 탄자니아 군과 경찰에 태권도를 가르치고 보급하는 한편 탄자니아 경찰대에서 치안 유지를 위해 일하고 있다. 현지인들 사이에서는 '인덕 팍'으로 불리며 한인사회의 해결사로서 큰 힘이 되고 있다.

제재업계 돌풍, 산판 개발 나서

탄자니아 다르에스살람에서 공항으로 가는 '만델라길' 중간에는
한국인 오경석(吳京錫, L-라인 사장) 씨가 운영하는 제재소가 있다.
목재를 실은 차량이 자주 들락거려서일까.
부근 현지인에게 '코리언 키완다(스와힐리어로 '공장' 의 뜻)'를 물으면
이곳을 일컬을 정도로 널리 알려져 있다.

5000평의 넓은 재제소 부지 여기저기에 아름드리 통나무가 쌓여 있다. 남부 이키리리와 키비티 지역의 산판에서 가져온 원목으로 주로 가구나 건축에 많이 쓰이는 무닝가나 파오로사 등이다.

탄자니아는 삼림이 풍부하지만 원목값은 다른 나라에 비해 다소 비싼 편이다. 벌채 지역을 정비하는 비용과 함께 따로 나무를 심는 경비까지 나무값에 포함시키기 때문이다.

이민국에 가구 납품, 월 매출 1만 5000달러

"2001년 가을부터 이 나라 이민국에서 쓰는 책상, 의자, 서류함 같은 가구 일체를 납품하고 있습니다. 탄자니아 대성전선에서 쓰는 전선 드럼도 월 4000달러 이상 납품합니다." 오경석 사장의 말이다.

요즘 매출은 월 1만 5000달러 정도. 그러나 전기 사정만 좋으면 매출은 훨씬 좋아질 수 있는 상황이라고 한다. 제재소에는 직원 45명이 일하고 있다.

다르에스살람 'L-라인' 제재소에서 나무를 켜고 있는 직원들.
오른쪽은 오경석 사장.

"공장에는 늘 2~3주일치 정도의 일감이 쌓여 있어요. 요즘 같은 소우기(小雨期)나 3~5월 대우기 때는 정전이 잦아 퓨즈가 잘 나갑니다. 일감을 놓고도 기계를 놀려야 할 때가 많아 애를 태우기도 하죠."

"비싼 유럽산 기계는 노(No), 값싸고 날렵한 한국산이 좋아"

제재소엔 늘 고객이 몰린다. 값은 비싼 편이지만 일 처리가 정확하기로 소문

났기 때문이다.

다르에스살람에는 큰 제재소가 다섯 곳 있다. 모두 유럽산 기계를 쓰지만 유일하게 오사장의 제재소에서는 한국산 기계를 세 대나 쓰고 있다.

"유럽산 기계는 덩치가 크고 값이 비싸요. 보통 직경이 48인치 아니면 54, 60인치에 150마력으로 유지비도 많이 듭니다. 반면에 한국산은 25마력에 42, 44인치짜리로 날렵하고 값도 싸요. 전기료가 비싼 이곳에선 덩치 큰 유럽산 기계보다 한국산 기계가 실속 있죠."

탄자니아 시내의 한 아파트.

오 사장은 지난해 42인치짜리 기계를 한 대 더 늘렸다. 그 뒤로 유럽 기계를 쓰는 다른 업체 몇 곳은 일감이 줄어 문을 닫았다. 다른 현지업체들은 손님이 25㎜ 두께를 원해도 30~40㎜까지 들쭉날쭉한 경우가 많다. 치수가 달라 원목 손실이 많으니 손님 입장에선 값이 비싸도 오 씨네 제재소에 맡기는 것이 훨씬 득이 된다.

장학금 등 복지혜택으로 직원 사기 북돋워

제재소 고객의 80%는 목재를 판매하는 주부들이다. 이들은 몇몇이 돈을 모아 산판이나 원목 집하장에서 나무를 사 제재소에 맡긴다. 필요한 치수로 가지런히 자른 나무들을 목재시장에 넘긴다. 이들 대다수는 남편보다 돈을 더 많이 벌고 있다.

제재소 직원들은 기술과 경력에 따라 월 60~100달러쯤 받는다. 다른 데보다 좋은 대우이다. 오 씨는 2002년 초등학생 자녀를 둔 직원 스물두 명에게 처음으로 장학금을 줬다.

"많은 돈은 아니지만 이런 혜택으로 직원들 사기가 높아졌습니다. 이곳에 있는 공장들 가운데 직원 자녀에게 장학금을 주는 데가 아직 없다고 합니다. 앞으로 여건이 되는 대로 직원 복지를 넓혀 갈 생각입니다."

오 씨는 서울의 한 목재회사에서 일하다 아프리카에 왔다. 1988년 12월, 그루터기 선교회 관계자의 제안으로 그는 남아프리카 보츠와나에 선교사로 파송돼 3년간 기술학교 제재소 건립을 거들었다. 임기를 마친 뒤에는 귀국하여 경기도 남양주군 광릉내에서 7년간 제재업을 꾸리기도 했다.

기술 전수 자부심, 나무사업 계속 키워갈 계획

오 씨가 탄자니아와 인연이 된 건 96년. 이곳에서 선교활동을 하던 이가 나무 정보를 귀띔해 준 것이 계기가 됐다.

L-라인 직원들이 제재소에서 일하고 있다.

"제재업이라도 국내보다 개발이 덜 된 아프리카에서의 잠재력이 더 클 것이라 생각했어요."

오 씨는 시장조사에 나섰고 93년 탄자니아에 온 2년 후인 2000년 10월, 공장을 차렸다. 어느새 반은 탄자니아 사람이 돼버린 오 씨이지만 마음에는 늘 한국에 있는 가족을 담고 지낸다. 서울에는 부인 김영애 씨와 출가한 딸 둘과 아들이 하나 있다.

"아직 돈을 벌었다고는 할 수 없지만 기술적인 자부심은 큽니다. 제 사업이지만 현지인들에 대한 기술전수의 의미도 크다는 거죠. 제재업자들 중에는 한국산 기계를 들여놓을 생각으로 저희 공장을 구경하러 오기도 합니다."

그는 밀려드는 일감 때문에 기계를 한두 대 더 늘릴 생각이다. 날마다 쌓이는 톱밥만 5 t . 한국 같으면 퇴비나 합판 재료로도 요긴하게 쓰일 텐데 여기선 그런 일에 신경 쓸 겨를조차 없이 바쁘다.

"올 들어 파오로사나 향나무 원목과 제재목 수출도 조금씩 늘리고 주택 건설 회사를 차릴 생각으로 면허신청을 준비하고 있습니다."

제재소에서의 가구제조는 물론 주택 건설회사까지……, 계획 만큼 할 일이 너무 많다. 나무 한 그루를 베자면 열 그루 스무 그루를 심어야 한다는 생각으로 그는 나무관련 사업을 차근차근 키워 갈 생각에 여념이 없다.

오경석 씨는 2009년 다르에스살람에서 남서쪽으로 650km 떨어진 마핑가라는 곳의 산판 개발에 나섰다. 아름드리 나무들이 넓게 펼쳐진 삼림지역이다. 다르에스살람 시내까지 원목을 실어오자면 교통체증이 심해 아예 산판에서 벌채부터 임가공까지 하기로 한 것. 2010년 봄부터 다르에스살람 제재 공장의 기계를 이곳으로 옮겨 제재·가공하여 수요가 많은 다르에스살람으로 옮겨 가 판매할 생각이다.
오 씨는 수년 전 탄자니아 정부가 목재 수출을 금지한 이후 국내 판매만 하고 있다. 가구 분야는 업체 간 경쟁이 심해졌으나 수익이 많지 않아 생산을 중단했다. 매출은 예전과 비슷한 수준.

12
우간다

우간다는 르완다와 더불어 '아프리카의 진주'로 불리던
아름다운 나라이다. 그러나 1962년 독립한 뒤
정쟁과 연이은 군사 쿠데타와 독재정치로
20년 동안 큰 혼란을 겪었다.
10대의 미혼모를 지칭하는 '차일드 마더',
매일 밤 반군들의 납치를 피해 몸을 숨겨야 했던
'나이트 코뮤터(밤의 피신자)'라는 신조어의 상흔이 남아 있지만
그들 특유의 낙천적인 성격으로 안정을 찾아가고 있다.
이곳에 진출한 한인들은 자주 어울려 친교를 다지며
번영의 꿈을 가꾸고 있다.

정비 · 제과업 · 생선가공까지

우간다의 엔테베 국제공항은 빅토리아 호에 인접해 있다.
비행기가 호수면 위로 내려앉을 듯 고도를 낮추더니 공항에 내렸다.
엔테베에서 수도 캄팔라까지는 자동차로 30여 분.
사바나 초원과 달리 이곳은 나무가 많고 녹음이 짙다.
캄팔라 시내에 들어서자 흙먼지가 많이 날린다. 도로포장이 덜 된 탓이다.

캄팔라 시내는 우리의 중소도시처럼 아담한 단층건물이 많고 전반적으로 한적한 느낌이다. 토요타 같은 일제 중고차량을 종종 볼 수 있다. 낡은 차량에선 매연이 심하게 뿜어나오고 있다.

취재진은 중국인이 운영하는 팡팡호텔에 여장을 풀었다. 장급 호텔 규모에 중국 식당을 겸한 곳이다.

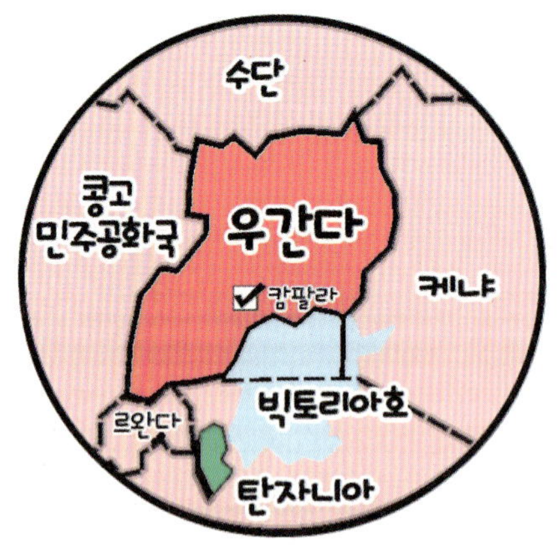

고른 기후 풍부한 수질

동부 아프리카 내륙에 있는 우간다는 면적 23만여 ㎢로 한반도보다 조금 크다. 인구는 2150만여 명.

남쪽으로 적도가 지나지만 보통 아침 16도, 낮 26도로 연중 고른 날씨를 보인다. 해발 1100m가 넘다 보니

빅토리아 호에서 나일퍼치를 잡으려고 배에서 투망을 들고 서 있는 어민.

더운 느낌은 그다지 들지 않는다.

빅토리아 호와 나일 강 덕택에 이 나라는 물이 풍부하다. 땅이 기름지고 기후 조건이 좋아 인구의 80%가 농업에 종사하며 식량은 남아돈다. 하지만 1962년 영국으로부터 독립한 이래 종족 간 알력이 커져 수차례 정변과 내전을 겪었다.

1969년 이디 아민이 쿠데타로 집권한 뒤 8년 동안 우간다 인 약 30만 명이 학살당했다. 당시 이디 아민은 경제권을 쥐고 있던 유럽인들에게 "3개월 안에 떠나라."는 추방령을 내렸다. 7만여 명에 달하는 유럽인들은 대대로 닦아온 생활

기반과 재산을 내놓은 채 빈손으로 출국해야 했다.

우간다가 정치·사회적 안정을 되찾은 것은 독재자 아민이 권좌에서 쫓겨난 뒤인 1980년대 후반부터였다. 새로 집권한 요웨리 K. 무세베니 대통령은 배타적인 정책을 버리고 실리 외교와 함께 외국인 투자 유치에 힘썼다. 몰수했던 민간 재산을 돌려주자 떠났던 인도 인들이 되돌아오기 시작했다. 현재 사탕수수와 차 등 대규모 상업 농장의 70~80%는 이들 유럽인들이 소유하고 있다.

이 무렵부터 한인들도 우간다에 진출하기 시작했다. 이들은 대개 한국에서 수입한 의류·신발 등으로 장사를 하며 기반을 닦기 시작했다.

소박한 생활, 안정적 기반 갖춘 한인들

2002년 현재 우간다에 거주하는 한인은 사업자가 약 30가구, 선교사 가족이 약 50가구로 전체 교민 수는 200여 명. 2002년에 비해 곱절은 늘었다.

생선 가공업을 하는 (주)환성 그리고 스티로폼, 패널, 새시 등을 만드는 (주)환성산업의 직원과 가족이 20여 명이고, 그 밖에 자동차 정비, 비닐백 생산, 제과(고구마 과자), 변압기 제조업 등에 종사한다.

"이곳에 사는 한인들은 대부분 생활기반을 갖추고 있습니다. 여기선 저녁에 나돌아다닐 일이 없어요. 유흥업소가 별로 없기도 하지만 일부러 술 마시러 가는 사람이 없습니다."

이곳 한인회 회장인 최영식 씨의 말이다. 이들은 애경사가 있을 때마다 자리를 함께 한다고도 한다.

최 씨의 말마따나 이곳은 카지노가 많은 이웃 나라 케냐의 나이로비에 비해 도시 여건이나 한인사회가 한결 소박해 보인다.

이들은 색다른 내규를 정해 지켜가기도 한다. 상공연합회 회칙 가운데 한인끼리의 동일 업종 진출을 5년간 삼간다는 내용이다. 한국인끼리 '제 살 깎기' 경쟁을 막자는 뜻에서 99년 정한 자율 규제사항인데 잘 지켜지고 있다고 한다.

나일 강의 원류인 빅토리아 호수의 상류 풍경. 한 폭의 그림 같다.

캄팔라 교외 도로변에서 마도케 등 과일을 파는 사람들. 질서를 위해 푸른 옷에 번호가 적힌 옷을 입고 있다.

최 회장은 "주위 여러 나라에서 동포끼리 너도나도 같은 업종에 뛰어들어 막대한 손해를 자초하는 걸 보고 정한 규정."이라며 "이민 오는 후배들이 잘 따르도록 선배들이 먼저 본을 보일 생각."이라고 말한다.

오랜 내전으로 여성 인구 남성보다 훨씬 많아

독재와 내전 등 부정적 이미지로 얼룩진 과거와 달리 우간다의 치안은 매우 안정되어 있었다.

"사람들이 낙천적입니다. 하루 2000~3000우간다실링(약 1400~1800원)밖에 못 버는 사람도 휴대전화를 들고 다니는 이가 많아요. 번 돈을 거의 전화비로 소비하는 거죠."

우간다에는 성인 여자가 남자보다 훨씬 많다. 내전으로 남자가 많이 숨진 탓이다. 이 때문에 도시와 시골에 부인을 따로 두고 '두집살림' 하는 남자도 흔하다. 그러나 무슬림의 경우처럼 한 집에서 부인들이 같이 사는 예는 없다고 한다.

주민들의 주식은 바나나처럼 생긴 초록색 과일 마도케와 카사바 등이다. 현지인들은 이를 굽거나 쪄서 먹는다. 어딜 가나 파파야·토마토·파인애플·바나나 등 온갖 열대과일이 풍부하다. 바나나는 한 송이에 열매 20여 개가 달린 것이 우리 돈으로 1000원쯤 된다. 큰 소 한 마리에 20~30만 원, 참깨는 1kg에 300원이 채 안 된다.

나일 강의 발원지를 찾아 캄팔라 교외로 나가다 과일 가게 부근에 차를 세웠다. 푸른색 옷을 입은 장사꾼 10여 명이 차 주변으로 몰려 저마다 과일을 사라고 내민다. 모두들 푸른색 옷을 입고 있는데 등에는 번호가 붙어 있다. 무질서한 행상을 막기 위해 정해 놓은 복장이라고 한다.

꿀보다 달게 입속에 고이는 파인애플 맛! 적도 부근 고산지대에서 자란 과일 맛은 무척이나 싱그럽고 달콤했다.

세계 最長 나일 강의 원류는?

나일 강의 시원은 어디일까. 지중해로 흘러들어 이집트 문명과 서구문명의 젖줄이 돼 온 이 거대한 강은 과연 어디서 발원하는 것일까.
19세기 초반 유럽에서는 아프리카 연구열이 뜨거워지면서 이 의문을 풀기 위한 노력이 줄기차게 이어졌다.

이집트 거쳐 지중해까지 6400km '문명의 젖줄'
1862년 탐험가 '스피크'가 발견, 英 여왕 이름 따 '빅토리아 호' 명명

영국의 탐험가 리빙스턴(1813~73)은 나일 강의 수원(水源)을 찾아 나섰다가 탕가니카 호수에서 객사했다. 해답을 찾아 낸 유럽인은 영국의 탐험가 존 해닝 스피크였다. 그는 1858년 아프리카 중심부에 있는 거대한 호수를 발견하고 여기에 영국 여왕의 이름을 따 '빅토리아 호' 라고 이름 지었다.

빅토리아 호는 해발 1100여 m 고지대 한복판에 자리 잡은 거대한 자연 저수지이다. 면적은 약 7만 ㎢ 남한 땅의 70%쯤 된다. 호수의 대부분은 탄자니아의 우간다에 속해 있고 일부는 케냐 국경과도 접해 있다.
이 호수는 내륙 고산지역에서 흘러드는 물을 모았다가 나일 강 줄기를 통해 북쪽으로 흘려 보낸다. 우간다에서 시작되어 수단과 이집트의 사막지대를 거쳐 지중해까지 1만 5000여 리를 촉촉히 적신다.

빅토리아 호를 발견한 스피크는 4년 뒤 나일 강의 원류(Source of Nile)를 찾아냈다. 캄팔라에서 동쪽으로 약 80km 떨어진 곳으로 당시 스피크가 몇 시간 동안 감격에 겨워 물줄기를 내려다보던 언덕에는 그의 업적을 기념하는 기념비가 세워져 있다.
호수의 물은 여기서부터 白나일 줄기를 타고 장장 6400km를 여행하며 3개월 후 지중해에 이르는 것이다.
세계에서 가장 긴 강, 나일은 유역 면적만 300만 ㎢ 로 아프리카 대륙의 10분의 1을 적시며 흐른다. 수천 수만 년 동안 온갖 동식물의 생명줄이요, 인류 문명을 키운 모태가 바로 이 자애로운 나일의 모습이다.

위 사진 언덕에는 오른쪽 나무를 배경으로
탐험가 스피크의 업적을 기념하는 비가 세워져 있다.
오른쪽 사진은 스피크 기념비.

배를 내리니 강변에 세워진 흉상이 눈을 끈다. 다가가 보니 마하트마 간디의 상이다. 비폭력 평화운동의 표상인 마하트마 간디의 흉상이 왜 나일 강의 발원지에 세워져 있는 걸까.

젊은 시절 남아프리카에서 보낸 그의 영혼 속에 바로 나일 강 같은 거대한 평화의 정신이 깃든 것은 아니었을까.

번 돈은 재투자,
여섯 개 공장 거느린 '억척'

빅토리아 호 곳곳에서는 이른 아침부터 쪽배를 탄 어민들이 고기를 잡는다.
이들이 낚시나 어망으로 잡는 생선 가운데 가장 큰 소득원은
나일 퍼치(Nile Perch). 나일 강에서만 주로 잡히는 민물농어인데
보통 몇 kg에서 60~80kg짜리까지 잡힌다.
최대 2.5m 길이의 나일 퍼치가 잡힌 적도 있다고 한다.

나일 퍼치의 맛은 담백하다. 그래서 비행기 기내식은 물론 유럽 등지에서 고급 튀김요리에 널리 애용된다. 우간다 최대 수출품목이기도 하다.

우간다에서 나일 퍼치를 가공 · 수출하는 대형 업체는 7~8곳. 이 가운데 한인이 경영하는 ㈜환성산업은 매출 순위권을 자랑한다.

월 최고 300만 弗어치의 '나일 퍼치' 가공 수출

환성산업 김성환 회장, 그는 우간다에 귀화한 최초의 한국인으로 돈을 버는 대로 현지에 재투자한다. 한국 공관이 없는 우간다에서 그는, 덕망 높은 사업가로 꼽히며 한국의 명예영사를 맡아 한인사회의 뒷바라지에도 힘쓰고 있다.

캄팔라 은띤다 공단에 자리한 그의 공장은 깨끗하기 이를 데 없다. 공장 안은 물론 건물 주변에까지 지푸라기 하나 찾을 수 없다. 완만한 경사지에 생선을 가공하는 ㈜환성산업이 100×80m쯤 터를 잡았고, 그 바로 아래에 ㈜환성의 빙과류 · 스티로폼 · 샌드위치 패널 · 새시 가공 · 가구공장 등이 대략 250×100m의

(주) 환성의 빙과공장에서 직원들이 얼음과자를 만들고 있다.
오른쪽은 김성환 회장.

땅에 자리 잡고 있다. 직원은 한국인 십여 명을 포함해 생
선 가공공장 350여 명, 나머지 다섯 개 공장에 200여 명이
있다.

생선 가공공장에서 일하는 직원은 모두 흰색 가운에 모
자를 쓰고 있다. 이들은 들어온 생선을 씻은 뒤 작업대에서 껍질을 벗기고 뼈를
발라낸다. 손놀림이 익숙해 생선 한 마리가 순식간에 살코기와 뼈로 분리되고
있다. 살코기는 스티로폼 상자에 담겨져 냉장고와 냉동고로 옮겨진다.

"유럽 쪽으론 섭씨 0도의 냉장 상태로 48시간 안에 항공수출됩니다. 비행기
운임을 들여서라도 신선한 것을 사 가려는 수요자가 많기 때문이죠. 미국·호
주·일본·홍콩·한국 등지에는 영하 40도로 급히 얼린 뒤 영하 20도쯤 유지되
는 냉동컨테이너에 실려 수출됩니다."

"일단 고기가 동장에 들어오면 선도를 유지하기 위해 3일 안에 작업을 끝내야한다."는 것이 이 회사 조성춘 전무이사의 설명이다. 이 때문에 생선이 많이 잡히는 날은 밤 11시까지 잔업이 이어진다.

유럽 수입선은 검사가 까다롭고 엄격하다. 선도검사 판정은 A, B, C 세 등급으로 나뉘는데, (주)환성은 신선도 관리에 워낙 철저해 늘 A등급을 받는다.

살코기를 뺀 나머지 '서더리'는 지역 군소업체에 팔린다. 뼈와 배받이살, 등 부위에 따라 값이 다르다. 가장 비싸게 받는 부위는 부레이다. 수프 등 고급 중국요리 재료로 홍콩 등지로 수출되기 때문이다.

나일 퍼치는 2~6㎏ 되는 것을 일등품으로 친다. 너무 큰 것은 맛이 없어 구매하지 않는다. 생선 가공공장의 한 달 매출은 보통 100만 달러(약 12억 원). 많을 때는 월 300만 달러까지 올라간 적도 있다.

김 회장은 그간 재투자를 거듭하며 사업을 키워왔다. 94년 생선 가공공장을

우간다 캄팔라에 있는 환성산업 직원들이 작업대 앞에서 민물농어 '나일 퍼치'의 살코기를 발라내고 있다.

세운 뒤 스티로폼 공장은 96년, 빙과류 공장
은 98년, 임시 건물의 벽체나 문 칸막이용
샌드위치 패널공장과 한국제 알루미늄을 이
용한 새시공장은 99년, 가구공장은 2002년
에 세웠다. 스티로폼은 생선 포장용인데 모
기업에서 10%쯤 쓰고 나머지는 내수나 수출
용으로 팔고 있다. 빙과류 공장은 얼음공장
에 곁들여 세웠다.

샌드위치 패널공장과 갓 세운 가구공장만
아직 손익분기점에 이르지 못했을 뿐 다른
공장은 모두 흑자를 내고 있다.

공장의 기계와 시설은 거의 한국산이다.
냉장차 30여 대를 비롯해 스티로폼·빙과
류·패널 새시공장의 기계. 심지어 그의 집
건축재료도 흙과 돌 외에는 거의 한국에서
가져온 것이다.

경영과 주요 기술진은 한국인, 중간 관리
는 인도 인이 맡고 있으며 현지인 대다수는
10년간 일해 온 숙련공들로 이루어져 있다.

김 회장은 굳이 지난 이야기를 들추지 않

건장한 남성의 체구와 맞먹는 크기의
나일 퍼치.

았다. 오히려 기자는 주위 사람들을 통해 그의 고생담을 전해들었다.

빙과 가구업 등 진출, '종합병원 건립' 꿈 키워

그가 아프리카에 온 것은 80년대 초. 갓 30대에 들어선 그는 무역회사에서 잠
시 일한 인연으로 아프리카에 관심을 갖게 됐다.

처음 여러 해 동안 케냐에서 의류 등의 보따리장사로 적잖은 돈을 벌었다. 하

지만 80년대 말 케냐에서는 한인끼리 이권과 상납에 얽힌 이전투구가 흔했다. 상납을 거부한 탓으로 그는 현지 권력층과 손잡은 한인들의 텃세에 밀려 하루아 침에 사업기반을 모두 잃고 빈털터리의 나락에 떨어졌다.

그러나 아프리카의 거대한 잠재력을 맛본 그로서는 그냥 물러설 수 없었다. 케냐에서 이웃 나라 우간다로 옮겼다. 절박한 상황 속에서 부인이 어렵사리 마 련해 준 돈으로 신발류 등 컨테이너 네 개를 실어온 것이 큰 성공을 거두었다.

동업하던 김진호 씨와 가방공장을 차렸다. 당시 그가 투자한 돈은 1250만 원. 김씨는 이어 냄비 등을 만드는 그릇공장을 운영하기도 했다. 92년 무렵부터 생 선 가공공장에 관심을 갖고 투자에 나섰다. 당시 우간다에서는 생선공장이 세 곳뿐이었다.

공장을 세운 뒤 몇 차례 큰 시련이 닥쳤다. 콜레라와 내전 등으로 장기간 수출 길이 막히고 생선값이 폭락해 경영난을 겪기도 했다.

"관대해져야 합니다. 손해 보지 않으려고만 하면 아프리카에서는 무언가를 이 루기 어렵습니다."

그는 "여기서는 자로 잰 듯 치밀한 계산으론 사업을 할 수 없다."고 강조한다. 온갖 우여곡절과 실패를 각오해야 하고, 이를 값진 수업료로 생각해야 한다는 것이다. 그 자신 의류, 신발, 그릇, 가방 등 갖가지 장사를 다 해보며 숱한 곡절 을 겪은 뒤에야 비로소 기반을 잡았다.

"아프리카의 사회·문화적 토양은 한국과 너무 다르기 때문에 사업도 단순한 '이식'이 아니라 '현지화'를 생각해야 한다."며 "우간다에서 새로운 삶의 기회 를 얻었으니 번 돈은 모두 이곳 사람들을 위해 쓸 생각."이라는 그의 얘기가 범 상치 않다.

그에게서는 소탈한 면모와 함께 강인한 기품과 심지가 엿보인다. 그가 우간다 국적을 얻은 것도 이런 신념에서 비롯된 것으로 보인다.

그는 의료시설이 턱없이 부족한 우간다에 대형 종합병원을 짓기 위해 캄팔라 시내에 6에이커(7300여 평) 부지를 확보하고 설계까지 마쳤다. 여건을 보아 몇 년

빅토리아 호수에서 잡은 나일 퍼치를 들어보이는 우간다의 어부.

한 폭의 그림 같은 우간다의 자연.

뒤 착공할 예정이라고 한다. 요즘 들어서는 회사운영의 실무를 거의 조 전무이사 등에게 맡기고 사람 경영에만 주력하고 있다.

그의 생선공장 사무실 탁자 위에는 색바랜 종이에 〈법화경〉의 한 구절이 적혀 있었다.

"쇠의 녹은 쇠에서 생긴 것이지만 차차 쇠를 먹어버린다. 마찬가지로 마음이 옳지 못하면, 무엇보다도 그 옳지 못한 마음은 그 자신을 먹어버리게 된다."

그는 이른 아침마다 예불과 기도로 하루를 시작한다. "우간다 사람들을 조국의 동포보다 더 사랑하리라."는 소명과 다짐을 실천하려고 그는 늘 마음을 가다듬는다. 부인 이문순 씨와의 사이에는 아들과 딸이 한 명씩 있다.

환성은 2004년부터 우간다에서 침대, 식탁, 문짝 등 가구를 생산하는 목공공장을 운영하고 있다. 케냐 나이로비에도 가구공장을 세워 부엌가구와 붙박이장 등을 만들어 판매하고 있다. 나이로비 국제공항 인근에는 5성급 호텔을 세울 예정. 2010년 착공할 예정이다.

종합병원 건립은 예정보다 늦어진 상황. 대신 '환성 자선원'이라는 법인을 세워 소외계층 환자들을 돕고 있다. 극빈층 심장병 환자 40여 명과 백내장, 언청이, 암환자 등 다수를 수술 치료해 주었다. 심장병 환자 가운데 아홉 명을 한국 삼성서울병원에 보내 수술을 받게 하였으며 2007년부터 해마다 영국·한국의 의사를 초빙해 우간다 국립병원에서 수술 시범 및 강연을 통한 의료기술 발전에 일조하고 있다. 환성 홈페이지 www.hwansungbiz.com.

이민 '늦깎이', 골프로 인맥 다져 성공

"취미로 즐긴 골프가 이민생활에 이렇게 도움이 될지 몰랐습니다."
캄팔라 도심 봄보 로드에서 주유소와 '한국타이어' 대리점을 운영하는
최영식(崔永植, (주)우리아 사장) 씨의 골프 예찬론은 각별하다.

그는 우간다에서 제2의 인생을 만끽하고 있다. 뒤늦은 이민생활, 그것도 아프리카의 오지 우간다에 진출해 자리를 잡는 데는 무엇보다도 골프의 힘이 컸다.

"저명인사를 사귀면서 영어를 배웠고, 생활에 활력을 얻으면서 사업까지 키울수 있었다."고 하니 일석사조는 되고도 남는다. 남과 공유할 수 있는 취미생활이 이민생활에 얼마나 큰 힘이 되는지를 그의 사례는 뚜렷이 일깨워 준다.

한국서 19년 공직생활, 나이 50 바라보며 이주 결행

그는 국내에서 19년간 공무원 생활을 하다 아프리카 이민을 결행했다. 1970년대 중반의 공화당 시절부터 87년 민정당 후기까지 그는 의원보좌관, 정책의장보좌관 등으로 '정치판'에 있었다.

당시 그에겐 골프를 칠 기회가 흔했다. 탁 트인 초원에 서면 심신이 청량해졌다. 승부의 재미 때문에 그는 골프에 심취했다. 하지만 몸담은 정치판은 갈수록 어지럽고 환멸을 느낄 지경이었다. 서울 민사법원 별정직으로 옮겼으나 답답증

우간다 캄팔라 도심에서 최영식 씨가 운영하는 타이어 서비스센터.
그는 이곳에서 주유소와 차량종합서비스센터까지 함께 운영하고 있다.
오른쪽은 최영식 사장.

은 가시지 않았다. 틀에 박힌 생활에서 벗어날 길을 찾던
그는 나이 50을 앞두고 이민을 생각하게 됐다.

"이민이라면 다들 문화수준이 높은 곳을 선호하는데 저
는 생각이 좀 달랐어요. 같은 장사라도 미국이나 유럽같이
각박한 경쟁사회보다 개발이 덜 된 곳이 훨씬 낫지 않을까 생각했습니다. 사회
적으로 기여할 수 있는 몫도 클 것 같고요."

아프리카행의 결정은 쉽지 않았다. 낙후된 문화, 언어와 정서의 차이를 어떻
게 이겨내야 할지, 어떻게 경제적 기반을 확보할 것인지, 자녀 교육은 어떻게 해

371

캄팔라의 한국타이어 대리점 앞을 지나는 행인들.

야 할지 매사가 다 스스로 풀어야 할 과제이며 숙제였다.

다행히 이미 우간다에는 이종사촌인 김성환(㈜성환 회장) 씨가 진출해 기반을 닦고 있었다. 94년 그는 한 달간 연가(年暇)를 내 이곳을 찾았다. 현지조사를 위해서였다.

자녀들, 우간다 이민 반대했지만

"염려했던 것보다 기후가 좋았습니다. 의식주만 해결된다면 참 살기 좋은 곳이라 느껴졌지요. 관심을 가진 타이어시장의 여건도 양호했습니다. 동부 아프리카 나라에는 타이어공장이 없어 각국이 모두 이를 수입해 쓰는데 가격 조건도 괜찮은 편이었어요."

그는 귀국하자마자 직장에 사표를 냈다. 한국타이어 본사의 해외영업 담당자를 찾아가 사업 구상을 자세히 설명하고 동부 아프리카 대리점 승인을 받아냈다. 이어 집을 팔아 컨테이너 여덟 개에 타이어를 잔뜩 실어 보냈다.

"아들은 고교를 마쳤고 딸은 고교에 갓 입학한 때였는데 우간다행을 절대 반대했어요. 이디 아민이라는 악명 높은 독재자의 나라, 야생동물이 우글거리는 낙후된 내륙 국가인데 왜 하필 그런 데로 가느냐는 것이었습니다."

그는 납득하지 못하는 자녀들을 데리고 그해 9월 우간다 캄팔라에 도착했다. 당시 타이어를 팔면 이윤이 50%는 남는다는 계산이었다.

하지만 수금은 생각 같지 않았다. 조바심이 느껴질 만큼 '천천히 아주 천천히, 조금씩 조금씩' 돈이 돌더니 6개월이 되어서야 비로소 수익이 나기 시작했다.

열악한 현지 도로 사정에 맞춰 타이어는 늘 질기고 강한 것을 주문했다. 외국산 타이어가 밀려들면서 '미쉐린' 같은 세계적인 유명 상표에서부터 값싼 인도산, 중국산 타이어의 도전이 날로 거세졌지만 그는 꾸준히 매출을 늘릴 수 있었다. 사람 사귀기를 좋아하는 성격에다 평소 즐겨온 골프가 판촉에도 큰 보탬이 돼 주었다.

우간다에는 퍼블릭 코스를 포함해 골프장이 열 곳쯤 있다. 그러나 정규 18홀짜리 골프장은 캄팔라 시내 한 곳뿐이다. 자연히 이 골프장에는 이 나라의 내로라하는 쟁쟁한 인사들이 다 모인다.

한국에서도 싱글 핸디캡이었던 그는 우간다의 골프애호가들이 일찌기 만나보지 못한 실력자였다. 예전보다 다소 처진 요즘도 그의 구력은 핸디 6 정도. '보기' 이내의 골프를 치는 이들이 항상 그를 찾는다. 국회의장, 장관 등 정치인, 장성, 경찰 고위 간부들이 수시로 "미스터 초이(崔), 한수 가르쳐 줘."라며 청하는 것이다.

이래저래 그는 토요일과 일요일을 골프장에서 살다시피 한다. 현지의 골프 애호가들에게 그의 이름은 '초이' 외에 '장타자' 라고 해서 '롱기스트(Longest)' 로 불린다. '꽃밭에서' 라는 한국 노래를 즐겨 부른 까닭에 '플라워 가든' 이라는 별칭도 따라다닌다.

우간다의 유명인사들과 골프를 즐기고 있는 최영식 사장.

한국타이어 대리점 내부.

　각계 실력자 가운데 골프 제자가 수두룩하다 보니 그 안면만으로도 군이나 경찰, 보사부, 건설부 등의 타이어 납품이 한결 수월하다. 그 덕에 최 씨는 현재 우간다 화물차 타이어시장의 50% 물량을 공급하고 있다.

서비스 없인 물건 못 팔아

　"여기서는 한국산 타이어가 상당한 고가품입니다. 화물 타이어의 경우 중국이나 인도산보다 10%쯤 비싸요. 그나마 한국타이어가 공장을 중국으로 옮긴 덕택에 겨우 가격 경쟁력을 유지하는 형편입니다. 이제는 아프리카에서도 고객에게 애프터서비스를 해 주지 않으면 물건을 팔기가 어려워지고 있습니다."

　2001년부터 그는 주유소와 차량 종합 서비스센터를 함께 운영하고 있다. 종합 서비스센터에는 우간다에서는 처음으로 컴퓨터로 조정하는 휠 얼라인먼트, 오일 교환기 등 최신 시설을 갖추고 있다. 우간다에서 가장 크고 좋은 시설이다.

타이어 회사와 주유소를 포함해 그가 데리고 일하는 직원은 50여 명. 타이어에서 연간 150만 달러, 주유소에서는 400만 달러의 매출이 나오고 있다.

우간다에 정착한 지금 그는 자신의 선택을 무척 다행스럽게 여기고 있다.

"아이들도 이젠 고맙게 생각하지요. 아마 한국에 있었으면 대학진학도 간단치 않았을 거예요. 딸은 처음 몇 달간, 밥도 안 먹고 학교에도 안 가려고 했는데, 여기서 미국계 링컨스쿨을 마친 뒤 한양대에서 공부하고 있습니다. 아들은 1년간 어학과정을 밟은 뒤 동부 아프리카 지도자를 많이 배출한 마케레레 대학교를 졸업했고 한국에서 군복무까지 마치고 돌아왔지요."

아들 정우 씨는 2001년부터 캄팔라 시외버스 터미널에서 한국타이어 지점을 직접 운영하면서 아버지의 주유소 일을 돕고 있다.

도심 거리에 설치된 한국타이어라는 글자가 크게 적힌 광고물이 시선을 끈다.

지나는 차량 곁으로 물건을 팔고자 몰려드는 거리의 행상들.

이곳에 뼈 묻을 각오해야

"우리야 보릿고개 겪으며 부모세대의 어려움을 보아 왔기에 피땀 흘려 기반을 닦은 것 아닙니까. 아이들을 너무 편하게만 키워선 안 되고, 경제적인 곤궁이나 어려움도 겪어보게 해야 합니다. 부모 품에서만 키울 것이 아니라 일찍일찍 자립시켜야 합니다."

"번 돈을 그 나라를 위해 쓸 줄도 알아야 한다."고 그는 강조한다.

"돈을 벌어 떠날 생각만 할 것이 아니라 이 나라 사람이 돼서 이곳에 뼈를 묻을 생각까지 해야 합니다. 그래야 사업도 뿌리내릴 수 있습니다."

최영식 사장은 요즘도 타이어 판매사업을 계속하고 있다. 주유소 사업장은 캄팔라 도심 두 곳으로 늘어났다. 연간 매출은 약 450만 달러. 골프 실력은 여전히 싱글 핸디 수준으로 2009년 우간다 시니어골프 대회에서 우승했다. 60대 중반을 바라보는 이즈음 그는 사업확장에 대한 욕심을 접고 우간다의 가난한 사람들을 위해 여생을 보낼 생각을 다지고 있다.

변압기 독점 생산,
우간다 산업역군으로 우뚝

아프리카 곳곳이 그렇지만 우간다도 전기 사정이 좋지 않다.
이 나라는 연료 등 에너지 수요의 90% 이상을 석탄이나 나무에 의존한다.
전기의 혜택을 누리는 이는 전체 인구 2150만 명 가운데 5%가 안 된다.

이런 곳에서 변압기를 독점 생산해 수출까지 하는 한국인이 있다. 기술이 필요한 제조업, 그 가운데서도 전기 인프라구축에 필수적인 변압기를 사업품목으로 삼은 것은 탁월한 선택으로 보인다.

변압기는 한두 개만 팔려도 이익이 많다. 게다가 전기가 널리 보급될수록 그 수요도 폭발적으로 늘게 돼 있다. 기술 분야인데다 투자비가 많이 드는 만큼 남이 쉽사리 따라올 수도 없는 사업이다.

20년 전 케냐서 보따리장사로 첫발

김진오 코리카(Korica, 코리아와 아프리카의 합성어) 사장, 그는 가방 제조업에서 변압기로 업종을 바꾸면서 더욱 큰 성공을 일궈가고 있다.

"케냐에서 보따리장사를 하다 우간다에 들어온 뒤 1987년 가방공장을 차렸지요. 처음 1250만 원을 투자했습니다. 한국서 자재를 들여와 가방을 만들어 팔았습니다. 특히 지난 외환위기 땐 자재를 헐값에 대량으로 가져와 적잖은 돈을 벌

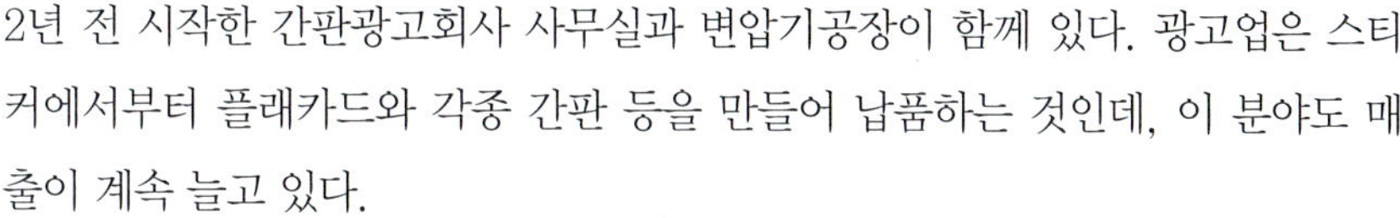

우간다 캄팔라 시내에 위치한 변압기공장 '코리카' 전경(위).
오른쪽은 김진오 사장.

었어요. 그동안 쓴 것 말고도 순자산이 15억 원으로 불었습니다."

그는 이를 기반으로 이곳 캄팔라 산업공단 3200여 평을 49년간 임차해 건평 1200평짜리 건물을 지었다. 공장에는 2년 전 시작한 간판광고회사 사무실과 변압기공장이 함께 있다. 광고업은 스티커에서부터 플래카드와 각종 간판 등을 만들어 납품하는 것인데, 이 분야도 매출이 계속 늘고 있다.

변압기 제조를 위해 그는 한국에서 코일을 감는 권선기 네 대를 들여왔다. 변압기는 수입 코일을 이용해 하루 넉 대 정도를 만든다.

김 사장이 주위의 권유를 받고 이 사업에 나서면서 제일 고심한 것은 기술자 영입이다. 전기분야에 문외한이었기에 스스로 공부해가며 한국에서 전문가와 경험이 풍부한 이의 자문을 구했다. 당시 소개받은 이중태(공장장) 씨와 기사 한 명이 공장에 권선기 등 각종 장비와 시설을 갖추면서 여러 해 동안 한솥밥을 먹어 왔다.

캄팔라 변압기 공장 '코리카' 실내 작업장에서 현지인 직원이 권선기로 코일을 감고 있는 모습.

경험이 풍부한 이들의 뒷바라지로 공장 설비와 확장은 비교적 순조롭게 진척
돼 왔다. 현지 직원은 2003년 당시 24명이었다.

阿 4번째 생산국 이어 수출까지

그의 변압기공장 덕에 우간다는 남아공·탄자니아·알제리에 이어 아프리카
를 통틀어 네 번째로 변압기를 만드는 나라가 됐다.

2002년 캄팔라에서 열린 산업전시회에 변압기를 출품했는데 참관하러 온 요
웨리 K 무세베니 대통령이 변압기에 남다른 관심을 보였다. 그 뒤 대통령 비서
관이 공장까지 찾아와 격려의 말을 전하고 기술자 양성을 당부하고 갔다.

"우간다는 내륙국가여서 운송에 애로가 있지만 장점도 있습니다. 여기를 거점
으로 인접한 콩고민주공화국이나 브룬디·르완다 쪽은 물론 수단까지도 시장을
넓힐 수 있습니다."

그는 사업을 갓 시작한 2002년, 우간다 전력청에 변압기 수백 대를 납품한 외
에도 이웃 나라 르완다와 케냐·콩고민주공화국에 수십 대씩 수출했다.

첫해 매출은 약 100만 달러. 김 사장은 이듬해 변압기를 700대쯤 납품·수출
해 매출 약 400만 달러가 어렵지 않다고 했다. 전기 보급이 늘면 이에 맞춰 생산
시설과 인력도 계속 늘려갈 생각이다.

"자기 기술만 있으면 돼요. 아프리카에서 처음부터 큰 욕심내지 말고 한 계단
한 계단 오르다 보면 좋은 결과를 얻게 돼 있습니다."

김 사장은 아프리카에 온 뒤 가족과 오랫동안 떨어져 지냈다.

"한국에 있는 아내와 한동안 줄다리기를 계속했지요. 아프리카에서 혼자 지내
는 것이 불쌍했는지 아내가 몇 번이나 제발 그만 들어오라고 했습니다. 아내는
아내대로 경기도 광명시에서 유치원 운영하는 것이 있어 정리가 어려웠고, 나는
여기 벌여놓은 사업을 중간에 포기할 수 없어 이산가족으로 지냈습니다. 10년간
안 가니 이혼하려고 그러는 게 아닌가 생각도 했던 모양입니다, 허허."

부인 지안자 씨는 마침내 1995년 우간다로 왔다. 그의 아들은 캄팔라에서 아

창고에서
출고를
기다리는
완성된
변압기들.

실외 작업장.

메리칸 링컨스쿨을 졸업한 뒤 서울에서 대학을 마쳤다.

그간 아프리카에서만 20여 년 세월을 보냈다. 의류, 신발 등 보따리장사에서 가방, 간판, 변압기 생산까지……

"어렵고 힘이 들 때도 많았지만 가능성이 크다는 생각 때문에 버텼죠. 한국에만 있었으면 아마 먹고 사는 것이나 아이 가르치기도 힘들었을 거예요."

그는 이곳에 오기를 참 잘 했다고 여기고 있다.

코리카는 2009년 말 현재, 한국인 기술자 3명과 함께 현지인 63명을 고용하고 있다. 연간 매출액은 약 500만 달러.

오지에서 땀 흘리는 선교사들

류형렬 · 이민자 부부.

동부 아프리카에는 유달리 한인 선교사가 많다. 케냐에 거주하는 한인의 약 40%, 탄자니아 70%, 우간다의 경우도 60%인 40여 세대 100여 명이 선교사 가족이다.

이 중에는 선교에 헌신하는 이도 있지만 적잖은 수가 별로 하는 일 없이 대도시에 머물고 있다. 이 때문에 한인들은 기독교인인 경우라도 '선교사 파견'의 문제점을 자주 지적하곤 했다.

탄자니아 다르에스살람의 어느 한인은 심지어 "초보적인 영어도 못 하거나 아예 골프장에서 소일하듯 지내는 이도 있어 어떤 기준으로 선발돼 왔는지 도무지 이해할 수 없다."고 했다. 대도시보다는 오지에서 봉사하는 선교사들이 돋보이는 예가 많았다.

오지 마을에 대학 설립한 류형렬 · 이민자 부부

우간다 오지 마을에서 10여 년 동안을 줄곧 선교에 땀 흘려 온 류형렬 선교사와 부인 이민자 씨. 이들은 수도 캄팔라에서 북동쪽 320㎞쯤 떨어진 은에로 지역에 99년 쿠미대학을 세워 2003년 첫 졸업생 300여 명을 배출했다.

농업고등학교 교사였던 류 씨와 간호사 출신인 이 씨 부부는 92년, 한국 국제기아대책기구의 봉사요원을 자원해 우간다에 파견됐다. 처음 북부 옴부로에서 주민들과 함께 바나나 재배지를 늘리고 우물과 저수지를 만들어가며 지역발전에 정성을 쏟아 왔다. 이후 지역 의회를 설득한 끝에 이들은 쿠미의 은에로 마을에 10만여 평의 땅을 지원받아 대학을 세웠다. 현재 이 대학에는 학생 1000여 명이 경영학, 컴퓨터과학 등 6개 학위 과정과 7개 단기 수료 과정에서 공부하고 있다. 교직원은 50여 명.

연예인 구봉서 씨 등 한국 내 뜻있는 이들이 그간 학교 설립과 운영을 지원했고 현지 한인들도 어려운 학생들에게 꾸준히 장학금을 지원해 왔다.

엔테베 공항 부근에도 이명신(여) 선교사가 초등학교를 세워 수년째 운영하고 있다. 낯선 땅 남들이 돌보지 않는 외진 곳에서 젊음을 바쳐 가난한 청소년을 보살피는 일이 어디 쉬운 일이겠는가. 현지인들과 더불어 쉼 없이 땀 흘리고 눈물 흘리는 그들이 야말로 하늘을 받들고 땅을 위하는 진정한 사역자의 본보기일 듯하다.

13
에티오피아

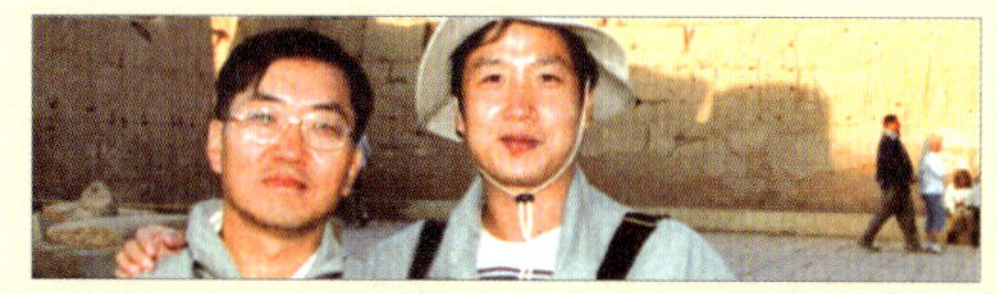

에티오피아는 한국전쟁 때 군대를 파견해
우리와 깊은 인연을 맺은 나라이다.
5000년 역사의 고유한 문화를 간직하고 있지만
오랜 내전과 잇단 기근으로
1인당 국민소득이 100여 달러에 불과한 최빈국이다.
한인들은 90년대 중반부터 이주하기 시작하여
100여 명 정도가 살고 있다.

현대와 원시 공존하는 한국戰 참전 혈맹

에티오피아의 수도 아디스 아바바는
우리나라의 초가을 같은 날씨를 보이고 있었다.
아침 저녁으로 서늘하고 낮에는 햇볕이 따갑다.
이 나라 내륙 중심부는 2000~3000m의 고원지대인데
아디스 아바바도 해발 2450m나 된다.
이 때문에 적도가 가까운 곳인데도 늘 선선한 날씨를 유지한다.

에티오피아의 면적은 112만여 ㎢. 한반도의 5배쯤 된다. 인구는 6700만 명. 수도 아디스 아바바에는 약 300만 명이 산다.

1980년대까지만 해도 기근과 가난이 극심했던 이 나라는 90년대 이후 농업 생산이 늘면서 최근엔 절박한 상황에서 점차 벗어나고 있다.

농업, 목축 종사 인구 80%

'새로운 꽃'을 뜻하는 아디스 아바바. 그러나 시내를 둘러보면 화초는 물론 녹지도 부족해 보인다. 주변의 산은 온통 헐벗은 모습이다. 고원인데다 집집마다 숯과 나무를 땔감으로 쓰고 있어 나무가 많지 않다고 한다.

아프리카에서는 드물게 5000년 역사

나귀의 잔등에 물통을 싣고 가는 소년들.

와 고유한 문자를 가진 나라이기도 하다.

4세기 초부터 기독교가 전래돼 인구의 45%쯤이 기독교인이고 35% 정도가 회교도이다. 일찍기 이집트와 터키를 비롯하여 19세기 후반부터 이탈리아·영국 등 열강의 침략 속에서도 끈질기게 나라를 지켜왔다. 한국전쟁 때는 유엔군의 일원으로 군대를 파병해 120여 명이 한국 땅에서 숨졌고 600여 명이 다쳤다.

취재진이 에티오피아에 진출한 한국기업의 도로공사 현장을 찾아나서던 날,

소 떼를 이용해 '테프'의 낟가리를 밟는 모습.

아디스 아바바 교외의 벌판은 황금빛이 완연했다. 띄엄띄엄 이어지는 농가에는 날가리가 잔뜩 쌓여 있다. 가을걷이를 마친 우리의 옛 농촌과 흡사한 풍경이다.

낙후된 원시적 농사법

취재진은 도중에 차를 세워 한 농가를 살펴보았다. 한 농부와 소년이 소 여섯 마리를 마당에서 계속 뱅뱅 돌리고 있다. 무얼 하는 것일까. 주변에는 쌓아 놓은 누런 날가리가 어른 키보다 높고 마당은 온통 짚더미로 가득하다.

취재진의 차를 몰던 현지인 운전사가 손으로 훑은, 조(粟)보다도 작은 크기의 노란 알곡을 보여주며 설명을 한다.

"이건 '테프(tef)' 라는 곡식이다. 이것을 가루로 만든 후 이스트로 발효해 '인제라' 라는 빵을 만든다. 에티오피아 사람이 가장 즐겨 먹는 주식이다. 저 소들은 날가리를 밟고 다니면서 테프의 알곡을 털어내고 있는 중이다."

그의 설명에 의하면, 소 떼가 도리깨나 탈곡기의 역할을 대신하는 것이었다. 알곡을 털어내고 남은 지푸라기는 소 여물이 된다고 한다.

소가 밟아서 탈곡을 하다니! 참으로 원시적인 농경방식이다. 하루 종일 이렇게 일해서 과연 얼마 만큼의 알곡을 거둘 수 있을까. 발로 밟아 작동하는 탈곡기라도 이보다는 훨씬 나을 터인데…….

중소도시의 대중교통 수단 '말택시'

'모조' 라는 소도시에 이르자 마차를 탄 사람이 자주 보인다. 손님을 싣고 목적지까지 태워다주는 '말택시' 라고 한다. 마차 뒤에는 페인트 글씨로 번호판까지 써 붙였다. 요금은 대개 어느 마을까지 얼마라는 것이 정해져 있다. 가까운 마을이면 50센트(약 75원)만 받는다. 정식으로 허가를 받은 영업차량인 셈이다. 말택시는 차량이 많지 않은 중소도시에서 가장 흔한 교통수단이다.

소도시 모조에 위치한 모조 고등학교와 학생들.

번호판이 부착된 영업용 말택시(위).
길거리의 학생들과 말택시를 타고 가는 사람들(아래).

47 · 에티오피아(2)-블랙 라이언 병원 유민철 박사
仁術 봉사 28년, 한국인 슈바이처

아디스 아바바의 중심가 처칠로드에 있는 블랙 라이언 병원.
건물로 들어가려던 취재진은 출입구에서 군복 차림의 경비원들에게 저지를 당했다.
여기서 일하는 한국인 의사 유민철 박사와 인터뷰 약속이 돼 있다고 설명해도
병원장의 취재 허가증이 있어야 한다며 가로막는다.
결국 유 박사가 로비까지 내려와 허가증을 건네 준 뒤에야
병원에 들어설 수 있었다. 옛 사회주의 시절의 사고방식이나 관행이 남은 탓인지
이런 간단한 일에도 시간을 허비하며 절차를 따지고 있었다.

블랙 라이언 병원은 에티오피아에서 가장 큰 국립병원이다. 병원 안은 진료를 기다리는 사람들로 붐비고 있었다. 건물 내벽 곳곳의 페인트칠이 벗겨져 있어 한눈에 궁핍한 사정이 느껴진다. 성형외과 전문의 유민철(劉旻哲) 박사의 사무실은 3층이었다.

유 박사에겐 2003년이 이곳 생활 28년째 되는 해이다. 서른넷이던 1975년에 이곳에 왔으니 에티오피아에 청춘을 고스란히 바친 셈이다.

서른넷에 수련의 과정 마치고 파견의사 지원

연세대 세브란스 병원에서 수련의 과정을 마친 그는 정부의 아프리카 파견 의사 모집에 자원했다. 인술에 목마른 곳에서 봉사하며 살고 싶었던 평소의 꿈 때문이었다. 부인 김숙자 씨와 다섯 살 난 딸, 세 살 난 아들도 함께 왔다. 당시는 솔로몬의 후손임을 자처하던 하일레 셀라시에 왕정이 군부 쿠데타로 무너진 직후였다.

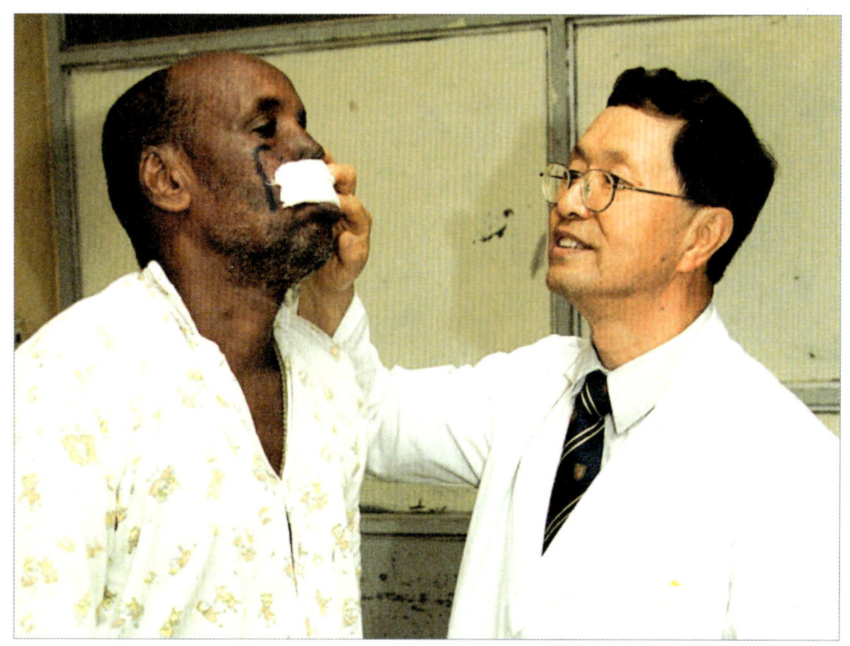

블랙 라이언 병원에서 수술받은 환자를 살피고 있는 유민철 박사.

"제가 처음 이곳에 왔을 때, 이곳 아디스 아바바의 원주민은 거의 맨발이었어요. 차도 별로 없고 기껏해야 낡은 오토바이가 고작이었지요. 구두통 들고 다니는 아이와 헐벗은 이들이 부지기수였습니다."

한국전쟁 때 우리를 도운 나라였지만 경제는 20여 년간 뒷걸음질만 거듭한 상태였다. 사회주의 군사정부가 80년대까지 에리트리아 등지에서 잇따라 내란과 분쟁을 겪으면서 그가 일하는 병원은 늘 부상당한 군인들로 넘쳤다. 최대 800여 병상이 차고 넘쳐 병원 복도에까지 환자 700~800여 명이 수용될 정도였다.

총알을 제거하거나 다리를 절단하는 수술을 그는 수도 없이 했다. 본래 전공 분야는 성형외과였지만 워낙 다급한 상황이 많다 보니 신경과, 정형외과 구분 없이 머리에서부터 발끝까지 온갖 수술을 떠맡았다.

요즘(2003년) 병원을 찾는 환자는 사회주의 시절과 달리 약값은 물론 수술장갑이나 반창고 비용까지 부담하는 형편이다. 하지만 이마저 살 수 없는 환자도 흔

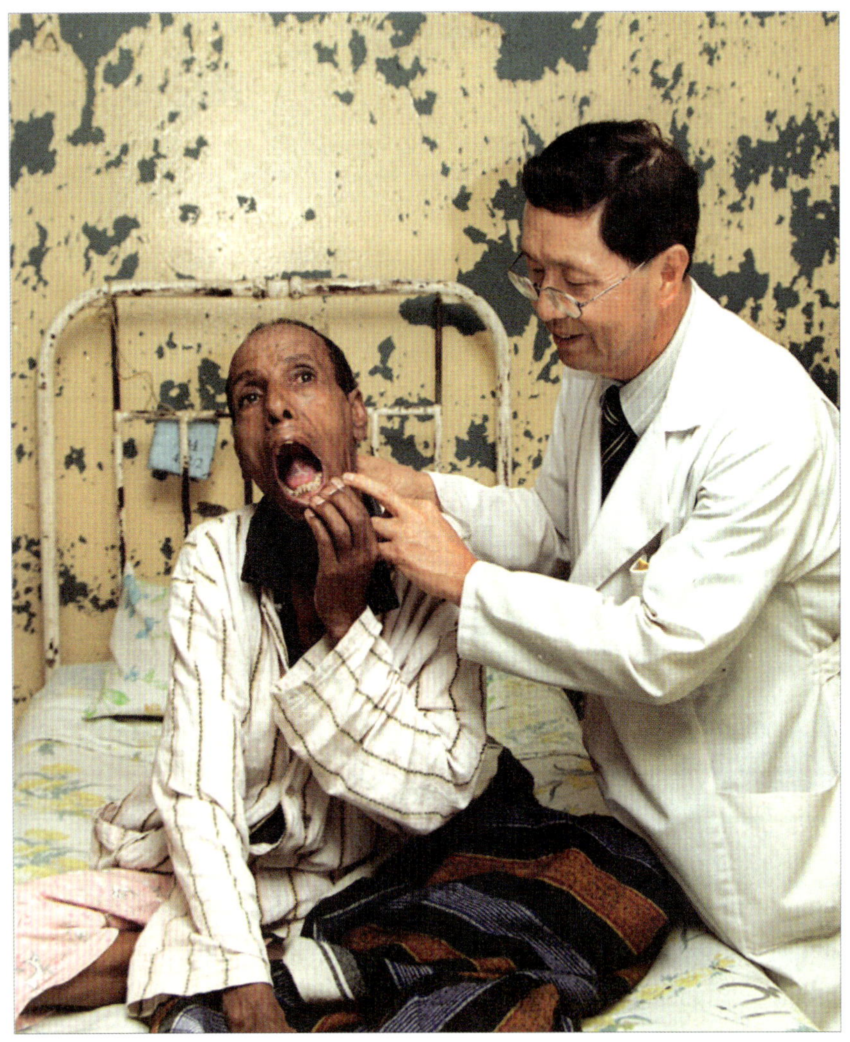

아디스 아바바의 블랙 라이언 병원에서 유민철 박사가 환자를 진료하고 있다.

하다. 이런 극빈자에게 그는 장갑 등을 거저 주곤 한다. 연신 고마워하며 눈물을 글썽이기까지 하는 이들……. 어떤 이는 퇴원 후에 찾아와 지푸라기가 묻은 달걀 10여 개를 건네기도 한다. 순박한 그들의 표정에서 그는 가슴이 뜨거워지는 감동을 맛보곤 했다.

에이즈 환자 300만 명, 수술하다 감염 위기 겪기도

"입원 환자는 그나마 치료를 받을 수 있어 다행입니다. 일반 환자들이 여기 오려면 몇 달씩 기다려야 해요. 빈 병실이 나오기를 기다리다 생을 마치는 이들도 많습니다."

이 나라에는 에이즈 환자가 300만 명으로 추산되고 있다. 아디스 아바바 시민 여섯 명 중 한 명이 에이즈 환자인 셈이다. 수없이 모여드는 환자들을 감당하자니 수술 전 에이즈 검사는 할 겨를이 없어 그냥 수술에 들어간다. 의사라도 수술 도중 자칫 바늘에 찔리거나 칼에 베일 수 있어 감염 위험이 크다.

몇 년 전 화상을 입은 소말리아 난민 환자를 수술할 때였다. 환자에게 가벼운 마취를 한 뒤 수술에 들어갔는데, 환자가 갑자기 그의 팔을 치는 바람에 피 묻은 수술칼에 손을 베이고 말았다. 주위의 의사는 물론 간호사들의 안색이 바뀌었다. 떠돌이 난민 중에는 에이즈 환자가 많고, 이 환자가 에이즈에 걸렸다면 박사도 감염을 피할 수 없는 상황.

'아, 여기서 에이즈 바이러스에 감염된다면……, 봉사하러 왔다가 오히려 불치의 환자가 되어 돌아가야 하는 것인가.' 온갖 어려움을 참고 견뎌 온 그였지만 갑작스런 상황에 불안감을 떨칠 수 없었다. 환자의 피를 채취해 에이즈 검사를 요청했다. 하루 뒤 '음성'이라는 결과가 나오기까지 박사는 착잡한 마음을 어쩔 수 없었다.

다행히 환자는 에이즈 감염자가 아니었다. 박사도 감염 위험에서 벗어난 것이다. 사지를 벗어났다는 생각에 울음이 북받쳤다. 박사는, 수술 도중 이렇게 절박한 고비를 두 번이나 겪었다고 한다.

목마른 이들의 우물 되고파

그동안 유 박사는 병원에서 진료와 수술을 하는 틈틈이 전문의 양성에 힘써, 외과 전문의 150여 명을 배출시켰다. 이제는 그들이 앞장서서 많은 환자를 돌보고 있다.

유 박사는 요즘 종양과 화상, 언청이 환자를 주로 보살핀다. 입천장이 바깥으로 드러난 환자, 보기 흉한 기형의 얼굴을 수술해 정상적인 모습으로 살아가게 도와주는 것이다. 수술 후 거울에 얼굴을 비춰보며 기뻐하는 환자들을 보며 그는 뿌듯한 보람을 느끼곤 한다.

"이곳에 온 후 저는 내내 병원 일에 묻혀 지내왔어요. 그동안 가사는 물론 아이들 교육까지 거의 아내가 챙겨왔습니다. 저 대신 가정을 돌보아 준 아내에게 늘 미안하고 고마울 뿐이죠. 얼마 전에도 집사람은 손자 손녀들 돌보려고 몇 달간 미국에 갔다 왔어요."

딸 채란 씨는 이곳 국제학교에 다니다가 케냐 나이로비에서 고교를 마친 뒤 미국에 유학해 현재 보스톤 브랜다이스대 교수로 있다. 아들 준도 시카고대에서 소련 유태역사를 연구한 뒤 하와이대 교수로 있다. 자녀가 미국에서 공부하는 동안 그의 월급은 거의 학비로 쓰였다.

그는 구약 성경에 나오는 아브라함의 아들 이삭을 좋아한다. 평생 우물을 파 다른 사람의 목을 축여 준 인물이기 때문이다.

그는 인술에 목마른 아프리카에서 평생을 의술이라는 한 우물을 파며 살 수 있었던 것을 감사히 여기고 있다. 오는 6월이면 정부와 맺었던 2년 계약이 끝난다. 2년마다 갱신하는 계약을 그는 열세 차례나 연장해 왔다. 이번이 정년을 앞둔 마지막 연장이다.

"또 연장을 해줄지는 모르겠습니다만, 퇴임하면 언젠가는 고국에 돌아가야죠. 고국도 이제는 많이 변해 낯선 땅으로 여겨질 정도입니다만……."

달라진 고국 땅에 돌아가면 여생을 어찌 보내야 할지 더러는 가슴이 설레기도 한다. 그러나 내일 일은 아직 모르는 것. 또 다른 소명이 있다면 그는 정년 후에도 에티오피아에서 더 땀 흘려 볼 생각이다.

명성 기독병원(MCM)

아디스 아바바에는 국립병원이 다섯 곳 정도이고 어느 정도 규모를 갖춘 민간 병원은 8~9개 정도가 있다. 수도권 인구 600만 명이 이용할 병원 시설로는 턱없이 부족한 이곳에 한국의 명성교회(담임 김삼환 목사)가 세운 명성기독병원(2002년)이 완공돼 2004년 11월 25일 문을 열었다.

명성교회 주축, 8년 산고 끝에 2004년 11월 개원
180병상 첨단시설 갖춰 의료선교에도 한몫

2만 7500평 부지에 들어선 병원 건물은 본관 2층 입원실 3층 등 연건평 2500여 평. 180개 병상에 외래진료소와 수술실, 엑스레이실, 응급실 등을 갖추고 있다.

의료진 구성은 현지 의사를 주축으로 한국·유럽 등지의 의료선교팀도 참여할 계획이다. 20여 년간 네팔·방글라데시·스리랑카 등지에서 의료선교활동을 펴온 강원희 원장이 2000년부터 줄곧 병원 설립에 힘을 쏟았다.

95년부터 현지에서 건설공사를 지휘해 온 김병수 씨는 "93년 교회 인사 15명이 호텔비 등을 아껴 기근대책에 고심하는 이곳 정부에 3만 달러를 기부했다. 당시 총리가 의료분야 지원을 요청한 것이 병원 건립을 추진하게 된 계기가 됐다."고 한다.

명성교회 측은 그간 정부로부터 병원부지를 기증받은 뒤 수차례 관계자의 현지답사를 거쳐 96년부터 본격적인 병원 건립에 나섰다. 기금은 거의 헌금으로 마련했으나 국내의 외환위기로 한동안 자금조달에 어려움을 겪기도 했다.

건설에 나선 지 장장 8년의 산고 끝에 드디어 한국인에 의해 세워진 이 병원은 내과·외과·산부인과·소아과 등 열 개 부문에 걸친 의료서비스를 하고 있다.

메마른 땅을 적시는 단비처럼, 퍼내고 또 퍼내도 마르지 않는 샘처럼 의료혜택에 목마른 이 땅의 환자들에게 생명의 인술을 펴고 있다.

섭씨 45도 웃도는 열기 속,
사막 포장 구슬땀

아디스 아바바 시내는 유난히 흙먼지가 많이 흩날린다.
비포장도로가 많고 땅이 메마른 탓도 있지만
여기저기서 벌이는 건축공사와 도로공사 때문이기도 하다.
아프리카에서의 토목 건설공사는 지역 여건에 따라 적잖은 고충이 따른다.
무더위와 말라리아 · 장티푸스 같은 질병과 불안한 치안은
인부들의 생산성에 장애요인이 되기도 한다. 이런 어려움을 딛고
낯선 에티오피아의 고원 사막지대 도로건설 현장에서는
한인들이 땀 흘리고 있다.

경남기업은 에티오피아에 진출한 한국 건설업체의 대표주자이다. 97년 아디스 아바바 국제공항 건설공사를 수주한 이래 지금까지 도로확대 및 포장, 토목 건설 공사를 곳곳에서 벌여왔다. 대부분 정부가 발주하는 공사이다.

여기저기 공사현장에 투입된 포장 덤프트럭 등 장비는 약 400대 정도. 현장에서 일하는 한국인은 모두 50명이다.

한인 직원 50여 명, 고국 떠나온 지 대부분 2년 넘어

중기(重機)를 다루는 기능직 한인들은 대부분 이곳에 온 지 2년이 넘어간다. 현지인 직원은 약 1100명, 요즘엔 공사 규모에 따라 임시로 고용하는 인부가 1500명쯤 된다.

이 나라 토목 · 건설공사는 대부분 세계은행(IBRD) 등 국제기구의 차관으로 이뤄지고 있다. 외국 건설회사로는 중국 3개사를 비롯해 남아프리카공화국 · 프랑스 · 그리스 회사 등이 진출해 있어, 업체 간 수주 경쟁이 치열하다.

경남기업 직원과 현지 근로자들이 아디스 아바바 근교의 모조에서 아와시까지 도로포장 공사를 하고 있다.

뙤약볕 아래에서 아스팔트 공사를 하는 경남기업 직원들.

"최근엔 중국의 업체들이 두각을 나타내고 있어요. 중국이 싼 인건비를 앞세워 헐값으로 입찰에 나서니 우리로선 경쟁하기가 부담스럽지요."

아디스 아바바에서 여러 해 생활해 온 국중수 구매담당 과장에게 이곳 물가에 대해 묻자 "과일과 인건비 외에는 대부분 비싼 편."이라며 "공산품을 전적으로 수입해 쓰다 보니 값이 높을 수밖에 없다."고 한다.

이 회사 1공구 공사현장에서는 아디스 아바바 교외의 모조에서 아와시라는 도시까지 왕복 2차선 도로를 깔고 노면을 포장하는 작업이 이어지고 있다. 거리는

160여 ㎞. 비좁은 기존 도로와 포장을 깎아낸 뒤 다시 다져 포장하는 도로확장 공사다. 경남기업은 이 현장에 이미 장비 150대와 인력 700명을 투입했다. 이들 가운데 한인은 관리직과 기능직 등 24명.

말라리아 · 장티푸스 등 전염병에 무장강도 골치

"여긴 800~1800m 고지여서 기후는 괜찮은 편입니다. 마무리 공사만 남은 2공구(아와시~지와네 구간) 쪽은 사막을 끼고 있는데다 지대가 낮아 아침 기온은 30도, 낮 기온은 보통 45도까지 올라가요. 그야말로 살인적인 더위여서 밖에서 오래 일하기 어렵습니다."

뙤약볕 아래서 일하다 보면 맨살이 익는다. 습기가 별로 없어 후텁지근하지는 않지만 숙소에선 에어컨을 켜야 잠들 수 있다. 현지인은 물론 한인들도 간혹 말라리아 · 장티푸스에 걸려 어려움을 겪기도 한다.

"이곳 사람은 어른을 공경하고 예의도 바릅니다. 그런데 답답할 때가 많아요. 일을 시키면 하긴 하는데 숙련도가 떨어지고 생산성도 낮아요. 조금만 머리를 쓰면 될 일을 잘 모르겠다며 그냥 가만히 있어요."

1공구에서 포장담당 주임으로 일하는 원정희 씨는, "처음엔 현지인 기술자들에게 분야별로 하나부터 열까지 일일이 지시하고 결과를 확인해야 했어요." 정작, 해야 할 일보다 지시하고 가르치는 것이 더욱 큰일이었다고 한다.

"한 2년 지나니 숙달이 됐는지 요즘엔 웬만한 건 시키는 대로 잘 해냅니다. 기술이 많이 필요한 분야 외에는 대개 현지인들이 해내고 있죠."

외로움이 가장 큰 고충, 가족과의 전화 통화가 유일한 위안

원 씨는 79년 대우에 입사한 이래 영종도 건설 현장에서 잠시 일한 후 쿠웨이트 · 자메이카 · 리비아 · 파키스탄 등 해외 건설현장에서만 20여 년을 지내왔다.

"해외 생활을 많이 해서인지 국내에 있으면 오히려 답답합니다. 국내 적응도

만만치 않은 것 같고 나이도 들어 차라리 바깥 생활이 속 편해요.”

부인과 두 아들이 있지만 그들은 대구에서 산다. 이산가족인 셈이다.

공사에 필요한 골재는 부근 웰렌치티 돌산에 세운 자체 공장에서 조달하고 있다. 한국에서 가져온 시설로 세워진 공장이다.

이상구 현장 소장은 “도로공사는 국책사업이지만 외국 업체가 하는 일이어서 그런지 출퇴근 버스를 운영해달라거나 공사장에 먼지가 나지 않게 해달라는 등 노조의 요구 조건이 많다.”고 했다.

회사는 현지인 근로자 대표들과 이런 요구 사항을 놓고 한 달에 두 번씩 노사 회의를 갖고 서로의 입장을 조율한다.

몇 년 전까지만 해도 이곳의 가장 큰 골칫거리는 치안문제였다. 공사장에 보관해둔 기름이 없어지는 일이 다반사요, 총기로 무장한 강도가 출몰해 한국인 직원이 탄 지프에 벌집 같은 총알구멍을 낸 적도 있다. 이런 살벌한 분위기 탓에, 몇 년 전 이곳에 왔던 현장 근로자 세 명은 오자마자 사표를 내고 귀국한 일도 있다.

공사장에서 일하는 직원들은 메인캠프 숙소에서 함께 지낸다. 휴무일은 한 달에 딱 하루. 워낙 오지여서 인터넷 등 정보통신의 혜택은 꿈꿀 형편이 못 되고 유흥거리도 따로 없는 곳이어서 직원들끼리 생일 등을 자축하며 향수를 달랜다.

이들에게는 일주일에 한 번 숙소에서 하는 가족과의 전화 통화가 가장 기다려지는 시간이다.

경남기업의 모조~아와시 간 도로 개·보수 공사는 2004년 말에 끝났다. 이후에도 경남기업은 북부지역에 있는 아제조~켄테~메타마 간 185km 도로의 개·보수 공사를 2006년부터 시작해 2009년 8월까지 마쳤다. 한국인 근로자 20여 명이 이 기간 동안 현지인들과 함께 땀을 흘렸다.

90년대 중반 진출, 기업 근로자 등 100여 명

에티오피아는 사하라 이남의 아프리카 국가 중 나이지리아에 이어 두 번째의 인구 대국(약 6700만 명)이다. 그러나 오랜 내전과 만성적인 가뭄과 흉년이 이어져 1인당 국민소득은 고작 100여 달러에 불과한 최빈국이다.

현지 정착 한인 극소수, 주로 식당 · 사진관 · 한의원 운영

1991년 멩기스투 공산정권을 무너뜨린 멜레스 신정부가 공기업 사유화와 해외투자 유치 등으로 시장경제 체제를 도입하면서 최근 몇 년 새 비교적 높은 경제 성장률을 보이고 있다.

한인들은 90년대 중반부터 이주를 시작해 현재 경남기업 근로자 50여 명과 납품업체인 자명실업 직원들, 국제협력단 단원 10여 명, 선교사 가정을 포함해 모두 100여 명이 살고 있다. 현지에 정착한 한인으로는 한식당이나 사진관, 한의업 종사자 등 몇몇 가정에 그치고 있다.

97년, 친지의 소개로 아들과 함께 이곳에 온 하옥선 씨는 레인보우 서울식당을 차려 기반을 다졌다. 남편 박수철 씨는 3년 뒤 이곳에 와 YMCA 등에서 현지인 태권도 사범들을 지도하고 있다. 태권도는 아디스 아바바에서 인기 있는 스포츠여서 도장 20여 곳이 성업중이다.

박 씨 부부의 아들은 이곳에서 그리스계 국제고교를 마친 뒤 현재 캐나다 밴쿠버에서 유학중이다. 하 씨는 "구매력이 약한 현지인만을 염두에 둔 사업은 지금으로선 기반을 닦기가 쉽지 않다."며 "식당 손님도 주로 한국인이나 일본인, 중국인이 많다."고 했다.

학교 수업을 마치고
집으로 돌아가는
에티오피아 어린이들.
어려운 환경 속에서도
웃음을 잃지 않는다.

땔감으로 쓰려는 것일까. 아디스 아바바 교외에서 한 여인이 나무를 한아름 안고 걸어가고 있다.

에티오피아 '검은 유대 인' 10만의 엑소더스

유대 전통 이어온 부족, 이스라엘 정부 주축 대규모 공수작전

에티오피아에는 1980년대까지만 해도 유대의 전통신앙을 간직해 온 유대 인의 후예가 10만 명이나 살고 있었다. 이들 중 약 8만 명이 1984년과 1991년 내전 등 에티오피아 위기 때 이스라엘 정부의 대규모 공수작전으로 본향 땅 이스라엘로 이주했다.

이스라엘 당국은 "이들이 외적으론 기독교도로 살아왔지만 내적으로는 유대 문화를 계승해 수천 년 간 할례의식과 안식일을 지키고 돼지고기를 먹지 않는 등 옛 유대전통을 고스란히 간직해 온 사실상의 유대 인."이라고 인정했다.

이스라엘 내각은 에티오피아 내전이 끝난 뒤인 2003년 2월에도 남아 있던 유대계 팔라샤 족(Falashas) 약 1만 7000명의 '모국 이민'을 만장일치로 허용했다.

어떻게 '검은 유대 인'이 생겨났을까

에티오피아가 세계사에 처음 등장한 것은 B.C 1000년 무렵이다. 에티오피아 지역을 다스렸던 시바 여왕이 유대 땅 솔로몬 왕을 방문했다는 내용이 성경 등에 기록돼 있다. 흥미로운 건 에티오피아 최초의 황제인 메네리크 1세(재위기간 BC 982~957년)가 바로 시바 여왕과 솔로몬 왕 사이에서 태어난 아들로 전해지는 것이다. 그는 유대 인이 가장 소중히 여기던 보물인 '석판(모세 십계명이 담겨 있다.)'과 '법궤'를 에티오피아로 훔쳐온 인물로까지 알려져 있다.

사실 여부를 떠나 에티오피아 민간에는 이 같은 믿음이 널리 퍼져 있으며 줄거리는 대강 다음과 같다.

솔로몬 왕과
시바 여왕의 후예들

예루살렘에서 솔로몬 왕의 유혹을 받아 육체관계를 맺고 고국으로 돌아온 시바 여왕은 얼마 뒤 메네리크라는 사내아이를 낳는다. 훗날 청년이 된 메네리크는 아버지 솔로몬 왕을 찾아갔다. 왕의 얼굴을 빼닮은 그의 모습은 누가 봐도 솔로몬의 핏줄이었다.

그는 한동안 왕의 총애를 받았다. 그러나 종교 전통의 훼손이나 왕위 승계 등 복잡한 문제를 예상한 이스라엘 장로들은 메네리크를 고향으로 돌려보내

1991년 5월 '솔로몬 작전' 당시 무사히 비행기에 탑승한 에티오피아 유대 인들. 〈사진 제공-N.Alpert/이스라엘 GPO〉

야 한다고 왕에게 끊임없이 주청했다. 왕은 마지못해 그를 돌려보내기로 한다. 대신 모든 장로의 첫 아들로 하여금 그와 동행하도록 했다.

동행자 가운데 대제사장 사독의 아들 아자리우스는 떠나기 전에 큰일에 앞장섰다. 예루살렘 성전 지성소에 있던 법궤를 훔쳐낸 것이다.

솔로몬 왕은 뒤늦게 이 사실을 알게 되었지만 추적을 포기한다. '하늘의 뜻이 아니고서는 이런 엄청난 일이 벌어질 수 없다.'고 여겼기 때문이다.

이렇게 해서 모세 때부터 전해져 온 석판과 법궤는 예루살렘으로부터 3000km나 떨어진 에티오피아에 머물게 된다. 이후 메네리크는 에티오피아 북부의 악숨을 근거지 삼아 아비시니아(Abyssinia) 왕조를 창시했고, 그 후예들이 현대에 이르기까지 성쇠를 거듭하며 '아프리카 유대 인'으로 살아왔다.

이 같은 전설 또는 역사적 배경 때문인지 에티오피아 북쪽지방 곤다르에 살았던 팔라샤 족은 대대로 옛 유대와 똑같은 할례와 전통의례를 지켜왔고, 스스로 솔로몬 시대에 고향 이스라엘을 떠나온 유대 인의 후예라고 여겨왔다.

80년대 초 이들의 역사와 문화를 조사해온 이스라엘 당국은 이들이 명백한 유대 인임을 공언했다. 이들에게 '옛 조상의 땅'인 이스라엘로의 이주를 허용하고 이주 희망자에게는 시민권을 주기로 했다.

모사드, '솔로몬 작전' 수행

1991년 5월 에티오피아 내전의 와중에서 이스라엘 정부가 펼친 이른바 '솔로몬 작전(팔라샤 이스라엘 귀환 작전)'은 반군의 대량학살이 예견되는 위기상황에서 이들을 구출한 대규모 군사작전이었다.

에티오피아 유대 인들이 아디스 아바바에서 이스라엘행 비행기 내로 들어서는 모습. 〈사진 제공-이스라엘 GPO〉

당시 이스라엘 정부는 에티오피아 멩기스투 정권에 3500만 달러를 주기로 하고 모두 1만 4200명의 이민자를 25시간 만에 아디스에서 이스라엘로 수송했다. 동원된 비행기는 35대. 최대 500명이 탈 수 있는 점보기에 1000명 이상을 태우고 41번을 실어나르는, 긴박하고도 용의주도한 작전을 폈다고 한다.

3000km나 떨어진 에티오피아의 산악 지대에서 3000년 동안 종교 전통을 지키며 귀향의 꿈을 간직해 왔다는 사실도 경이롭지만, 학살 위기에 몰린 동족을 구하려고 엄청난 돈을 들여가며 대대적인 공수작전을 편 이스라엘 정부 당국의 의지 또한 놀랍다.

검은 유대 인들 어떻게 살고 있나

이스라엘로 이주한 검은 유대 인들은 요즘 어떻게 지내고 있을까. 이스라엘에는 2009년 현재 10만 명에 이르는 베타 이스라엘(팔라샤 족의 별칭)이 살고 있다. 이민 당시 70%가 문맹이었고, 이들 가운데 18세 미만이 55%를 차지했다.

이민 첫 세대 가운데 중장년층 남자 대부분은 아직 실업자이며, 대부분이 정부 보조금으로 살아간다. 후원 조직 IAEJ(Israel Association for Ethiopian Jews)도 있어 이들의 교육과 취업을 돕고 있다.

2009년 현재 이스라엘에는 베타 이스라엘 대학생만 3000명에 육박하며, 군인, 변호사, 엔지니어, 교사, 랍비, 간호사 등 다양한 분야로 진출하고 있다.

팔라샤 족의 대이동……. 유대 인의 응집력과 시오니즘의 저력을 보여주는 현대판 '출애굽 사건'이다.

'검은 유대 인'의 유래와 사라진 법궤–석판의 미스터리를 추적한 다큐멘터리로는 그래햄 핸콕(Graham Hancock)의 책 『The Sign and the Seal』이 있다. 베타 이스라엘의 귀향에 대해서는 아셰르 나임(Asher Naim)의 『잃어버린 부족 구하기, Saving the Lost Trbe』(시대의 창, 2003)에서 자세한 내용을 살필 수 있다.

14
이집트

에티오피아 아디스 아바바에서 이집트 카이로행 비행기를 탔다.
사하라 이남의 아프리카를 뒤로 하고 이제는 중동 국가,
수천 년 나일의 문화유적을 간직해 온 이집트로 가는 것이다.
몇 시간 동안 하늘에서 내려다본 이집트 땅은
초목을 찾아볼 수 없는 모래땅만 끝없이 펼쳐져 있었다.

에티오피아에서 이집트로 가는 비행기에서 내려다본 카이로.

모래땅에 거대한 유적들, 탄성이 절로

이집트의 땅 크기는 100만여 ㎢. 남북으로 흐르는
나일 강 줄기(1500㎞로 강변 수㎞~수십㎞)와 하류의 광활한 델타 지역이 비옥할 뿐
국토의 95%가 황무지와 사막이다. 일 년 내내 비도 거의 오지 않는다.
인구는 6250만 명으로 카이로에 1600만, 알렉산드리아에 400만 명이 산다.
대부분 나일 강변과 지중해 가까운 북부지역에 몰려 산다.

이집트에는 세계 7대 불가사의 가운데 두 가지가 있다. 고대 쿠푸 왕 때 세워진 '대피라미드'와 알렉산드리아의 '파로스 등대'가 그것이다.

돌 무게 700만 t 이나 되는 기자의 大피라미드

옛 파라오와 왕족의 무덤인 피라미드는 80여 기가 남아 있다. 그 중에서 카이로 남서쪽 15㎞ 떨어진 기자의 대피라미드는 가장 큰 규모를 자랑한다. 밑바닥의 한 변이 230m, 높이는 146m에 이른다. 여기에는 1.5~2 t 짜리에서부터 15~16 t 에 이르는 돌 230만 개가 들어 있는데 전체 무게가 자그마치 700만 t 이라고 한다. 10 t 짜리 화물트럭 70만 대 분이다.

이 거대한 돌더미를 4550년 전에 과연 어떻게 깎아서 운반했으며 저리도 높이 쌓아 올릴 수 있었는지 경이를 느낄 수밖에 없다.

옛 문물의 자취를 한데 모아놓은 이집트 박물관은 볼거리가 무척 많았다. 소장품이 자그마치 16만여 점. 구미 각국에 숱한 유물을 빼앗기거나 넘겨 주고도

이집트의 대표적인 고대 유적지 룩소르 사원의 내부.
람세스 2세(BC 1279~1212) 상과 함께 왼편 기둥 사이에 '사자(死者)의 신' 오시리스 상이 서 있다.

전시공간이 부족할 만큼 넘치는 유물을 갖고 있었다.

파라오의 혼이 실린 듯한 수많은 석상과 미라, 저승에서의 또 다른 삶에 대한 다신교적 신앙이 담긴 그림과 상형문자 등의 부조물, 4500년 전 파피루스에 무언가를 적으려는 사관(史官)의 석상에서부터 왕족이 쓰던 가발과 콘돔에 이르기까지…. 참으로 다양한 유산이 남아 있다.

약탈·도굴 등 피해 불구, 유물 넘쳐나

이곳 박물관 전시물 중 하이라이트는 파라오 투탕카멘 왕의 지하 무덤에서 나온 유물들. 룩소르(그리스명, 테베)에 있는 60여 개 왕묘가 모두 도굴된 것으로 드

라호테프와 노프레트의 좌상.
이집트 고왕조(제4왕조, BC 2600년경) 시대의 걸작이다.

앙크. '생명의 열쇠', '영원한 생명'으로
번역되는 이집트 상형문자 모양으로
이집트 고분벽화 등에 자주 등장한다.
주로 신들이 손에 들고 있다.
라틴 어로는 '자루가 달린 십자'라는
뜻의 '크룩스 안사타(crux antasa)'라
불린다. 주로 금으로 만들어
'태양의 빛'과 연관시켰다.

러났지만 이것만은 유일하게 원형대로 발견됐다. 1922년부터 6년의 작업 끝에 이 무덤에서만 동상, 이륜마차, 침상, 의자, 배 모형 등의 유물 3000여 점이 발굴됐다고 한다.

투탕카멘은 BC 1333~1323년 왕위에 있었다. 9세 때 왕이 돼 19세 때 숨졌다. 이 왕묘의 발굴은 여러 모로 극적인 호기심을 자아낸다. 도굴되지 않은 엄청난 양의 유물. 미라의 복수였는지 괴질에 걸려 비명에 간 영국 귀족과 발굴단 관계자들…. 이런 의문과 상상을 부추긴 것은 발굴작업에 거금을 댄 캐너번 경이 발굴이 끝나기 전에 패혈증과 폐렴으로 급사했고 그의 맹견도 주인 옆에서 죽은 때문이었다.

죽을 당시 그의 모습이 참혹해서였는지 "미라를 본 사람들은 제 명까지 살지 못한다."는 흉흉한 소문이 돌았다고 한다. 그러나 발굴 참가자들이 다른 사람들과 비슷하게 평균 70세까지 살았다는 연구 결과까지 나왔으니 '미라의 저주'는 한낱 호사가들과 언론들이 부풀린 얘기임이 분명하다.

이집트의 유적지는 수천 년 동안 부장품을 탐낸 이집트인과 외국인들에게 도굴과 약탈의 표적이 됐다. 룩소르 등지의 왕묘마다 주민의 도굴이 잦아지자 BC 1000년경 사제들은 사람의 접근이 힘든 산허리에 왕과 왕녀들의 미라를 한데 모아 숨겨 놓았다. 당시에 이미 금은으로 된 부장품은 거의 도굴돼 미라 외에는 다른 유물이 별로 없는 상태였다.

피라미드 건설자들도 외부인의 침입을 막으려고 입구를 화강암 덩어리로 감춰 놓았지만 도굴범의 침입을 막을 수는 없었다.

기호학자들 끈질긴 연구로 고대문자 해독

기자의 피라미드는 1100여 년 전 이미 도굴된 상태임이 확인됐다. 여행자와 농부들이 입구를 찾아내 컴컴한 지하통로를 기어올랐으나 현실(玄室)에는 파라오의 텅 빈 석관만 남아 있을 뿐 부장품이라곤 찾아볼 수 없었다고 한다.

도굴과 약탈은 이 지역을 장악했던 로마와 비잔틴의 황제들도 예외가 아니었다. 오벨리스크, 스핑크스와 석상 등 역사적 기념물은 제국의 수도로 옮겨져 시가지의 장식품으로 전락했다. 19세기와 20세기 초까지 이집트 주재 외국 영사들과 그 하수인들은 갖가지 유물을 헐값에 사들여 프랑스와 영국 등 본국으로 빼돌리는 데 앞장선 것이다.

그러나 약탈만 자행된 것은 아니었다. 프랑스의 장프랑수아 샹폴리옹(Jean-Francois Champollion, 1790~1832) 같은 언어학자는 생애를 바쳐 고대 이집트의 상형문자를 연구한 끝에 완벽한 해독의 길을 열었다. 죽었던 문자가 부활하면서 수천 년간 잠자고 있던 미라와 피라미드, 스핑크스도 깨어났다. 인류의 기억 저

카이로의 도심 나일 강변에 자리 잡은 이집트 박물관 내부. 일 년 내내 관광객의 발길이 끊이지 않는 이 박물관에는 고대유물 18만여 점이 소장·전시돼 있다.

편에 매몰됐던 유물들이 마침내 살아 숨 쉬게 되었다. 고대문명의 비밀이 하나하나 실체를 드러냈고 옛 사람의 혼까지도 되살아난 것이다. 유적의 탐사와 발굴·복원은 바로 그런 혼을 되살리는 작업이었다.

꿈에서 꿈으로 이어지는 문명의 고리

20세기 초에 시작된 나일 강의 댐 공사로 필레 섬이 수몰 위기에 몰리자 유네스코는 무게 2만 7000 t 의 유적을 해체해 부근 섬의 높은 지대로 옮겨 복원했다. 이어 1960년에도 아스완 댐 건설로 나일 강변 누비아 지역의 모든 유물과 유

고대 이집트 쿠푸 왕 때 세워진 기자의 대피라미드와 스핑크스.

카이로 박물관에 전시된 투탕카멘의 황금 마스크.

기자의 피라미드 내부. 관람객들이
현실(玄室)로 이어지는 계단을 오르고 있다.

적이 물에 잠길 위기에 빠지자, 고고학자들과 유네스코는 이를 구하기 위해 범세계적인 보존운동을 폈다.

당시 8년간 침수 위험지역에 대한 고고학적 탐사가 벌어졌으며, 아부심벨의 신전 등 20여 곳의 유적이 보다 높은 장소로 옮겨졌다.

문명의 고리는 꿈으로 이어진다. 꿈에서 꿈으로. 그것은 나일 강보다 더 길고 도도한 꿈의 흐름일 것이다.

고대의 사제들은 신의 아들인 파라오의 새로운 '환생'을 위해 그 시신을 미라로 만들었다. 몇천 년이 지나도 '썩지 않는 몸'을 만든 것이다.

거대한 돌을 깎아 피라미드와 스핑크스, 신전과 오벨리스크를 세우고 석상을 만든 것은, 누천 년의 세월에도 스러지지 않을 제국의 번영과 영생에의 희구였다. 뒤늦게 이를 가져다 소장하거나 치장하려는 현대인의 욕심은 또 무엇일까.

몇백 년 묵은 것보다 몇천 년 된 유물을 더 중히 여기는 것, 이는 나도 모르게 옛 사람의 영생의 꿈에 더부살이하려는 본성 때문이 아닐까.

이 거대한 문명의 흐름 속에서 나는, 우리는 과연 무엇을 꿈꾸며 살고 있는 것일까. 기자의 피라미드, 룩소르의 신전과 왕묘, 야외 곳곳에 널려 있는 이집트의 고대 유적들은 그런 물음을 거듭 던져주고 있었다.

불멸의 권세, 살아 있는 파라오의 땅

"명사십리 해당화야… 명년 춘삼월에 다시 피건만
우리 인생 한번 가면 다시 오기 어렵다……."
상여 앞에서 소리꾼이 부르는 우리의 길노래처럼
고대 이집트의 사제들도 죽은 이를 위해 가락을 읊었다.
저승 가는 길 부디 두려워 말고 편히 가라고,
그대에게 신의 가호가 함께 할 터이니 안심하라고.

우리의 길노래가 '한번 가면 다시 오기 어려운' 이승과의 하직을 전제한 것이
었다면, 저들의 가락은 또 다른 삶 곧 부활과 영생을 비는 주문(呪文)이었다. 그
들이 믿은 부활은 육체와 다시 결합해야만 이뤄지는 것이었다.

이 때문에 그들은 죽은 자의 영혼이 깃들 육체를 영원히 썩지 않을 미라로 만
들었다. 죽은 이의 내장을 걷어내고 유해를 70일 동안 천연 소다수 속에 담갔다
가 씻어낸 뒤 지하묘에 고이 보존했던 것이다.

수많은 왕족과 귀족이 죽은 뒤 미라가 됐다. 이집트의 미라는 바로 수천 년을
이어온 그들의 꿈, 영생과 부활에의 집념이었다.

왕가의 무덤 속 그림과 상형문자들

카이로의 남쪽, 비행기로 약 한 시간 걸리는 도시 룩소르는 신왕국 시대(BC
1550~1075) 이집트의 수도로 나일 강을 끼고 자리해 있다. 본래 이름은 '알 룩소
르'로 '궁전의 도시'라는 뜻이며 그리스 인들은 '테베'라고 불렀다.

룩소르 사원의 거대 석상들.

　룩소르는 고대 이집트 문명의 위용을 유감없이 드러낸다. 카르나크 신전과 룩
소르 신전에 줄지어 선 돌기둥들, 하늘로 치솟은 오벨리스크와 거대한 석상
들……. 게다가 주체할 수 없을 만큼 널려 있는 신전의 파편과 잔해더미만으로도
수천 년 번성했던 옛 파라오들의 권세와 영화가 어떠했는지를 실감케 한다.

　나일 강 건너 해가 지는 서쪽 산자락에는 왕가의 지하무덤이 자리 잡고 있다.
무덤이 몰려 있는 '왕들의 계곡'이나 '여왕들의 계곡', 핫셉수트 여왕의 장례신

룩소르 '왕가의 계곡' 입구.
태양이 지는 나일 강 서안에 있으며 관광객들은 이곳에서 무덤 부근까지 차량을 이용한다.

전 주변은 황량하기 그지없다. 나무 한 그루 풀 한 포기 찾아볼 수 없는 황갈색
민둥산 밑이다.

신왕국 시대 왕들의 무덤은 거대한 피라미드 방식 대신 이렇게 지하에 건설됐
다. 푸른 숲속 양지바른 곳에 봉분한 우리의 왕릉과는 너무도 판이한 모습이다.

이 부근에서 발견된 고대 파라오와 여왕의 무덤 등은 60여 기. 이 가운데 투탕
카멘 왕과 람세스 6세, 람세스 2세가 가장 사랑했던 네페르타리의 무덤 등 몇몇
곳만 일반에 개방돼 있다.

발굴 당시 소년왕 투탕카멘을 제외한 모든 무덤의 부장품은 도굴된 상태였다.

그러나 도굴꾼의 비상한 재주로도 훔쳐가지 못한 것이 있었다. 무덤의 출입구에서 현실(玄室)에 이르기까지 벽과 기둥에 새겨 놓은 갖가지 그림과 상형문자들, 그리고 더러는 미라를 감싼 천 속에 끼워져 보존된 '죽은 자의 책' 등 파피루스의 장례문서였다. 이야말로 고대 이집트 인의 생사관, 죽음 이후 새로운 영생에의 꿈을 생생히 기록해 놓은 값진 유물들이다.

무덤 속 그림과 함께 새겨진 상형문자는 문외한으로선 도무지 알아볼 수 없는 내용이다. 전문가들에 따르면 대부분 죽은 이의 장례절차와 주문, 저승에서의 심판과 부활 등을 묘사한 거라고 한다.

룩소르 '왕가의 계곡'에 있는 한 지하무덤 내부.
생전의 세상과 사후 세계에 관한 이야기가 현실 내부를 가득 채우고 있다.

지옥의 신 오시리스의 심판과 부활

  죽은 자의 영혼은 해가 진 서쪽 어두운 지옥의 계곡에 모였다가 배를 타게 된다고 한다. 낮 동안 태양을 싣고 항해하던 태양신 라(Ra)의 배는 밤이 되면 영혼을 태우고 저승으로 간다.

  독사와 요괴가 우글거리는 암흑의 바다를 건너, 배는 저승에 닿는다. 영혼들은 저마다 아홉 계단을 올라 오시리스의 법정에서 심판을 받게 된다.

  땅의 신 게브와 하늘의 신 누트의 아들이었다는 오시리스. 그는 본래 누이동생 이시스와 결혼한 뒤 이집트를 다스렸으나 아우 세트에게 살해돼 나일 강에 버려졌다. 이시스는 토막이 난 남편의 시신을 찾아내 생기를 불어넣어 소생시켰고, 부활한 오시리스는 저승을 다스리는 왕이 됐다고 한다.

지하무덤의 벽화.

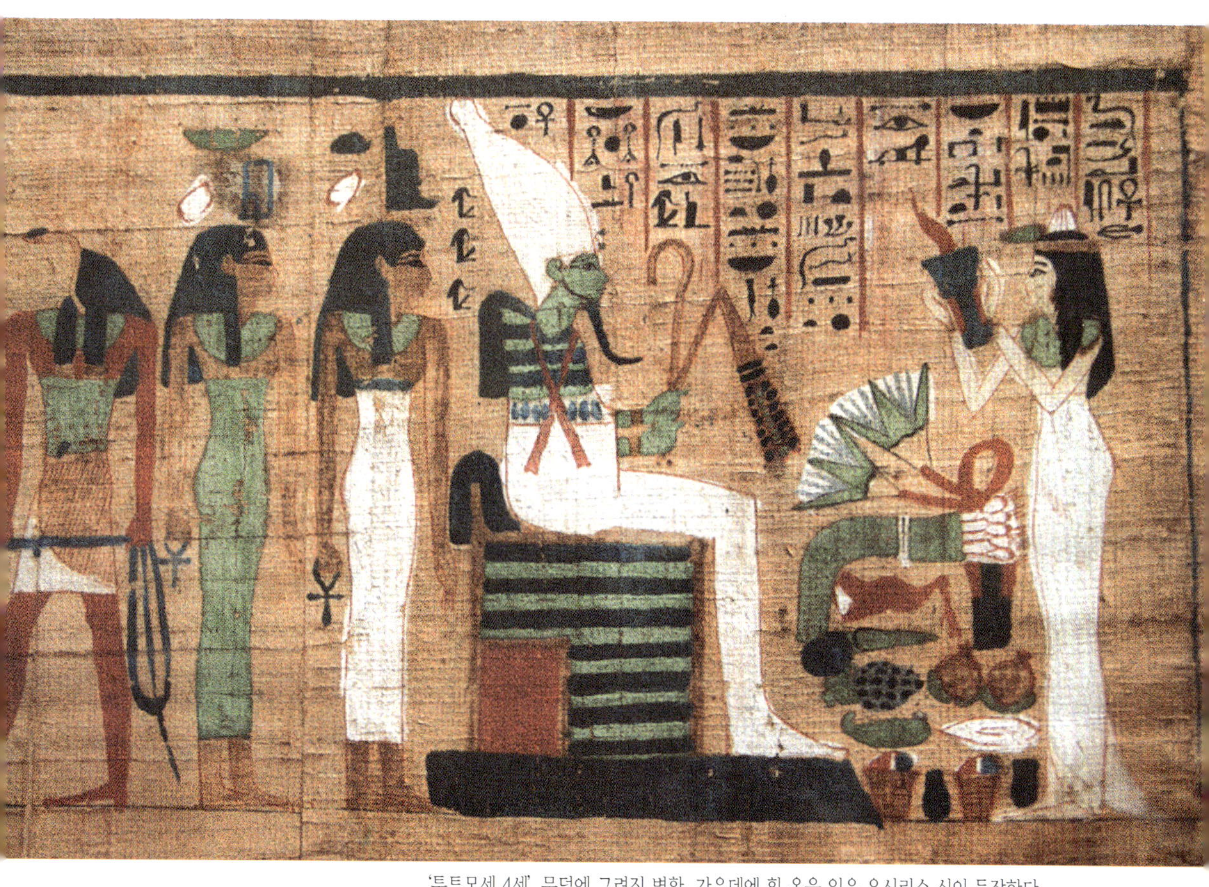

'투트모세 4세' 무덤에 그려진 벽화. 가운데에 흰 옷을 입은 오시리스 신이 등장한다.
오시리스는 본래 농경의 신(神)으로 손에 도리깨를 들고 있으나
신화 속에서 죽었다가 살아난 후에는 '부활'의 의미를 지녀, 지하를 다스리는 신이 된다.
죽은 자를 심판하는 재판관 오시리스는 42명의 배심원을 거느린다.
검사인 호루스, 서기관인 토트, 안내자이자 저울을 다는 아누비스 신 등이다.
죽은 이가 죄를 범했다고 판명될 경우, 벌을 주는 아마메트 신(악어의 머리, 사자의 갈기, 하마의 다리를 지녔다.)이
지켜보는 가운데, 사자가 내세로 들어갈 수 있는지를 심판하는 역할을 한다.

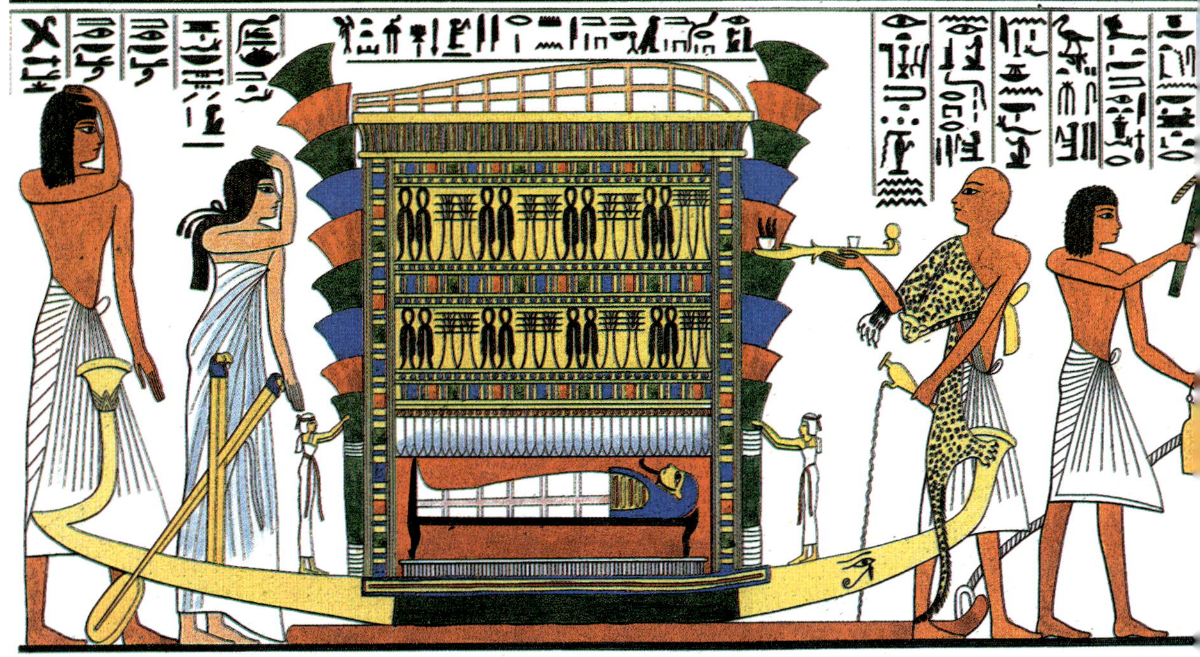

저승으로 떠나는 운구 행렬. 나일 강 서쪽 저승으로 떠나는 배 안에 미라가 누워 있다.

오시리스 신앙은 옛 이집트에서 널리 성행했으며 그 내용은 그리스 작가 플루
타르코스의 〈이시스와 오시리스에 관하여〉에 기록돼 전해지고 있다.

오시리스의 법정에는 저울이 놓여 있다. 저울 한쪽에는 진리를 상징하는 타조
의 깃털이, 다른 한쪽에는 죽은 자의 심장이 올려진다. 죽은 자가 생전에 진리와
양심대로 살았는지를 판별하는 것이다.

심장이 무겁거나 가벼워 저울이 기울면 오시리스 뒤에 있던 괴물이 달려나와
심장을 먹어치워 버린다. 심장을 잃은 이는 바로 지옥으로 떨어진다.

저울이 수평을 이루면 천국에 갈 자격을 얻게 된다. 이들 영혼은 다시 라의 배
를 타고 어둠을 뚫고 나와 빛의 세계에서 부활한다. 맑은 물이 흐르고 기름진 땅
에 온갖 과일이 풍성한 곳, 증오와 죄악이 없는 세상에서 그들은 영생을 누린다
는 것이다.

유대 신앙과 닮은
이집트 인의 내세관

이슬람을 신봉하는 오늘의 이집트 인은, 옛 사람과 달리 결코 미라를 만들지 않는다. 하지만 그들의 신앙 속에도 천국과 지옥이 있고, 부활에의 꿈은 살아 있다. 이 점에 있어서는 기독교 신앙과도 흡사하다. 아브라함의 후손들이 이집트에서 자그마치 400여 년을 지냈고, 토착세력인 파라오와의 갈등 끝에 유대 인을 이끌고 탈출한 모세가 바로 이 땅에서 성장했다. 이집트 신앙과 유대 신앙 사이에 상당한 접촉이 있었음을 짐작케 하는 대목이다.

중동 지역에서 태동한 유대교와 기독교, 이슬람교 모두가 구약성경을 뿌리삼고 있는 점도 흥미롭다. 이들 종교의 내세관에는 옛 오시리스 신앙과의 습합(褶合) 과정이 있지 않았을까.

피라미드와 룩소르의 신전, 왕들의 계곡, 미라……. 이들은 하나같이 내세를 향한 간절한 꿈의 소산이었다. 이집트의 유물은 유대교나 기독교, 이슬람의 유적과는 전혀 다른 모습이지만 그 바탕에 깔린 내세관은 어쩐지 닮은 꼴로 보인다. 적어도 부활과 영생, 천국에의 염원에 관한 한.

해질 무렵 인적이 끊긴 공동묘지, '죽음의 도시'.

산 자의 땅이 된 '죽음의 도시'

고대 이집트 인이 태양과 오시리스를 숭상했다면 오늘의 이집트 인은 유일신 알라와 달을 숭상한다. 현재 카이로 시내에만 이슬람 사원이 1000개가 넘을 정도로 인구의 절대다수가 이슬람 신앙을 갖고 있다. 이들은 태음력인 이슬람력에 맞춰 생활한다.

수십~수백 년 된 가족묘 비석 즐비, 오갈 데 없는 빈민들 보금자리로

카이로 시내에는 이슬람 공동묘지인 '죽음의 도시'가 있다. 수십 년 또는 수백 년 된 가족묘마다 집처럼 담이 쳐져 있고 마당에는 비석이 줄지어 있다. 그 밑에 죽은 자가 묻혀 있는 것이다.

부자들의 가족묘는 이슬람의 사원양식으로 웅장하고 화려하지만 가난한 이들의 묘는 칙칙한 잿빛 돌담 안에 아무런 장식도 없이 비석만 덩그러니 서 있다.

이 지역 일대는 그러나 더 이상 죽음의 도시가 아니다. 산 사람들, 농촌을 등지고 모여든 가난한 이들 삶의 터전이 되어주고 있다. 찾아오는 후손이 없어 방치된 묘가 산 자의 거처로 재활용되고 있는 것이다. 몇만 또는 몇십 만이 사는지 공식 통계조차 없는 이곳은 카이로의 대표적 우범지역으로 알려져 있다.

해질녘 죽음의 도시 위에 시나브로 어둠이 내려 앉는다. 부유한 자와 가난한 자의 주검은 과연 얼마나 다른 것일까. 똑같이 흙으로 사라지련만……. 오갈 데 없는 빈민에게 보금자리가 된 묘지. 산 자와 죽은 자가 스스럼없이 공유하는 이 공간. 극과 극이 한데 모인 이색지대에서 이방의 한 나그네는 엉거주춤 서성이다 상념에 젖은 채 발길을 돌렸다.

여행객 발길 붙드는 나일 강변 千一夜話

카이로 도심의 나일 강변은 아름다운 야경을 자랑한다.
여기저기 늘어선 수상 선박과 강변의 호텔,
유서 깊은 이슬람식 옛 건물이 어울려 휘황한 불빛을 발하고 있다.

이국의 밤풍경에 이끌려 취재진이 강변을 산책하고 있을 때 마차를 모는 두 청년이 시내 구경을 하지 않겠느냐고 물었다.

"한 시간에 50파운드(EGP, 약 1만 원)."

요금을 미리 흥정한 취재진은 마차에 올랐다. 도심의 거리엔 자동차가 많았지만 그래도 마차가 다닐 만큼의 여유는 충분했다.

휘황한 이국의 야경, 관광마차에 몸 싣고

"이 건물은 이집트 박물관, 저쪽은 아메리칸 대학교."

20대로 보이는 젊은 마부는 여기저기 돌면서 눈에 띄는 큰 건물을 가리키며 설명해 주려고 애썼다. 강변의 화려한 모습과 달리 이면도로 쪽은 칙칙하고 어두컴컴한 곳이 많다. 그는 저녁마다 몇 시간씩 마차에 관광객을 태워 돈을 번다고 했다.

"요즘은 호텔이든 택시든 손님이 너무 없다. 우리도 늘 외국 손님을 태우곤 했

나일 강을 끼고 있는 이집트 수도 카이로 도심의 강변에 늘어선 고층 건물이 아름다운 스카이라인을 그려낸다.

는데 벌이가 영 시원찮다.”

9.11 테러 그리고 ‘테러와의 전쟁’ 이후 이슬람권인 이집트 카이로에도 외국인 관광객이 격감했다고 한다. 호텔은 방값을 내리고 항공사는 국내선 비행기값을 내려가며 관광객 유치에 안간힘을 쓰고 있다는 것이다.

“내 친척이 개인 박물관을 운영하는데 볼거리가 많다. 여기서 가까우니 원한다면 구경시켜 주겠다.”

마부 옆자리에 앉은 청년의 제의에 따라 우리는 시몬 시티의 알 하룬이라는 곳에 들렀다. 막상 안으로 들어서니 박물관이라던 곳은 골동품점을 겸한 화방이었다. 벽에는 파라오와 왕비의 무덤에서 발견된 각종 벽화와 문양 등을 파피루스에 옮겨놓은 크고 작은 그림이 잔뜩 걸려 있고 그 밑에는 가격표가 붙어 있다.

카이로에 있는 모하마드 알리 사원. 오스만투르크 건축양식으로 1830년에 짓기 시작하여 1949년에 세워졌다.

작은 것은 200달러, 큰 것은 400달러까지 적혀 있다.

40대 초반쯤 됐을까. 사버 하룬이라는 주인이 우리를 보고 반긴다. 일본에서 몇 년간 이집트 고대문화를 소개하며 대학 강사로 지낸 적도 있다고 한다.

그는 취재진에게 파피루스에 그림을 그리는 과정과 염료 등에 대해 하나하나 설명해 줬다. 큰 그림은 염료가 마르기를 기다려 계속 칠해야 하기 때문에 완성되기까지 몇 주가 걸리고, 파피루스의 두께와 질도 각양각색이라고 했다.

"그림값 마음대로" 난감한 제안

땅바닥에 그림 십여 장을 펼쳐 놓은 그는 "호감이 가는 것 하나씩 골라 보라."고 했다. 우리는 얼결에 한 장씩을 가리켰다. 한동안 그는 취재진의 영문 이름을 고대 이집트 상형문자로 어떻게 표기하는지를 설명한 뒤 그림 여백에다 우리 이름을 써 넣었다.

"한국에서 온 친구들에게 이 그림을 싸게 주고 싶다. 여러분 형편대로 줄 수 있는 금액만 주면 된다. 어느 정도를 줄 수 있겠는가."

난처한 제안이었다. 어떤 그림이 마음에 드냐고 물은 뜻이 바로 여기 있었던 것인가. 그는 그림값을 청하면서도 '친구들' 의 뜻과 형편에 따른다는 말을 거듭 강조했다.

"당초 살 생각은 없었다. 기왕 그림에다 우리 이름까지 써 넣었으니 100달러면 사겠다."

그는 실망한 듯 벽에 붙은 여러 그림과 가격표를 가리켰다.

"일반 손님이라면 한 장에 최소한 200달러에 판다. 그러나 친구들에게는 두 장을, 반값인 200달러로 하자. 여기 있는 여동생이 바로 내일 결혼식을 올리기 때문에 현금이 꼭 필요한 형편이다."

"미안하다. 우리는 장거리 여행을 하다보니 현찰이 바닥났다. 지갑에 있는 돈은 보다시피 이게 전부다."

몇 차례 줄다리기 끝에 우리는 그림을 100달러씩 주고 샀다.

필자가 카이로 화방에서 구입한 파피루스 그림.

　며칠 뒤 카이로 공항 대기실. 한 한국인 청년이 둘둘 만 파피루스 그림을 들고 있기에 구경을 했다. 카이로에서 유학중인 대학생이었다. 그는 우리 것과 비슷한 신문지 크기의 그림 한 장에 30달러를 줬다고 했다.

　헐값인 줄로만 알았던 우리 그림보다 더 싼값이다. 바가지를 쓴 것인가.

　그림을 팔고자 애쓰던 화방 주인의 자태가 눈에 선하다. 그림 위에 우리 이름을 써 넣은 것이나, 돈은 주는 대로 받겠다던 그의 진의는 무엇이었을까. 옛 아랍인의 후예다운 계산된 '상술' 이었을까, 아니면 한국서 온 '친구' 에게 그 나름의 호감과 진심을 갖고 대한 것이었을까.

　불경기가 길었다니 골동품상도 무척 쪼들렸으리라. 게다가 동생의 혼사까지 치르자면 가장으로서의 시름도 깊었을 테고…….

　강가에서 날아오르는 새를 향해 활시위를 당기는 남자와 이를 지켜보는 여인이 그려진 파피루스 그림을 볼 때면 카이로의 화방에서 만난 오누이의 얼굴이 함께 떠오른다.

800여 명 거주, 식당 여행업 등에 종사

이집트의 1인당 GNP는 약 1200달러. 전체 인구 6250만 가운데 3~4% 되는 상류층은 물건값을 따지지 않을 만큼 초호화 생활을 즐긴다. 그러나 대졸자의 초임이 보통 월 500~700파운드(약 10만 원)로 빈곤층이 많다. 중학교까지 무상 의무교육인데도 문맹률은 40%나 된다.

적극적 투자유인책 국내기업 진출 러시
한인회 79년 결성, 한국 학교도 문 열어

이집트 당국은 외국 투자업체에 대해 5년간 세금과 부가세를 면제해 주는 등 적극적인 유인책을 쓰고 있다. 이에 힘입어 동일방직과 대우자동차 등이 현지에 진출해 있다. 한인들은 70년대 중동 붐이 불면서 이곳에 터를 잡기 시작했다. 한인회도 아프리카 다른 어느 곳보다 빠른 1979년 결성됐다.

현재 카이로에 거주하는 한인은 약 200세대 800여 명. 주로 상사 주재원과 동일방직, 대우자동차, 건설업체 임직원, 요식업과 여행사 등 현지 사업자, 선교사, 유학생 등이다. 몇 년 전만 해도 이곳의 한인 규모는 약 1200명에 이르렀다. 그러나 2001년의 9.11테러 이후 불경기가 이어지자 다수가 철수했다.

이곳에 사업기반을 둔 한인들은 비교적 안정된 생활을 누리고 있다. 특히 한인 식당은 카이로에만 열 곳이 넘으며 손님의 70~80%는 이집트 인이나 외국인이다.

한인 진출 역사가 긴 만큼 이곳 카이로 한국 학교도 79년 문을 열었다. 오랫동안 남의 건물을 빌려 쓰던 한국 학교는 수년간 현지 한인들의 모금과 정부지원에 힘입어 98년 카이로 신시가지 동부의 까따미아에 부지 5276㎡를 마련, 2000년 9월 2층짜리 교사(校舍)를 완공했다. 학생 수는 초등생 30명. 교사 다섯 명과 영어·미술·음악 등의 강사 다섯 명이 있다. 수업은 국내 초등교와 같은, 주당 35시간인데 그 중 10시간이 영어시간이다.

이 학교 박병진 교장은 "초등과정을 마친 학생들은 대부분 카이로 시내 국제학교로 진학하고 여기서 중등과정을 마치면 대개 한국에 특례로 진학하거나 일부가 미국의 대학으로 유학간다."고 했다.

끈기와 성실로 이룬 熱沙의 성공신화

카이로 도심 타하리르 광장 부근의 압둘라지즈 전자상가.
서울의 용산 전자상가와 비슷한 이곳은 약 2㎞에 걸쳐 전자제품 상점이 이어진다.
상점 입구마다 TV와 냉장고, 컴퓨터 등을 포장한 상자가 잔뜩 쌓여 있고
안에는 물건을 구경하거나 흥정하는 인파로 북적인다.

상가 중앙에 대규모 매장을 갖춘 '압둘 엘 하팁 스토어'의 직원인 사미르 무타와는 "여기선 유럽이나 일본 것보다 LG나 삼성제품이 훨씬 잘 나간다."면서 "한국산 휴대전화는 최고의 인기 품목."이라고 말한다. 1990년대 후반만 해도 유럽의 강자 노키아가 거의 독점하던 휴대전화 시장을 2001년 이후 삼성이 앞지르기 시작해 최근에는 시장의 절반을 차지할 만큼 급성장했다는 것이다.

그의 가게는 한국제품이 매출의 절반 이상을 차지한다. 이유는 "품질이 좋고 값은 싸기 때문."이란다.

허허벌판에 98년 공장 건립

카이로에서 인기를 끄는 한국산 전자제품 가운데는 직수입되는 것보다 현지에서 조립생산되는 것이 많다. 조립생산 업체로는 삼성과 제휴해 TV 등 주요 전자제품을 현지 판매하는 기업 엘 쏠라시아(El Tholathia Group)가 있다.

이 회사는 30여 년 역사를 지닌 가전·유통업체로 일본의 파나소닉·샤프·

카이로의 중심역인 람세스역 앞의 LG 로고와 이집트 국영 방송국 옆의 대형 삼성 로고.
삼성과 LG의 전자제품은 카이로 도심 어디에서나 흔히 볼수 있고 인기도 높다.
오른쪽은 이진영 사장.

히타치 조립공장 등 여덟 개 자회사를 거느린 대기업. 직원 수가 2000명에 이른다. 이집트인 야쿱 나시프(Yacoub Nassif) 회장이 그룹 오너지만 핵심 최고경영자(CEO)는 한 국인 이진영(李珍泳) 사장. 98년 삼성 조립공장 설립 때부터 일해 온 이 사장은 엘 쏠라시아 그룹을 이집트 가전업체 2~3위로 올려놓은 주역이다.

카이로 북동쪽 라마단 10번가, 그의 공장은 1만 4000㎡(4200여 평)의 부지에 세워진 5층짜리 건물이었다.

공장은 TV · 비디오 · 냉장고 · 세탁기 · 에어컨 등 삼성 제품 조립라인을 갖추고 있다. 직원은 200명. 그룹의 연간 매출 1억 5000만 달러 가운데 이곳 조립공장의 매출은 약 4000만 달러다. 2003년 LG사출기 1300 t 짜리와 1800 t 짜리 등 여러 대를 들여놓고 각종 플라스틱류와 캐비넷을 만드는 사업도 착수했다.

이 씨는 한국외대 영문과를 졸업한 뒤 미국 등지에서 LG전자의 해외영업에만 20년 경력을 쌓아왔다.

카이로 북동쪽 라마다 10번가의 삼성 조립공장에서 직원들이 TV를 조립하고 있다.

"95년부터 3년간 카이로에서 일하다 귀국을 앞두게 되었습니다. 한국으로 돌아가면, 외국 생활만 해온 두 딸이 학교생활에 잘 적응할지 걱정하던 참에 스카우트 제의를 받았지요. 이곳 그룹 회장이 가업으로 이끌어온 전자제품 사업을 확장하던 때였습니다."

처음 그가 한 일은 사막의 허허벌판에 공장을 세우는 일이었다. 설계와 건축 과정은 물론 갖가지 설비의 통관과 직원들의 선발에서 교육까지를 두루 진두지휘했다.

착공 후 2년 만인 99년 5월, 마침내 TV생산라인이 가동을 시작했다. 많을 땐 하루 1100여 대까지 만들었는데 요즘은 보통 400~500대씩 생산한다. 한 달에 5000대쯤 팔리고 있다.

고가품인 양문(兩門) 여닫이 냉장고는 9.11 테러 후의 불황 속에서도 연간 2000~3000대씩 팔렸고 최근에는 4000대 이상 팔리고 있다. 이 밖에 진공 청소기 · 에어컨 등의 매출도 꾸준히 늘고 있다.

적극적 사고로 시장 개척

물론 이 같은 실적이 절로 이뤄질 리 만무하다. 경영자로서 처음부터 효율적인 생산 · 판매 · 관리를 따지기엔 이집트 인들의 생활 방식은 너무 달랐다. 이집트인이 흔히 쓰는 '마 알라이쉬(괜찮아, 뭘 그래).' 라는 말은 그들의 의식을 잘 표현해주는 말이다. 매사를 서두르지 않고 관용적인 아랍식의 '만만디' 가 그들의 생활에 배어 있는 것이다.

그들은 일처리가 늦는 일이 다반사였고 지각이나 결근도 흔했다. 불량률을 낮추고 일의 숙련도를 높이자면 우선 직원들의 의식과 근무태도부터 바꿔야 했다.

"처음엔 실석에 따른 차등 인사고과제를 시도하다 거센 서항에 부딪혔어요. '알라 신 앞에 모든 인간이 평등한데 어떻게 다른 사람이 '나' 를 평가해 차별대우할 수 있느냐.' 며 반대론이 거셌습니다."

그룹 사장단 회의에서 새로운 제안을 내놓을 적마다 힐난을 받기도 했다. '당신이 이집트 인 정서를 얼마나 안다고 이런 비현실적인 방안을 내놓느냐.' 는 시각이었다.

서로 입씨름한다고 해결될 일은 아니었다. 결과로 보여주는 수밖에……

그는 공장 직원을 15개조로 나눴다. 조별로 3개월 정도면 달성할 과제를 스스로 선정케 한 뒤 그 성과에 따라 현금으로 포상을 했다. 날이 갈수록 직원들의 근무태도와 생산성이 눈에 띄게 좋아졌다. 요즘 TV 등의 불량률은 0.4%. 이 정도면 한국 내 가전업체 못지않은 수준으로 평가된다.

그의 양문 냉장고 사후 서비스안도 색다른 시도였다. 고객이 이사할 때 냉장고를 옮겨주고 재설치까지 책임진다는 서비스였다. 고가품을 많이 파는 외국의 선진 가전업체도 이런 서비스까지는 해주지 않는다. 주변에선 "지나친 것이 아니냐."고 했지만 막상 고객들의 반응은 무척 좋았다. 매출도 부쩍 늘었다.

노사관계 별다른 어려움 못 느껴

"미국이나 유럽 사람들에 비하면 이집트 인은 가족과 인간 관계의 교감을 훨씬 중시합니다. 정서적으로 한국인과 비슷한 점이 많아요. 직원을 형제자매처럼 여기고 관심을 기울이면 노사관계는 좋아지게 돼 있습니다."

일할 때는 엄격하지만 직원들과 자주 얘기를 나누며 개개인의 사정이나 집안일에까지 자상한 관심을 기울여 왔다. 땀 흘려 일하는 이들이 고맙고 대견스러워 자연히 베푸는 쪽으로 마음을 쓰게 된다고 한다.

"아프리카에서 사업을 하자면 위험요소가 적지 않습니다. 정정불안이나 사회불안도 많습니다. 소니 같은 쟁쟁한 일본 업체들이 선뜻 직접 투자에 나서지 않는 것도 바로 이 때문이라고 봐요. 물론 투자금 회수가 중요하긴 하지만 여기에만 급급해서는 시장개척이 어렵지요. 이제는 서로 주고받는 시대, 함께 잘 살아야 하는 시대 아닙니까. 위험부담이 있더라도 그 나라 복지에 힘이 되고 사회에 재투자하는 적극적인 사고를 해야 합니다."

그가 회사에서 일하는 시간은 하루에 15~17시간. 자신의 월급이 현지인 기술

삼성 조립공장에서 제품에 들어갈 기판을 납땜하고 있는 현지 직원들.

자 50명 인력과 맞먹는다는 사실 때문에라도 회사에 혼신의 힘을 쏟아왔다. 지난 20여 년은 오로지 일 속에 파묻혀 지낸 세월이었다. 가정을 보살필 겨를도 없었다. 그래도 부인 정순영 씨의 내조로 두 딸, 하연이와 수연이가 잘 자라줬고 아들은 미국 코넬대에서 장학생으로 화공학과 컴퓨터과학을 공부하고 있다.

나이가 들면서 이 씨는 새로운 소명을 느끼고 있다. 오랫동안 해외시장을 개척하며 겪은 생생한 체험과 글로벌 경영의 노하우를 언젠가는 고국의 젊은이와 사업하는 이들에게 전수해야겠다는 꿈이다. 이 때문에 그는 주말을 이용해 몇 년째 대학원 공부에 매달려 왔다. 이미 경영학 석사학위를 받은 그는 알렉산드리아 대학에서 박사과정을 밟을 생각이다.

이진영 사장은 2003년 말, 이집트 정부가 실시한 은행 부실 채무자 숙청 작업에 그가 모시던 엘 쏠라시아 회장이 연루돼 영어의 몸이 되는 바람에 회사를 그만두었다. 이후 C&C(Commerce & Consultancy) Corporation이라는 회사를 차려 중동 국가 현지기업들에 대한 경영고문과 경영혁신 교육으로 분주하게 지내고 있다. 2008년 11월, 2년 임기의 이집트 한인회 회장에 선출되어 한인사회를 위해 헌신하고 있다.

白衣천사와 埃신사의 '지중해 戀歌'

무슬림은 하루 다섯 차례 이상 예배를 드린다.
해 뜨기 전, 정오, 3시쯤, 해진 뒤, 잠들기 전 등이다.
예배시간이 되면 사원에서는 낭랑한 목소리가 울려 퍼진다.
"예배가 잠보다 나으니 소원 성취하러 어서 오라."는 말이다.
사람들은 일을 멈추고 기꺼이 예배 장소로 모인다.
"라 일라흐 일랄 라흐 모하메드 리쑬룰 라(알라 외에는 신이 없고
모하메드는 알라의 사자임을 증언한다.)"라는 말을 외며
이들은 메카를 향해 엎드린다.

알라와의 교감에 열중하는 무슬림의 모습은 순박하고 진지하다. 카이로 시내
에만 이런 사원이 1000여 곳. 국외자에겐 경이로울 만큼 제도화한 생활종교라
는 느낌이 든다.

취재진을 위해 이집트 박물관과 기자의 피라미드 등지를 안내해 준 이순출 씨
는 이런 종교적 토양 속에서 성장한 이집트 인 이함 모하마드 파라그 씨와 살고
있었다. 이미 결혼 생활 10년에 자녀가 둘이다.

한국인과 이집트 인 부부. 국제결혼이 흔해졌다고는 하지만 이슬람권과의 결
혼은 희귀하다는 생각 때문에 자연히 궁금한 것을 묻지 않을 수 없었다.

친절한 매너 첫눈에 호감

-남편을 언제 어떻게 만났나?

"국내에서 간호전문대를 졸업한 뒤 2년간 병원 간호사로 일했고 1985년부터
4년간 한국 근로자들이 많이 파송된 사우디아라비아에서 근무했다. 귀국할 무

이함 모하마드 파라그 씨와 이순출 씨 부부.
자녀들과 함께 카이로의 한 한국 식당에서 식사를 하고 있다.
오른쪽은 관광가이드 시절의 이순출 씨.

렵 선후배 간호사들과 함께 지중해 여행에 나섰는데, 중간
에 이집트에서 우연히 파라그 씨를 만났다. 여행객인 우리
를 무척 친절하게 도와줘 호감을 갖게 됐다. 귀국 후 가끔
편지를 주고받다 사랑하는 사이가 됐다."

—언어와 문화가 달라 사랑을 키우기가 쉽지 않았을 텐데.
"결혼 전 몇 년간은 양가의 반대가 완강해 갈등과 고민의 나날을 보냈다. 남편
은 3남매 중 장남으로, 일곱 살 연상의 외국 여자와 결혼한다는 건 이집트 사회

445

알렉산드리아의 해안.

에선 용납될 수 없는 일이었다.

　시아버님께서는 눈물을 흘리시며 만류했지만 아들의 뜻을 꺾을 수는 없었다. 남편은 한국에 와서 우리 부모에게도 간절히 청혼해 승락을 받아냈다. 요즘 한국에는 아이들과 2년에 한 번 정도 들르는데, 친정 부모님이나 조카들도 무척 좋아한다.”

　－이슬람의 일부다처제와 관련해 견해 차는 없었나.

　“결혼 전 남편은 이미 나만을 사랑하기로 마음을 정하고 있었다. 이슬람 국가에서는 부인을 여럿 두는 남자가 더러 있지만 이런 경향은 많이 줄었다. 절대다수의 여성들이 원치 않기 때문이다.”

　－시집 생활에 어려움은 없었나.

　“살림을 해 본 경험이 없어 처음엔 부담감이 컸다. 조리법이나 식생활이 우리와 전혀 다른 시댁에서, 부엌일이라곤 음식을 만드는 시어머니 옆에서 그저 시중들고 설거지하는 것이 고작이었다.

　그래도 시어머님께서는 무척 대견해 하고 친척들에게 늘 며느리 자랑을 하셨다. 아마도 아랍 여성들보다 조금은 더 부지런했던 것이 시어머님의 사랑을 받은 이유가 아니었을까 생각한다.

　아랍 사회에서는 아들을 선호하지만 장남이라고 하여 한국처럼 부모를 모시지는 않는다. 결혼 후 6개월 만에 시부모께서 마련해준 집으로 분가했다.”

　－종교는?

　“남편과 결혼하면서 이슬람을 믿게 됐다. 한국인으로 여기 살면서 서방과 이슬람권을 편견 없이 바라보게 됐다. 자기 종교의 우월성을 내세우면서 남을 배척한다면 갈등과 투쟁을 자초할 수밖에 없다. 이 점에서 기독교든 이슬람교든 일부 종교인의 자성이 필요한 것 같다.”

-관광가이드 생활은 언제부터 해 왔나.

"첫 아이를 낳은 뒤 94년부터 8년쯤 했다. 이집트는 문명의 발상지이기도 하지만 모세가 성장한 곳이어서 한국인 성지 순례객도 많다. 유적이 많고 역사도 워낙 방대해 이곳에서의 관광가이드는 쉽지 않은 직업이다. 그간 이집트를 공부하고 체험하면서 찾아오는 한국인들에게 이를 전하는 것이 큰 보람이었다."

韓·埃 민간 가교역 보람

이 씨처럼 이집트 인과 가정을 이루고 사는 한국인은 10여 명 정도. 대체로 이곳에 나와 살다가 결혼해 다들 열심히 살아가고 있다.

이 씨는 2002년 영국 런던으로 이주해 또 다른 타향살이를 하고 있다. 남편은 이집트 항공의 런던지사에 근무하면서 승객·승무원의 식음료품의 예약·납품 등을 관리 감독하고 있다. 이 씨 자신은 요즘 집안일에 전념하며 초등학교 4학년인 아들과 다섯 살 된 딸을 키우고 있다.

정들면 고향이라 했던가. 이젠 이집트가 고향처럼 느껴진다. 가끔 고국의 옛 친구들과 산천이 가슴에 저리도록 그리워질 땐 그만 눈시울이 붉어지기도 한다. 그래도 어쩌랴. 여기에 피붙이가 있고 이곳이 땀 흘려 가꿔 온 삶의 보금자리인 것을…. 이젠 세상이 한마을이라는 생각으로 모국에의 그리움을 달래본다.

조만간 다시 카이로에 돌아가면 한국인에게 이집트를 소개하는 가교 역할을 더 멋지게 해낼 수 있지 않을까 하는 상념에 젖어보기도 한다.

이슬람권 이해

이집트에서는 친척이라도 4촌부터 결혼이 가능하다. 따라서 4촌이 집에 와도 외간 남자인 만큼 여성들은 머리에 두건이나 머플러를 두른다. 조혼이 흔해 여성은 10대 중반부터 결혼하는 예가 적지 않다. 이슬람권인 이곳에선 일부다처제가 법으로 보장돼 있다. 그렇지만 실제로 아내를 둘 이상 두고 사는 이는 드물다. 그 숫자는 전체 가정의 5% 정도로 교육수준이 낮거나 아주 잘 사는 부유층뿐이다.

종교전통 보호주의 엄격, 현지 여성에 언행 조심해야
'스캔들' 때문에 강제혼인한 사례도 있어

이슬람권 사정에 밝은 이들은 현지 여성을 대할 때는 언행을 조심해야 한다고 말한다. 우리의 옛 '남녀 7세 부동석'과 같은 전통이 강하게 남아 있기 때문이다.

같은 회사 직원이라도 외국인이 현지 여직원과 한 사무실에서 일을 하면 현지인들로부터 눈총을 받기 십상이다. 여직원의 어깨를 두드린다거나 피부 접촉이라도 있게 되면 문제가 심각해진다. 이런 '스캔들' 때문에 현지인의 손가락질과 비난을 견디다 못해 도망치듯 귀국한 한인도 있다고 한다. 이웃 나라 리비아에서도 "문제된 행동을 책임지라."는 현지인들의 압력을 받고 자의 반 타의 반으로 결혼한 사례까지 있다는 것이다.

극소수이지만 한국인 유부남이 현지 여성과 결혼해 사는 예도 있다. 일부다처제를 근거로 아예 합법적으로 현지처를 두는 것이다.

이집트 인과의 국제결혼엔 중요한 의무사항이 있다. 외국인 배우자는 무슬림으로 개종해야 한다. 외국인 남성이 이혼할 경우, 여자측에 반드시 일정액의 위자료를 준다는 서약서를 미리 써야 한다. 외국인 특히 이집트 여성과 결혼하는 외국 남성에게는 이러한 조건이 엄격히 요구된다. 이슬람 전통을 지키려는 그들만의 '종교적 보호주의'라고나 할까.

대우車의 좌절, 세계 경영은 어디로

'세계 경영'의 기치를 들고 해외시장 개척에 앞장선 대우의 몰락은
우리 모두에게 충격이고 아픔이었다. 대우그룹 종사자들이 직접 겪은
'해체'와 '정리해고'의 고통은 더욱 참담했을 것이다.
고통을 나눌 사람이 주변에 많이 있는 국내에서였다면 그나마 나았을지 모른다.
해외에서 땀 흘려 기반을 닦던 이들, 낯선 땅에서 브랜드의 명예와
자존심을 걸고 일해 온 이들의 심정은 어떠했을까.
현지 시장을 사수하고 뒷마무리를 감당해야 하는 절박함과 비장함이
더하지 않았을까. 카이로의 대우차 조립공장에서 만난
몇몇 한인들의 표정에는 그런 아픔과 착잡함이 진하게 배어 있었다.

카이로 거리에는 아프리카의 다른 어느 나라보다도 한국산 자동차가 많이 눈에 띄었다. 자주 보이는 차종은 대우의 라노스. 누비라와 레간자도 종종 눈에 띈다. 대우자동차 이집트 현지법인(Daewoo Motor Egypt. SAE)에서 생산되는 이들 승용차는 이집트 사람들에게 인기있는 차종이다.

자동차 시장 점유율 선두

1998년 조립생산을 시작해 바로 이듬해 자동차 시장의 45%를 장악할 만큼 폭발적인 인기를 누렸다. 국내 대우그룹이 해체되면서 매출이 주춤했지만 요즘도 일본과 유럽산 자동차를 제치고 25%대의 선두를 달리고 있다. 부품업체와 딜러, 정비소 등을 포함하면 1만 명 이상이 대우 관련업체에 종사한다.

"공장을 세우기 전인 94년부터 3년간은 한국에서 완성된 차만 가져와 판매했지요. 그런데 수입차에 붙는 관세가 워낙 높아 판매가 부진하자 96년에 이집트인 사업가와 60대 40으로 합작 계약을 맺고 조립공장을 세웠습니다."

카이로 교외에 위치한 대우자동차 공장에서 이집트 인 근로자들이 차량 부품을 조립하고 있다.

공장 자금과 관리업무를 맡고 있는 김학준 부장의 얘기다. 완성된 차는 수입 관세가 100%. 하지만 국산화율 45%만 되면 평균 관세가 30% 이하로 낮아지므로 아예 현지생산에 나섰다는 것이다.

97년 4월 헝가리 지사장을 지낸 후 이곳에 부임한 이현일(전 현지법인 사장. 현 GM 대우 상무) 씨는 말뚝 하나 없는 모래벌판에서 정지작업부터 시작해 공장을 세워 지난해 3월까지 회사를 이끌었다.

카이로 교외 '6번째 10월' 공단에 있는 이 공장은 12만 2000㎡(3만 6000여 평)의 땅에 건물 면적은 2만 2000㎡, 직원 수는 1100여 명이다. 공장에서는 공정에 따라 차체와 부품조립·용접·도장작업이 이어진다. 전체의 자동화 비율은 약 10%. 한국의 90% 수준에 비하면 매우 낮다. 하지만 고용효과를 높여야 할 필요 때문에 애써 자동화에 나서지 않는다고 한다.

카이로 대우차 공장에서 직원들이 자동차를 조립하고 있다.

일주일에 90시간씩 죽기 살기로 일했다

－회사 규모가 꽤 커 보이는데.

"연간 외형 매출이 1억 3000만 달러(1500억 원)쯤 된다. 매출이나 고용 규모로는 이 나라 민간기업 중 10위 안에 든다."

－단기간에 이곳 자동차시장을 주도할 수 있었던 배경은.

"외국인 투자자 가운데는 개도국 시장을 '먹튀(먹고 튀는)' 쪽으로 생각하는 경향이 많다. 자동차업체도 적은 투자로 큰 성과를 원하다 보니 차량 모델은 으레 자기 나라에서 단종(斷種)되는 모델을 가져온다. 그렇지만 우리는 처음부터 신종 모델로 품질을 고급화하면서 소비자의 눈길을 끌었다. 마케팅과 서비스에도 공을 들여 다른 회사보다 압도적인 우위를 확보했다."

－한국인은 몇 명인가.

"한동안 아홉 명쯤 주재했는데, 지금은 법인장 이영철 전무와 구매담당 노녹래 부장, 나까지 세 명이 있다. 초기 몇 년간은 다들 주당 평균 90시간을 일해 왔다. 매일 밤 늦게 퇴근하고 한 달에 하루만 쉬면서 죽기살기로 달라붙어 일하다 보니 힘든 여건을 뚫고 기반을 닦은 셈이다.

자동차 사업은 전방위 사업이어서 제품 개발, 광고 판촉, 사후 서비스까지 복잡한 구조다. 힘들지만 일단 선순환 기반 위로 올라서면 가속도적인 승수효과가 생긴다."

차량은 요즘 한 달에 1000대쯤 팔린다고 한다. 값은 라노스의 경우 미화 1만 300달러, 누비라는 1만 3300달러, 레간자는 2만 3300달러로 부유층이 아니면 엄두를 낼 수 없는 수준이다.

승승장구하던 이곳 대우차 현지 법인의 진로와 관련해 요즘 안팎의 관심이 쏠려 있다. 지엠이 국내 대우자동차를 사들이면서 인수 대상에서 이집트 현지법인을 빼놓은 때문이다. 제외된 현지법인은 독자생존 또는 일정 기간 운영 후 철수하게 돼 있다. 김 부장은 이와 관련해 "하고픈 말은 많지만 지금은 때가 아니다."며 말을 아꼈다.

회사의 말단사원이라도 땀 흘려 일하던 곳을 떠나야 한다면 그 착잡한 심정이야 오죽하겠는가. 하물며 대우맨으로 혼과 열정을 쏟았던 일터를 다른 주인을 찾아 넘겨줘야 할 처지라면…….

취재중 기자의 가슴에 한동안 뜨거운 기운이 치솟았다.

대우의 기업주는 몰락했다. 그렇다고 "세상은 넓고 할 일은 많다."는 구호와 함께 해외시장을 개척하던 이들의 열정까지 스러질 수 있으랴. 그 투지와 열정은 더욱 타오를 것이다. 새로운 제2, 제3의 세계 경영 주역이 곳곳에 등장할 것이다. 분야 분야마다 보람과 번영을 꿈꾸는 한인들이 줄기찬 도전에 나설 것이다.

대우그룹 몰락 후 대우자동차의 37개 해외법인은 대부분 정리되었다. 대우차 이집트 법인도 합작 파트너에게 매각되었다. 대우차 이집트법인은 한동안 'GM대우'로부터 부품을 조달해 조립판매를 계속했으나 협력관계를 끝내고 2006년부터는 중국 체리자동차의 기술과 부품, 브랜드를 이용하고 있다. 여러 해 동안 현지법인에서 땀 흘려 일했던 한국인 근로자도 이제는 찾아볼 수 없는 형편이다. 개인적으로나 국가적으로 회한과 아쉬움이 남는 부분이다.

동일방직 이집트법인

원사 수출 年 1700만 달러, 품질 좋아 대부분 유럽행

이집트는 세계적인 원면 생산국으로 연간 25~28만 t 의 원면이 생산된다. 특히 질 좋은 초장면(超長綿)이 많이 난다.

카이로에 진출한 동일방직 이집트법인(DIB-Egypt, LLC)은 이 원면을 재료로 원사를 만들어 그 대부분을 유럽으로 수출한다. 생산규모는 5만 3000추 규모로 이집트 전체의 2% 정도이지만 원사 수출액으로는 이집트 전체(2002년 1억 3800만 달러)의 12%(1700만 달러)를 차지할 만큼 성과가 높다.

방직공장에서는 원면의 구입에서부터 실을 만들고 감는 공정이 24시간 3교대

동일방직 직원들이 실을 만들기 위해 들여온 원면을 정리하고 있다.

동일방직 공장에서 직원들이 일하고 있다.

로 이루어진다. 직원은 560여 명. 한국에선 방직공장 생산직에 여성이 대부분이지만 여기는 남자들뿐이다.

"여기선 이슬람 풍습에 따라 여자들에겐 야근을 시킬 수 없습니다. 현장에 여직원이 10여 명 있지만 기계청소 같은 낮일을 하는 사람뿐입니다."

'만만디' 습성의 직원들, 출근 수당으로 독려

문화와 생활방식의 차이는 공장 운영에 적잖은 숙제가 돼 왔다. 강경태 과장은, 이집트 인 근로자들은 결석이나 지각이 워낙 잦아 궁리 끝에 인센티브제를 활용해 왔다고 한다.

한 달 동안 결근을 하지 않는 직원에게는 월급의 10%쯤을 수당으로 주고 팀별로도 출근율이 높으면 수당을 더 준다. 연중 한 달 이상 지속되는 라마단 금식기간에는 결근이 없으면 20%까지 추가 수당을 준다.

이런 제도 덕분에 처음 60~70%였던 출근율이 요즘은 95%로 올랐다. 회사는 다달이 가장 열심히 일한 근로자 두 명에게 상패와 함께 100파운드(EGP)씩을 부상으로 주고 팀별 수당도 더 준다. 근로자의 월급은 평균 100달러 수준.

한국인으로는 2000년 현지에 파견된 김경연 대표와 강 과장, 육현진 대리 등 7명이 있다. 이들은 대개 가족과 함께 이곳으로 와 근무하다가 3~4년 정도 되면 귀국한다. 5년이 넘으면 한국생활에 적응하기 어렵기 때문이다.

김경연 대표는 이후 여러 해를 카이로에서 더 근무한 뒤 귀국했다. 2008년 동일방직 대표이사 부사장을 거쳐 2009년 대표이사 사장으로 선임돼 회사 경영을 책임지고 있다.

맺는말

21세기 신대륙 개척은 계속된다

아프리카의 풍물과 역사를 담기도 했지만, 이를 배경으로 현지의 한인들이 어떻게 살고 있는지를 살펴보는 것이 이 취재기행의 일차적인 목표였다. 아프리카의 한인들을 집중조명한 것은 국내 언론사상 처음 있는 일이다.

15개국 주요도시를 돌아다닌 50여 일, 주 1회씩 신문에 글을 실어온 지난 2002년 이후 1년 반 동안, 필자는 자나깨나 아프리카와 함께 살았다. 이제 책으로 엮기 위해 예전에 만났던 분들께 다시 전화를 하고 메일을 보내니 다들 반긴다. 더러 연락이 닿지 않는 이들은 아마도 신상에 적잖은 변화가 있는 듯하다.

당초 신문에 연재할 때도 미진한 현지 취재를 보충하느라 국제전화와 우편물, 이메일을 각국의 한인들과 수없이 주고받았다. 취재할 때도 그랬지만, 아프리카 곳곳 다양한 한인들의 삶을 선별하여 신문에 소개할 때마다 기자는 고심했다. 아직 진출 역사가 짧아서인지 확연히 드러난 성공 스토리보다는 성취를 위해 땀 흘리는 '현재 진행형'의 사연이 많았기 때문이다.

　그렇지만 이곳의 한인들은 미국이나 캐나다 같은 선진국에 진출한 한국인에 비해 매우 역동적이며 다양한 삶을 살고 있었다. 숯장수에서부터 공장을 여럿 거느린 그룹 회장까지. 그들 모두는 갖가지 우여곡절을 딛고 낯선 땅에서 새로운 삶을 개척하고 있었다.

　한인들의 아프리카 진출은 1960년대 중반으로 거슬러올라간다. 그 시초는 라스팔마스를 거점으로 대서양에 진출한 원양어업 선사와 선원들이었고, 비동맹 외교에서 비롯된 정부 파견 의사와 태권도 사범들도 한인사회 형성에 일조했다. 70년대부터 중동붐을 타면서 국내 경제가 성장하고 무역이 활발해지자 무역업자나 코트라, 상사 주재원이 늘었고, 90년대 이후엔 선교사들도 가세했다.

가발 시장, 한국인 독무대

　한인들은 주로 대도시에 진출해 있었지만. 봉사활동이나 종교적인 헌신을 위해 오지에서 땀 흘리는 이들도 많이 있었다. 개인사업으로는 사진현상소가 80년대 초부터 붐을 일으키며 식품, 어구(漁具)나 문구, 완구류, 휴대전화 판매업 등으로 점차 다양화되는 추세였으며, 아프리카 여성들이면 누구나 사용하는 가발 제조 판매업은 한국인의 독무대나 다름없었다.

80~90년대에는 의류 잡화 등을 국내에서 배로 실어가 장사하던 방식은 '값싼 중국제품'에 밀려 점차 사라지고 있다. 대신 제재업이나 비닐, 플라스틱 공장을 비롯해 빙과류, 주사기생산의 소규모 제조업에서 생선가공처럼 큰 기업으로 성장해가는 사례가 늘고 있었다. 가나·나이지리아·에티오피아 등지에서는 도로나 정유시설 등 토목·건설업에 진출하여 활약하는 대기업도 있었다.

검은 대륙 잠재력에 눈떠야

필자는 여행 도중 우리 사회의 아프리카 이해가 너무나 빈곤함을 느꼈다. 방송 등 언론에 자주 소개되는 아프리카의 모습은 여전히 미개하며 야생동물의 낙원이라는 내용이 주를 이룬다. 도시마다 규모나 개발 정도의 차이는 있지만 아프리카 주요도시의 모습은 한국의 대도시와 다르지 않다. 오히려 자연환경이 쾌적하여 살기 좋다고 말하는 이들도 적지 않다. 도시마다 휴대전화가 보급되고 있

고, 큰 도시에는 인터넷 카페도 늘어가고 있다.

아프리카의 자원과 산업이 지닌 잠재력은 물론, 그들의 문화와 삶의 의식에 대해서조차 우리는 무지한 편이다. 프랑스 · 영국 · 벨기에 등의 식민지 생활을 겪은 탓에 이들에게서는 아직도 백인에 대한 콤플렉스가 엿보인다. 백인들은 여전히 '매스터(주인)'로 호칭되고 있었고 여기저기서 기반을 닦은 한인들도 덩달아 매스터로 대접받고 있었다. 가난하기에, 그들은 가진 사람들, 특히 외국인 여행객에 자주 손을 벌린다. 식민지 경영에 대한 반작용 탓인지 그들은 외국의 원조를 당연시하는 경향이 있다. 선진국 대사관은 물론 한국대사관에도 온갖 사안마다 지원을 요청하는 문건이 쇄도하는 실정이었다.

한국인 적응력과 투지, 생활력에 탄복

사회적으로는 치안이 불안하여 한인들은 곧잘 강 · 절도의 표적이 되곤 한다. 장사를 하고 공장을 운영하며 애써 번 돈을 털리는 일도 흔했다. 그래도 한인들의 적응력과 투지, 생활력엔 절로 탄복이 나왔다. 권총강도 사건이 잦아 백인들이 아예 얼씬도 않는 요하네스버그 도심 우범지역에서도 한인들은 버젓이 흑인을 상대로 장사하고 있었다. 아프리카의 도토리가 한국에까지 수출되는가 하면, 한국산 주사기 바늘이나 과속차량 감지기가 아프리카 곳곳에 수출되고 있었다. 참으로 흥미롭고 경이로운 일이었다.

이주 역사는 짧아도 한국인은 아프리카 곳곳에서 열심히 성공의 기반을 닦아 가고 있었다.

필자는 감히 외치고 싶다.

"젊은이들이여! 기회가 닿거든, 아니 기회를 만들어서라도 세계로 나가라. 배낭여행이라도 나서 보라. 할 수만 있다면 아프리카와 같은 새로운 기회의 땅에서 땀흘려 보라. 이 비좁은 나라에서 일자리를 못 구한다고 왜 상심하는가. 그대들의 무한한 가능성과 잠재력을 왜 그저 생존을 위해 탕진하려 하는가. 저 넓은 땅으로 나아가 할 일을 찾아보라. 거기서 10년을 땀흘린 뒤의 성취와 보람은 아마도 한국에서 10년을 바쳐 얻은 그것보다 훨씬 클 것이다."라고.

취재를 도와주신 분들

이 취재기행은, 국내 방송매체에 여러 차례 현지 한인들의 삶을 소개하는 창구가 돼 왔다. 콩고 강에서 다이아몬드를 캐는 권의소 씨, 마다가스카르의 김기례 수녀, 에티오피아 블랙 라이언 병원의 유민철 박사, 가나의 AFKO 그룹, 이집트 가전업체의 CEO 이진영 사장 등이 KBS의 〈한민족 리포트〉나 〈월드넷〉 등 몇몇 방송 프로그램에 소개됐다.

그러나 아프리카에서 새로운 삶을 개척하며 땀 흘리는 의지의 한국인 가운데는 아직 알려지지 않은 이들이 훨씬 많다. 이들의 활약상과 함께 아프리카에 대한 탐색이 더욱 이어져 '21세기의 신대륙' 진출이 더더욱 활발해지기를 기대해 본다.

그간 필자의 취재를 도와준 각지의 한인회와 대사관 등에 감사드리며 지면 관계상 나라별로 몇 분씩만 명기한다. ( )안은 2002~2003년 당시의 직책.

◆라스팔마스=이충구(한국상회 대표. 태권도 사범) 임이근(풍림수산 대표)
　정해신(금웅수산 부장)
◆세네갈=조일환(대사) 민병수(현대포토 사장)
◆코트디부아르=조원호(가봉 대사) 송인석(현상소 운영) 오보향(게스트 하우스 운영)
◆가나=정의민(전 대사. 강원도 국제관계자문대사) 전순철(AFKO 부사장)
◆나이지리아=정문수(카타르 대사) 유수항(게스트 하우스 운영)
　한상기(조지아대 명예교수)
◆콩고민주공화국=이상렬(퓨처 크리에이션 콩고 사장)
◆남아프리카공화국=박원화(전 대사) 안영호(이든글렌 모터스. 영 인터내셔널 대표)
　박석순(게스트 하우스 운영)
◆레소토=이중기(태권도 사범)
◆마다가스카르=김세풍(당시 차량 정비업. 현재 귀국) 김기례(수녀)
◆짐바브웨=정재식(전 대사) 송성기(당시 한인회 회장)
◆탄자니아=정주헌(대사) 이태조(사업) 박인덕(태권도 사범)
◆케냐=권종락(전 대사) 현지 굿네이버스
◆우간다=김성환(성환그룹 회장) 최영식(㈜우리아 대표)
◆에티오피아=김창수(전 대사) 이상구(경남기업 현지소장) 김병수(명성메디컬 센터)
◆이집트=노승구(골든 힐 사장) 김현일(전 대우차 현지법인 대표)
　김경연(동일방직 이집트법인 대표)

아프리카 여행 정보

1 - 라스팔마스 Las Palmas

(1) 항공편과 교통
 * 한국에서 스페인 마드리드 직항을 탄 뒤 마드리드에서 국내선으로 갈아타고 라스팔마스로 감. 국제선에서 국내선으로 갈아타는 시간까지 계산한다면 하루는 대도시에서 묵는 것이 좋음.
 * Las Palmas 공항 코드는 LPA.
 * 공항은 라스팔마스 시내에서 24km에 위치하며, 시내까지는 자동차로 25분 정도 소요.

(2) 숙소
 * 라스팔마스엔 교민들이 많으니 민박을 하는 것도 좋음.
 라스팔마스 한인회 주소 : Calle Juan Rejon 53, 35008 Las Palmas de Gran Canaria 전화 : 34-928-461799.
 * 호텔 숙박비 : 트윈 기준 1박의 경우,
 별 다섯(특급)은 US$ 150, 별 넷(1급)은 US$ 125, 별 셋(2급)은 US$ 50~70.

(3) 가볼 만한 곳
 * 카나리아 제도의 일곱 개 섬은 각각 특색을 지니고 있는 유수의 휴양지이다. 특히 그란 카나리아섬 남쪽 해안지대(LASPALPMAS 등)는 유럽인들의 휴양지로 유명함.

(4) 의료
 * 수돗물을 직접 마실 수 없으므로 생수(Mineral Water)를 구입해야 함.

(5) 화폐 단위와 환전
 * 통화 단위는 유로(Euro). 은행, 공항, 대형 백화점 내 환전소, 호텔에서 환전.

(6) 대사관과 공관, 비자
 * 주한스페인대사관 주소 : 서울시 용산구 한남동 726-52
 전화 : 02-794-3581, 팩스 : 02-796-8207.

* 한국 분소 연락처

　주소 : Luis Doreste Silva, 60-1, 35004 Las Palmas de G. Canaria, Spain

　전화 : 34-928)23-0499, 0699, 팩스 : 34-928)24-3881.

　E-mail : koreaconsul@jet.es

* 한국 분소 근무 시간 : 월~금요일 오전은 09:00~13:00,

　오후는 15:00~17:30까지이며 하절기(6~9월)는 09:00~13:00까지.

　* 사증(비자) : 스페인은 한국과 비자 면제협정을 체결하여

　한국인 여권 소지자는 90일 동안 비자 없이 체류할 수 있다.

　거주 및 취업의 경우 주한 스페인 대사관에서 비자 취득 후 입국하여야 함.

(7) 치안

　* 양호한 편. 단, 시내 슬럼가, 일부 공원지역 등에서

　아프리카 인 불법체류자 등에 의한 소매치기 사건이 가끔 발생.

(8) 전화와 통신

　* SK텔레콤 또는 KTF 이용자이고 3G폰 사용자는 자동로밍됨.

(9) 기타

　* 스페인은 50개 주는 17개 자치 지방으로 묶여 있음. 그 중 하나가 라스팔마스.

(10) 언어

　* 공용어는 스페인 어.

2 - 세네갈 Senegal

(1) 교통

　* 일반버스는 구간별 요금 징수 : 1구간(150 프랑세파), 2구간(250 프랑세파)

　버스카드의 경우, 어른은 16000 프랑세파, 학생만 12000 프랑세파.

　* 최근 인도 TATA사의 버스를 도입하여 깨끗한 환경으로 운영하고 있으나 잦은

　노선 변경, 언어와 안전 문제 등이 있음. 외국인들은 택시 이용을 선호함.

* 택시는 요금을 미리 협상한 후 탑승할 것.
중심가는 600~1000 프랑세파 내외, 중심가~외부 주거지역은 1500~3000프랑
세파 내외, 중심가~공항은 3000~4000 프랑세파 내외.

(2) 숙소
* 호텔이 늘어나는 추세. 다카르의 호텔들은 에어컨 구비되어 있고 고급이며
비싼 편. 카사망스에는 고급 리조트, 강가에는 수상호텔 있음.
캠핑장을 이용하거나 마을 오두막집을 이용할 수도 있음.
콘티넨탈호텔 전화 : 822-1083, Mamelles 호텔 전화 : 860-0000.

(3) 가볼 만한 곳
* 노예 무역 등 상업기지였던 고레섬(Goree), 수도 다카르, 뤼피스크(Rufisque),
생루이(Saint-Louis), 서부 아프리카에서 가장 많은 동물종이 있는 니오콜로코바
국립공원, 겨울에300만 마리의 철새들이 오는 주지국립조류보호지.

(4) 의료
* 입국 전 황열병 예방접종은 필수 요건. 국립의료원이나 인천공항 접종소에서 미리
예방접종을 받아 입국.
* 입국 필수요건은 아니나 장기체류를 목적으로 할 경우 다카르 시내에 주인 없는
개들이 활보하고 있으므로 광견병 예방접종도 미리 받아두는 것이 좋음.
* 세네갈 모든 지역은 1년 전체에 걸쳐 말라리아 발생.
열대성 말라리아 위험지역이라 예방접종 필수. 말라리아는 국내 관련약품을
지참해도 되나, 현지 약국 등지에서 손쉽게 구할 수 있음.

(5) 화폐 단위와 환전
* 화폐 단위는 프랑세파(FCFA / XOF)로서 은행에서 환전하는 것이 유리.
호텔 환전소에서는 환율이 불리함.

(6) 대사관과 공관, 비자
* 주한세네갈대사관 : 주소 : 서울 용산구 이태원동 5-1번지 남산빌딩 4층,
전화 : 02-745-5554, 팩스 : 02-745- 5524
* 한국과 사증 면제협정이 체결되지 않아 입국비자를 사전에 받고 입국.

장기 체류 시 현지 관련기을 통해 비자연장 및 체류증 신청.
체류증은 비자기간 만료 45일 전 신청.
* 체류증 신청에 필요한 범죄 경력증명서를 세네갈 현지에서 신청할 경우,
조회에 4~6주 시간 소요. 출국. 한국 내 경찰청에서 미리 발급.

(7) 치안
* 정치적으로 안정된 곳이며, 외국인 및 외교단 거주지 등 다카르 지역의 치안은
전반적으로 양호한 편. 외국인 상대 절도 등이 종종 발생하므로 야간 통행주의.
* 다카르 시내(독립광장 부근), 외교단 밀집지역(Fann residence),
신흥 부촌(알마디 지역) 등은 비교적 안전한 장소로 알려져 있음.

(8) 전화와 통신
* 시내에 공중전화가 있는 곳도 있지만 보통 '센트레(전화 거는 상점)'에서 사용 가능.

(9) 기타
* 국가법상 국교는 정해져 있지 않으나, 국민의 93%가 이슬람이므로
이슬람 정서를 해치지 않도록 주의.
* 이슬람 사원 출입 시 단정히 입고, 신발은 꼭 벗어 맨발로 출입.

(10) 언어
* 공용어는 프랑스 어.

(11) 긴급과 안내
* 경찰 17, 화재와 앰뷸런스 18.

3 - 코트디부아르 Cote divoire

(1) 항공편과 교통
* 아비장 항은 아프리카 대륙에서 가장 현대적인 시설 갖춘 항구로서
마르세유, 르아브르 등 유럽 주요항구를 연결하는 정기노선 있음.
* 현재 한국에서 코트디부아르로 가는 직항기 없음.
아비장 국제공항은 시내에서 남동쪽으로 16km 정도에 위치. 자동차로 25분 정도 소요.

* 서부 아프리카 지역의 중심지로 항공망이 잘 갖추어져 있음.
아비장과 부르키나파소의 수도 와가두구를 연결하는 총연장 1,173km의 철도가 있음.

(2) 숙소
* 대도시 호텔과 레스토랑은 비싼 편. 아비장에 국제적 규격을 갖춘 호텔들이 있어서
다양하게 선택 가능. 인터내셔널 호텔 전화 : 21-240747,
Terminus 전화 : 21-241577, 그랜드 호텔 전화 : 20-332109.
* 아비장(Abidjan)은 교통 요충지로 현대식 도시계획, 고층빌딩, 함수호,
녹지가 어우러진 아름다운 도시로 아프리카의 작은 파리로 불림.

(3) 가볼 만한 곳
* 상아의 해안, 님바산의 자연보호 지역, 타이국립공원, 코모에 국립공원.

(4) 의료
* 황열병 예방접종 증명서가 반드시 필요.
예방접종 기관은 국립의료원이나 인천 국제공항 검역소.
* 의료체계는 비교적 잘 갖추어져 있는 편.
아비장에 응급실 갖춘 여러 개의 종합병원과 의원급 병원이 운영되고 있음.

(5) 화폐 단위와 환전
* 화폐 단위는 프랑세파(CFA Franc)로서 환전은 은행이나 호텔에서 가능.

(6) 대사관과 공관, 비자
* 주한 코트디부아르대사관에서 사증을 발급받아 입국.
* 여행 시 대사관에 소재지 및 행선지를 알려야 함.
대사관 전화 : (225)2248-6701/6703,
영사 및 영사보조원 이동전화 : (225)0500-0370.
(225)는 국가코드이며, 이동전화는 앞숫자 0을 포함.

(7) 치안
* 2004년 유혈사태로 외국인 대거 철수하여 경기 침체와 실업 급증.
아비장 등 대도시에서 사건·사고 빈번. 체계적 치안시스템 부재.
야간 외출 삼가는 게 좋음.

(8) 전화와 통신

* 전화시설은 잘 갖추어져 시내·외 및 세계 전 지역과 연결됨.
시내에는 공중전화가 설치되지 않음. 급한 전화는 호텔이나 우체국 이용.

(9) 언어

* 공용어는 프랑스 어.

(10) 긴급과 안내

* St Anne-Marie 병원 전화 : 22-25132, 여행 정보 전화 : 20-251610.

4 - 가나 Ghana

(1) 항공편과 교통

* 아크라에 국제공항. 현재 한국에서 아크라 직항편 없음.
대한항공과 영국 항공을 이용하여 런던을 경유.
* 버스는 STC에 의해서 운행되는 버스 서비스는 적당한 가격의 교통수단임.
가나의 주요도시와 인근 다른 나라까지 연결.
* 기차는 남부 지역과 해안 도시들 연결. 식사 제공되고 좌석도 편안함.
주요도시에서는 택시 수도 많고 가격도 저렴.
타기 전에 가격 흥정을 꼭 해야 함. 혼자 택시 타는 것은 위험할 수 있음.

(2) 숙소

* 국제 체인 호텔 수는 적고 모두 수도에 있음.
국제적 수준의 호텔, 게스트 하우스, 호스텔 등이 도시와 가나 전체에 걸쳐 있음.
* 안전하고 편안한 여행을 위해 한인들의 게스트 하우스에 묵는 것이 좋음.
Date 호텔 전화 : 228200, President 호텔 전화 : 223343.

(3) 가볼 만한 곳

* 볼가탕가(Bolgatanga)의 시장, 수니아니(Sunyani),
가나의 황금 해안에 있는 도시 엘미나(Elmina) 위네바(Winneba).
베냉만 연안에 있는 성채군인 가나의 성채(Forts and Castles of Ghana).

(4) 의료

　　* 치아와 피부질환 치료는 상당 비용 소요. 진료수준 낮음.

　　장기거주 시 출국 전에 정밀검사를 받는 것이 좋음.

　　* 일반 약품은 시중 약국에서 구입이 가능. 전문의약품은 의사 처방전이 필요.

　　의사 처방전이 있더라도 구하지 못하는 약품 많음.

　　말라리아나 장티푸스를 포함한 풍토병에 관해서 현지의사 처방전이 좋음.

　　* 국제협력단에서 파견된 국제협력의사(외과전공)가 2008년 6월 주재국에 부임하여

　　테마 General Hospital (전화 : 022-302694-6)에서 근무중임.

(5) 화폐 단위와 환전

　　* 화폐 단위는 나이지리아 나이라(Nigerian naira) 주요은행, Bureau De Change 등

　　에서 수시 환전. 달러의 현지화폐 교환은 쉬우나, Naira를 달러로 바꾸는 건 어려움.

(6) 대사관과 공관, 비자

　　* 주 가나대사관 주소 : P.O.BOX. GP 13700, No.3 Abokobi Rd. East Cantonments

　　Accra, Ghana.　위치 : Accra 시내의 Kotoka 국제공항에서 약 4km 지점이고,

　　전화 : (233-21) 77-6157, 77-7533,　팩스 :(233-21) 77-2313.

　　* 사증면제 협정 체결안돼 입국비자는 주한 가나대사관에서 받음.

　　비자 신청 시황열병 예방 접종카드를 소지해야 함.

　　국립의료원나 인천공항에서 황열병 예방주사를 접종받고 접종카드를 첨부.

　　* 주한 가나대사관 주소 : 서울시 용산구 이태원 2동 193-3 삼호빌라

　　전화 : 02-3785-1427

(7) 치안과 위험 관련

　　* 우기에 강한 바람을 동반한 폭우로 홍수가 발생.

　　도로 유실과 가옥이나 건물 붕괴 등의 재산피해와 인명피해가 발생.

(8) 전화와 통신

　　* 가나 국가번호는 233. 가나에서 한국으로 전화할 때

　　00+82(한국 국가번호)+0을 뺀 지역번호+상대방 전화번호 누름.

(9) 언어

　　* 공용어는 영어와 토착어.

(10) 긴급과 안내
  * 경찰 191, 소방서 192, 앰뷸런스 193, 아크라 관광 정보 252186.
  전체 여행 정보 776171.

5 - 나이지리아 Nigeria

(1) 항공편과 교통
  * 라고스에 국제공항 있으나 현재 한국에서 라고스행 직항편은 없음.
  대한항공, 에어 프랑스, 버진 애틀랜틱 항공, 루프트 한자 등을 이용
  유럽 주요도시를 경유.
  * 나이지리아항공 국내선 운행. 시간이 예고 없이 바뀌는 등 불편하며
  민간 항공 이용이 더 편리.
  * 차량 이동 시 문 잠그고 창문 닫고 다녀야 함. 교통사고 발생 시 사람들이 모여들어
  차량과 사람에 위해를 가할 수 있음. 사고처리 후 조속히 현장을 떠나는 것이 바람직.
  * 외국인이 사용할 만한 대중교통이 전무하여 필요 시 임차차량이나, 지인의 차량을
  이용할 것을 절대 권장함.

(2) 숙소
  * 라고스와 주요도시에 일등급 호텔이 있지만, 예약은 필수. 호텔은 매우 비싸지만
  시설이 좋음. 정부가 운영하는 취사 가능한 레스트 하우스(rest house) 전국에 산재.
  기독교 기관에서도 시설을 제공하고 대학들도 게스트 하우스 제공.
  YMCA 전화 : 773-3599, Ritz 호텔 전화 : 263-0481

(3) 가볼 만한 곳
  * 베닌시티(Benin City), 아바(Aba), 일로린(Ilorin), 카치나(Katsina).

(4) 의료
  * 입국 전 황열병 예방접종을 해야 입국이 가능.
  황열별 예방접종은 비자 신청 필수사항은 아님. 말라리아 예방약 미리 복용 권장함.
  말라리아 예방약이나 치료약은 나이지리아 현지 판매약 복용이 효과적.
  * 출국 전, SOS 의료보험(www.internationalsos.co.kr) 가입 추천.
  의료환경 매우 열악.

아부자 시내 주요 병원 National Hospital(전화 : 09-2342-686*9. 앰뷸런스 이용
가능)
라고스 시내 주요 병원 Reddington Hospital(전화: 01-271-5341. 앰뷸런스 이용가
능)에서 기본 응급조치는 가능.

(5) 화폐 단위와 환전
    * 통화 단위는 나이라(naira). 은행에서 여행자 수표를 환전하면 바꿔주지 않거나
    오래 기다릴 때가 많음. 환전소나 암거래 시장을 이용하면 믿을 수 있는 환율로
    신속히 환전.

(6) 대사관과 공관, 비자
    * 나이지리아 방문 시 반드시 사전에 입국비자를 취득해야 함.
    상세 정보는 주한 나이지리아 대사관(전화 : 02-797-2370)에 문의 바람.
    * 주 나이지리아대사관 주소 :
    Plot 934 Idejo Street, Victoria Island, G.P.O.Box 4668, Lagos,Nigeria,
    전화 : (234-1) 261-5353, 261-5420, 팩스 (234-1) 261-2342

(7) 치안과 위험 관련
    * 최근 나이지리아는 외국인 납치 등이 사회 주요 문제로 이슈화.
    니제르 델타 지역에서 지난 수년간 한국 기업 근로자들이 납치되는 사례가 발생.
    * 니제르 델타 지역은 우리 정부가 여행을 제한한 지역. 기업인들도 방문 시
    무장경찰을 대동하는 것이 의무일 만큼 안전에 어려움이 많음.

(8) 전화와 통신
    * 국제전화 서비스는 잘 되는 편. 도시에서 NITEL 사무소를 찾아 국제전화를 이용.
    나이지리아의 국가번호는 234. 나이지리아에서 한국에 전화하려면
    009+82(한국 국가번호)+0을 뺀 지역번호+상대방 전화번호 누름.

(9) 언어
    * 공용어는 영어.

(10) 긴급과 안내
    * 경찰 199(아부자), 119(라고스).

6 - 콩고민주공화국 Democratic Republic of the Congo

(1) 항공편과 교통
* 킨샤사 국제공항은 시내에서 남동쪽 25km 떨어진 곳에 위치.
공항버스가 운행되며 택시도 이용.
* 열차노선은 루붐바시에서 일레보까지 가는 주 노선과 킨샤사에서
칼레미와 킨두로 가는 지선으로 구성.
기차는 낙후한 편. 냉방시설 없지만 주 노선에는 식당칸과 침대칸 열차 있음.

(2) 숙소와 음식, 여행 가이드
* 숙박시설은 킨샤사와 주요도시에 한정.
식사를 할 수 있는 호텔은 가격이 비싸며 예약 필수.
Estoril 호텔(전화 : 8989-12219), Pyramide 호텔(전화 : 81-508-95-56).

(3) 가볼 만한 곳
* 오카피 야생동물보존지구, 가람바 국립공원, 비룽가 국립공원, 살롱가 국립공원,
카후지비에가 국립공원.

(4) 의료
* 이 지역 말라리아는 뇌성 말라리아 변종.
발병 후 3일 이내 치료받지 않으면 사망 가능.

(5) 화폐 단위와 환전
* 현지 화폐인 콩고프랑이 있으나, 대부분 달러가 통용.
5달러 이상의 거래가 이루어질 시 현지화보다는 달러로 처리하는 것이 일반적.

(6) 대사관과 공관, 비자
* 주 콩고민주공화국 대한민국 대사관 :
주소 : 63, Avenue de la Justice, Commune de la Gombe, Kinshasa, RDC
전화 : 243)(0)15 05 0001-4, 팩스 243)(0)15 05 0005,
이메일 : amb-congo@mofat.go.kr, 영사 당직 전화 : 243)(0)99 017 7568.
* 주한 콩고민주공화국 대사관 :
주소 : 서울시 종로구 내수동 169 세종대우빌딩 702호,

전화 : 82 (0)2-722-7958, 팩스 : 82 (0)2-722-7998.
* 주한 콩고민주공화국 대사관에서 입국비자를 취득해야 함. 황열병 예방접종 증명서
필수. 구비 서류는 신청서 1부, 사진 2매, 여권, 초청장 또는 방문목적 증명 서류 등.

(7) 치안과 위험 관련
* 평화로워 보이지만, 소요 발생 가능성 상존.
거주 교민이나 방문객들은 동향에 항상 유의. 특히 동부 지역은 여행 제한지역.
* 야간에는 킨샤사 시내에 '거리의 아이들'에 의한 외국인 상대 범죄 가능.
야간 통행은 삼가며, 부득이한 경우 차량으로 이동.

(8) 전화와 통신
* 서울로 국제전화 시 : 00(국제전화코드)-82(한국코드)-2(서울코드)-전화번호.

(9) 언어
* 공용어는 프랑스 어, 링갈라 어, 스와힐리 어, 키콩고 어, 치루바 어.

(10) 긴급과 안내
* 경찰 : 243(0)85-146-4139, 이민청 경찰서 : 243(0)-81-239-9808,
CMK 앰뷸런스 : 243(0)89-895-0300, 의료센터 : 20-875.

7 - 1 남아프리카공화국 Republic of South Africa

(1) 항공편과 교통
* 케이프타운과 요하네스버그에 국제공항. 현재 한국에서 남아프리카공화국으로 가
는 직항편은 운행되지 않고, 홍콩 · 싱가포르 · 유럽 도시를 경유.
한국에서 갈 경우 케이프타운보다 요하네스버그로 들어가는 것이 편리.
* 경제력 있는 남아프리카공화국 사람들은 자가용으로 이동. 버스나 기차, 택시 등은
주로 흑인들이 이용.

(2) 숙소
* 고급 호텔부터 남아프리카 부족의 삶을 가까이서 느낄 수 있는 농가 숙박까지 다
양. 학교 방학 기간에 숙박시설 비용도 비싸며 예약 필요.

(3) 가볼 만한 곳

 * 케이프타운(남아프리카해양박물관, 남아프리카문화사박물관, 로벤 섬, 케이프천문
대, 테이블 산), 호수와 강, 숲과 바다가 조화를 이룬 나이스나(Knysna), 워커만 해안
의 고래 구경하는 허머너스(Hermanus).

(4) 의료

 * 병원비 비싸 출국 전 여행자보험 가입 필요. 영수증, 진료증명서 등 챙겨
귀국 후 청구.

(5) 화폐 단위와 환전

 * 남아공 화폐 단위는 Rand. 현지화는 5,000Rand까지 반입 허용.
출국 시 500Rand 이상 휴대 시 초과액수에 대해 20% 반출세 부과.

(6) 대사관과 공관, 비자

 * 주 남아프리카공화국대사관 주소 : Greenpark Estates Building No.3, 27 George
Storrar Drive Groenkloof, Pretoria Republic of South Africa,
전화 : (27-12)460-2508, 팩스 : (27-12)460-1158.
 * 관광이 목적인 경우 30일까지 비자 없이 체류 가능.
 * 입국 시 유효기간이 6개월 이상 남은 여권과 충분한 여행 경비 준비, 다음 지역 이
동 항공권 요구. 다른 아프리카 국가와 달리 황열병, 말라리아 등 예방접종 필요하지
않지만 황열병 위험지역에서 온 경우 황열병 예방접종 증명서 필요.

(7) 치안

 * 범죄율 높음. 야간 출입 삼가고 낯선 사람 친절에 경계 필요.
공항에서 복장, 짐 규모 등을 보고 표적삼아 미행하는 경우 있음.

(8) 전화와 통신

 * 국가번호는 27. 동전식 전화기와 카드식 전화기 있음.
한국에 전화할 때 : 09+82(한국 국가번호)+0을 뺀 지역번호+상대방 전화번호를 누
름. 콜렉트 콜은 0800-9900-82.

(9) 기타

 * 남아프리카공화국의 도로는 좌측통행.

(10) 언어
  * 공용어는 영어 및 아프리칸스 어.

(11) 긴급과 안내
  * 크리스찬 Baenard memorial 병원(전화 : 480-6111),
  케이프타운 여행 정보(전화 : 478-6800)

7-2 레소토 Lesotho

(1) 항공편과 교통
  * 북쪽 부타-부테(Butha-Buthe)와 마세루(Maseru), 남쪽 모하레의 넥(Mohale's Nek)을 잇는 고속도로가 있음. 철도는 마세루(Maseru), 레소토(Lesotho)와 남아프리카 철도망으로 이어짐.
  * 레소토 도로에는 북쪽의 부타-부테(Butha-Buthe)와 마세루(Maseru), 남쪽에 위치한 모하레의 넥(Mohale's Nek)을 잇는 고속도로가 있으며 민간용과 군사용 등 전천후로 이용.

(2) 숙소와 음식, 여행 가이드
  * 수도 마세루에서 다양한 호텔을 선택. Anglican Centre(전화 : 2232-2046), Foothills 게스트 하우스(전화 : 5870-6566).

(3) 가볼 만한 곳
  * 레몬콩시 근처 말레추냐네 폭포(Maletsunyane Falls), 사니패스는 드라켄스버그 산맥의 절경.

(4) 화폐 단위와 환전
  * 화폐 단위는 레소토 로티(loti). 남아공의 랜드는 로티와 동등한 가치를 지님. 현재 로티와 더불어 레소토에서 널리 통용. 여행자수표를 비롯해 외국환을 환전할 수 있는 은행은 수도인 마세루에만 있음.

(5) 대사관과 공관, 비자
  * 재외공관 연락처 : (27-12)460-2508, 팩스 : (27-12)460-1158,

전자우편 : korrsa@mweb.co.za.
* 대한민국 여권 소지자가 순수 관광 목적으로 방문 시 60일간 비자 없이 체류.

(6) 전화와 통신
* 대도시 전화가 사용되지만 국제전화 사용에 제약.
레소토의 국가번호는 266으로, 지역번호는 따로 없음.

(7) 기타
* 자전거 타고 하이킹 해도 무리 없는 규모. 아프리카 전통 마을을 체험하기에 유리.

(8) 언어
* 레소토의 공식어는 남부 레소토 어와 영어.

(9) 긴급과 안내
* 엘리자베스 병원(전화 : 2231-2501), 여행 정보 (전화 : 2231-2427).

8 - 마다가스카르 Madagascar

(1) 항공편과 교통
* 안타나나리보에 국제공항. 현재 한국 직항편은 없고,
대한항공, 에어 마다가스카르, 에어 프랑스로 파리 경유.
* 마다가스카르 항공 국내선 가격은 싼 편. 철도와 버스, 택시 등도 있지만
스케줄 정확하지 않고 도로 사정 안 좋아 비행기 여행이 편리.
* 택시 부르스(TAXI BOURSE)가 시내와 지방 노선.
이용 요금은 300AR - 400AR(한국 시내버스 요금 정도).

(2) 숙소와 음식
* 현대적 시설을 갖춘 호텔 등 숙박시설들이 있음.
안타나나리보 Manoir Rouge호텔(전화 : 22-44-04),
Snack Bar Jim(전화 : 22-374-37)
* 음식 주재료는 쌀. 고기나 해산물도 빼놓을 수 없는 음식.
일반적 음식은 로마자바(romazava : 생강으로 맛을 낸 쇠고기와 야채 스튜).

(3) 가볼 만한 곳
* 삼림지역의 검은여우원숭이, 수도 안타나나리보 서쪽의 베마라하 자연보호구역.

(4) 의료
* 의료시설이 제대로 되어 있지 않다. 약은 의사의 처방전이 있어야 약국에서 구입.
* 마다가스카르 수도는 고산지역이므로 예방 접종은 필요 없으나,
지방이나 해안지역은 예방 접종을 하여 말라리아 약을 복용하는 것이 좋음.

(5) 화폐 단위와 환전
* 화폐 단위 아리아리(MGA).

(6) 대사관과 공관, 비자
* 한국 공관은 주 남아공대사관에서 겸임.
대사관 주소 : Green Park Estate #3, George Storrar Drive, Groenkloof, Pretoria.
전화 : 27-12-460-2508. 팩스 : 27-12-460-1158*9.
이메일 www.korras@mweb.co.za. 현지 마다가스카르 영사 협력원 전화 : 261-33-
027-7452, 한인회 전화 261-33-126-8047.
* 마다가스카르 입국에 비자 필요. 입국은 관광비자와 거주 노무비자로 한다.
관광비자는 1개월에서 3개월까지. 관광비자는 공항에서 받음.
* 거주 변경 비자는 각 나라 마다가스카르 영사관에서 받음.
이 비자는 한 달 기한 비자로 마다가스카르 이민국에서 거주 비자로 변경 가능.

(7) 치안과 위험 관련
* 2009년 8월 현재, 마다가스카르 반정부 시위, 외교통상부에서 여행자제 당부중.
* 치안상황은 대체로 나쁜지 않은데, 현재 경제적 빈곤으로 인해 사건 빈발.
주로 총기를 사용하며 외국인 및 부유층을 대상으로 함.

(8) 전화와 통신
* 국가번호는 261. 마다가스카르에서 한국에 전화하려면 16+82(한국 국가 번호)+0을
뺀 지역번호+상대방 전화번호 누름.

(9) 언어
* 공용어는 프랑스 어, 마다가스카르 어.

(10) 긴급과 안내
* 경찰(전화 : 117 또는 22-35709), (전화 : 응급환자 22-62566).

9 - 짐바브웨 Zimbabwe

(1) 항공편과 교통
   * 항공노선 : 매일 수도 하라레와 주요 관광지인 빅토리아 폭포 간 운행.
   국내선과 짐바브웨에서 남아공으로 운항하는 국제편,
   인근국(잠비아, 말라위, 모잠비크, 케냐 등) 운항 편도항공 1주일에 2~3편.
   * 국내선 항공은 잦은 연착과 지연 출발, 결항.
   다른 국제선과의 연결 시 충분한 시간 두고 예약하는 것이 안전.
   * 짐바브웨는 차량이 좌측운행(오른쪽 핸들).

(2) 숙소
   수도와 빅토리아 호수에 이르는 지역에 다양한 호텔을 선택할 수 있음.

(3) 가볼 만한 곳
   * 카리바 호, 그레이트 짐바브웨 유적, 빅토리아 폭포.

(4) 의료
   * 빅토리아 폭포와 카리바 호수 같은 강가와 저지대는 무더위 심하고 모기 많아 말라
   리아 감염 가능.
   * 응급상황 아닌 경우 절차가 다소 복잡. 치료는 응급함을 이유로 응급센터에서 진료
   받는 것이 좋음.
   * 모든 병원에서 영어사용 가능하며 약품 구입은 의사 처방전 필요. 비상약품과 개인
   사용 약품은 국내에서 준비해 가는 것이 좋음.

(5) 화폐 단위와 환전
   * 짐바브웨 현지화의 천문학적 인플레로 2009년 초부터 현지화는 사용되지 않고 외
   환(달러, 랜드)만 통용.

(6) 대사관과 공관, 비자

* 재외공관 소재 : 3rd Floor, Redbridge, Eastgate Building, 3rd Street/ Robert
Mugabe Road, Harare, Zimbabwe. 우편주소 : Embassy of the Republic of Korea
P.O.Box 4970, Harare, Zimbabwe. 전화 : (263-4) 75654. 팩스 : (263-4) 756554.
이메일 : admirok@zol.co.zw.
* 일반 단수비자는 짐바브웨 공항이나 국경 이민국 사무소에서 발급.
복수비자는 이민국에서 발급. 일반 단수비자는 90일까지 체류 가능.
이후 수수료를 내고 매 1회 1개월씩 3회까지 연장 가능.

(7) 치안과 위험 관련
 * 정치적으론 안정적이나 인플레 등 경제여파로 야간 강·절도행위 발생 가능.
 * 외국인에게 다이아몬드(보석으로서의 가치가 없는 공업용 다이아몬드가 많음) 판매
 목적으로 접근하는 경우가 많음. 다이아몬드 밀매는 불법으로 체포됨.

(8) 전화와 통신
 * 국내, 국제전화는 교환원 없이 직통으로 통화.
 110을 누른 후 국가번호를 누르고, 국번을 누르면 됨.

(9) 언어
 * 공용어는 영어, 치쇼나 어, 엔데벨 어.

(10) 긴급과 안내
 * 경찰(전화 : 777777), (전화 : 앰뷸런스 04-734513),
 응급의료센터(Truma Center. 하라레 소재) : (전화 : 04-700666*7).

10 - 케냐 Kenya

(1) 항공편과 교통
 * 인천 국제공항에서 케냐 나이로비 국제공항까지 직항편 없음.
 스위스항공, 브리티시 항공, 싱가포르 항공에서 두바이·암스테르담·런던·
 카이로 경유 항공편 운행.
 * 케냐 항공 경우 출발이 지연되는 경우가 많으므로 연결 항공편 예약 시
 4~5시간 이상 여유 일정을 잡아 연결 항공기 탑승.

아시아 지역에선 뭄바이, 방콕 등으로 매일 1~2편 운항.
* 아프리카 지역은 인접국 엔테베, 다르에스살람에 매일 3~5편,
아디스 아바바, 하라레, 루사카, 말라위, 잔지바르, 르완다, 부룬디에 매일 1편,
카이로에 주 6편 운항.
* 카르툼(수단)에 주 2편,
세이셸, 모리셔스, 프랑스령 리유니온, 마다가스카르 등에 주 1~3회,
킨샤사, 아비장, 라고스, 두알라 등 서부 아프리카에 주 2~3회 운항.
* 나이로비 국제공항은 나이로비 시내에서 남동쪽으로 16km 정도 떨어진 곳에 위치.
케냐 항공과 케냐버스 서비스에서 20분 간격으로 시내까지 버스 운행.
* 케냐철도공사에서 나이로비와 롬바사, 나이로비와 키수무 연결 기차 운행.
저녁에 출발하여 다음 날 아침에 목적지에 도착 보통 13~14시간 소요.
침대칸 열차는 미리 예약해야 함.

(2) 숙소

* 국제 수준 호텔 많고 선택 폭 다양. 도시들에 유스호스텔이 있음.
야영은 사파리 투어에서 많이 이용. 관계 당국 관리 지역에서 해야 함.
Iqbal 호텔(전화 : 220914), New Kenya Lodge(전화 : 222202),
나이로비 유스호스텔(전화 : 2723012).

(3) 가볼 만한 곳

* 케냐산(동아프리카 케냐 중부에 있는 화산), 센트럴아일랜드 국립공원,
시빌로이 국립공원, 암보셀리 국립공원.

(4) 의료

* 나이로비 수도는 정수장 시설 열악, 수도관 노후 상태를 고려하여 물은 끓여서 마
셔야 하며, 생수를 구입하여 마시는 것이 안전.
* 모기 전염 말라리아와 음식물 살모넬라가 많이 발생. 최근 온난화와
슬럼가 확장으로 말라리아 발병이 증가. 몸바사, 키수무 등 저지대로 여행하는 경우
모기 주의, 충분한 모기약 필요.
* 나이로비에 좋은 시설의 병원(Nairobi, Aga Khan, Mater 병원 등)이 있으며, 키자
베에는 선교사들을 위한 병원이 있다.

(5) 화폐 단위와 환전

* 화폐 단위 케냐 실링(Ksh). 시중 은행 및 환전소에서 환전이 가능.

(6) 대사관과 공관, 비자
   * 주케냐 한국대사관 주소 : P.O.Box 30455 Nairobi, Kenya. 위치 : 나이로비대학
   (도로명 : University Way) 맞은편 Anniversary Tower Building 15층.
   전화 : (254-20) 333581. 팩스 : (254-20) 217772.
   * 케냐에 도착, 공항에서 비자를 발급받을 수 있지만 번거롭다.
   주한 케냐 대사관에서 비자를 만드는 것이 좋다. 단수 관광비자로는 최고 한 달까지
   체류. 종류에 따라 관광, 방문, 상용, 공무, 경유 비자 등.
   * 케냐 입국에는 반드시 예방접종 확인서인 옐로 카드(Yellow card) 필수.
   말라리아와 황열병, 콜레라 등 풍토병 예방접종 하는 것이 안전.

(7) 치안
   * 소말리아, 수단 등 인접 내전국에서의 총기 유입과 경제침체로 살인, 강도,
   차량납치 등 강력사건이 빈발.
   * 시내 방문시 외국인 여행객은 주로 택시 이용. 호텔 프런트에 요청해서
   택시를 이용하는 것이 안전. 가정에서는 콜택시를 이용 권장.
   콜택시는 JIM CAB, JATCO가 안전.

(8) 전화와 통신
   * 나이로비와 몸바사 같은 대도시에서 국제전화 사용 가능.
   주요 호텔에서 국제전화를 걸 수 있고 공중전화로 국제전화를 걸 수 없다.
   직접 국제전화를 걸려면 000을 누르고, 교환을 거치려면 0196 누름.

(9) 기타
   * 적도가 중앙을 지나며, 남동쪽으로 인도양, 동쪽 소말리아, 북쪽 에티오피아와 수
   단, 남쪽 탄자니아, 서쪽 우간다와 접함. 자연경관 다양.
   코끼리 · 사자 · 기린 · 얼룩말 등 야생동물이 많고 각지가 야생동물 보호지구.

(10) 언어
* 공용어는 영어, 스와힐리 어.

(11) 긴급과 안내
* 나이로비의 긴급 서비스(전화 : 999), 경찰(전화 : 240000), AAR 건강 서비스 (전화 :
715319).

11 - 탄자니아 Tanzania

(1) 항공편과 교통

* 인천 국제공항에서 탄자니아 작항로 없어 주변 국가 경유. 탄자니아로 들어가는 항공사는 사카타르 항공(QR), 케냐 항공(KQ), 에미레이트 항공(EK), 아프리카 항공(SA) 등.

* 탄자니아 시내 택시, Daladala(중,소형 승합 버스) 등이 운행되고 있으나 상태가 안 좋음. 도로 열악. 대도시 간은 항공편 이용. 기차의 경우 장시간 소요. 고속버스 편리.

(2) 숙소

* 다양한 종류의 호텔 중 선택. 수도 다르에스살람에 여러 종류의 레스토랑에 한인식당 등이 있음.
Palm Beach 호텔(전화 : 212-2931), (전화 : Holiday Inn 213-7575), 마사이 캠프(전화 : 0744-507131).

(3) 가볼 만한 곳

* 세렝게티 국립공원, 킬리만자로 국립공원, 아랍의 역사가 지나간 자리에 서 있는 잔지바르.

(4) 의료

* 의료체계 열악함. 국립이나 국립병원은 수도와 시내에 편중. 영어 사용이 가능한 병원 mission mikocheni hospital 전화 : (255)-270-0021, aga khan hospitall 전화 : (255) 22-2114096, muhimbili medical centre 전화 : (255) 22-2151298, ist medical clinic 전화 : (255) 260-1307).

* 병원내 약국은 처방전 제출을 필요. 간단한 비상약은 처방전 없이 구입 가능. 수인성 질병이 많아 Mineral Water 또는 수돗물 정수 후 끓여서 사용.

* 탄자니아에서는 의료보험제도가 없기 때문에 외국인 관광객도 현지인처럼 병원 접수창구에서 진료.

(5) 화폐 단위와 환전

* 화폐 단위 탄자니아실링(Tanzania Shilling, TZS). 환전 시스템이 잘 갖춰진 탄자니아는 은행 및 Bureau de Change에서 자유로이 환전.

(6) 대사관과 공관, 비자
 * 공관 주소 : Plot No.97 Msese Road, Kingsway Kinondoni, DSM.
 전화 : (255)22-266-8788/7539~40. 팩스 : (255)22-266-7509.
 이메일 : embassy-tz@mofat.go.kr.
 * 탄자니아 입국 시 예방접종을 요구하지 않는다.
 * 관광비자의 경우 다음 두 가지 방법으로 발급가능.
 공항 출입국관리소(수수료 : 50달러, 입국 시 바로 발급),
 한국 내 탄자니아 명예영사관(수수료 : 6만 원, 소요기간 : 1일).

(7) 치안과 위험 관련
 * 주요도시 중심부 은행, 환전소, 고급레스토랑 주변에서 사건이 많이 발생.

(8) 전화와 통신
 * 전화국 시스템 상이하여 상호 소통 안되는 경우 빈번.
 한국 호출 000-82-2-서울 전화번호(000은 국외직통).
 한국에서 현지호출 001-255(탄자니아) + 22(다르에르살렘) + 번호.

(9) 기타
 * 3월~6월까지 대우기와 11월~1월까지 소우기. 대우기 동안
 폭우와 폭풍이 동반. 소우기 동안에는 덜 심각. 지역별로 다소 차이.
 * 탕카니카와 잔지바르섬을 국토로 하며, 서쪽으로 르완다 · 부룬디,
 콩고민주공화국 남쪽 말라위 · 모잠비크 · 잠비아, 북쪽 케냐 · 우간다와 접하며
 동쪽으로 인도양과 면해 있음.

(10) 언어
 * 공용어는 스와힐리 어, 영어.

(11) 긴급과 안내
 * 경찰(전화 : 211-5507), 긴급의료센터(전화 : 215-0500, 북부는 250-8020),
 여행 정보(전화 : 212-0373).

12 - 우간다 Uganda

(1) 항공편과 교통

* 국제공항은 캄팔라에서 40km 떨어진 Entebbe International Airport를 이용. Air Uganda 비롯 인근 국가 항공편 다양게 운항. 자주 운항되는 노선은 엔테베—나이로비(케냐) 항공편으로 유럽 직항노선도 운항.

* 케냐 국경~자이르 국경 근처까지 동서로 달리는 간선철도와 목화재배 지대를 거쳐 앨버트나일 강 연안으로 뻗은 간선 및 지선 철도가 있고, 빅토리아 호, 키오가 호, 빅토리아나일 강 등의 내륙 수운과 약 1800km의 도로가 있는 편리한 교통 시설갖춤.

* 미니버스 마타투(Matatu)는 운전석 포함 15인승 승합차. 일반적 대중교총수단임.

(2) 숙소

* 에테베와 캄팔라에는 국제수준의 호텔이 있다. 작은 도시 숙박시설 선택 폭 제한적. 여행자 수표나 신용카드를 취급하지 않음. 야영이나 게스트 하우스나 주요 국립공원 내 롯지를 이용할 수 있음.

(3) 가볼 만한 곳

* 머치슨 폭포, 루웬조리 산지국립공원, 브윈디 천연국립공원, 퀸엘리자베스 국립공원.

(4) 의료

* Lake Victoria와 나일 강의 Schistosomiasis라고 하는 기생충은 피부를 뚫고 들어와 혈관에서 기생하므로 얕은 물가에서 물과의 접촉을 피해야 함.
생수를 구입하여 마시는 것이 안전.

* 캄팔라 시내 국립병원, 선교사 병원 등 시설이 양호하여 치료 받기 쉬움. Bethesda Mission Clinic(전화 : 256-414-530313)에서 한국의사가 치료. 현재 내과, 소아과, 안과 3과목 진료. 국립병원 Mulago hospital(전화 : 256-414-554-009).
미션병원 Nsambya hospitall(전화 : 256-414-267-012.

* 말라리아는 이곳에서 쉽게 치료. 예방약보다는 치료약이 잘 발달.

(5) 화폐 단위와 환전

* 화폐 단위 우간다실링(Uganda shilling/USh). 은행에서 환전이 가능하며 사설 환전소보다 안전.

(6) 대사관과 공관, 비자
  * 주케냐대사관 우편주소 : P. O. Box 30455-00100 Nairobi, Kenya.
  대사관 소재 : 15th Floor, Anniversary Towers, University Way, Nairobi, Kenya.
  전화 : 254-20-222-0000. 팩스 : 254-20-221-7772.
  이메일 : emb-ke@mofat.go.kr.
  * 비자는 엔테베 공항 입국 시 또는 Busia, Malaba 등 국경 통과 시에 받음.
  사증 종류는 학생비자, 단수 3개월 비자, 복수 6개월 비자, 복수 1년 비자,
  3년 선교사 비자 등.
  관광이나 단기 사업을 위한 방문 비자는 최대 3개월까지 가능.
  * 입국 시 황열병 예방접종확인서(Yellow card)를 요구. 예방접종이 되지 않았을 경
  우 입국 거부될 수 있음. 콜레라 예방주사는 의무사항은 입국 시 접종 권장.

(7) 치안
  * 소매치기, 날치기, 호텔 내 절도, 주차 또는 정체차량 내 물건 절도 등
  범죄율이 높은 편.

(8) 전화와 통신
  * 유선 통신업체인 UT과 무선 통신업체인 MTN, CELTEL이 있음.
  우간다 인들은 대부분 무선전화를 가지고 있으며 통신 인프라가 잘 발달된 편.

(9) 언어
  * 공용어는 영어, 우간다 어.

(10) 긴급과 안내
  * 여행 정보(전화 : 34196, 501866, 346287).

13 - 에티오피아 Ethiopia

(1) 항공편과 교통
  * 현재 한국에서 에티오피아의 아디스 아바바공항으로 직행하는 항공편이 없다.
  에티오피아 국영항공사에서 1주일에 3번 프랑크푸르트와 카이로를 경유하는
  항공편 운행.

* 루프트 한자도 런던을 경유해서 아디스 아바바로 가는 항공편을
1주일에 4번 운행. 이 밖에도 브리티시항공, 유나이티드 에어라인 등에서
아디스 아바바로 항공편 운행.
* 아디스 아바바 국제공항은 시내에서 남동쪽으로 약 8km 정도에 위치.
자동차로 25분 정도 소요된다. 시내로 들어가기 위해서는 버스와 택시 모두
이용할 수 있다.
* 비행기는 에티오피아항공에 주요 40개 도시를 연결되나 불규칙하게 운행.
기차는 아디스 아바바를 중심으로 하여 일부 구간만이 운행됨.
종종 운행이 연기되는 경우도 있음을 유념해야 함.

(2) 숙소

* 남부지역보다 북부지역 숙박시설 수준이 낮다. 아디스 아바바를 비롯
주요도시에 좋은 시설의 호텔이 여러 개 있으며 5~10%가 봉사료로 징수.
Tewodros 호텔(전화 : 0256-660217). Belayneh 호텔(전화 : 0256-662030).

(3) 가볼 만한 곳

* 랄리벨라 암굴성당군, 시멘 국립공원, 오모강 하류유역, 파실게비 유적.

(4) 의료

* 의료시설 열악. 수혈용 혈액에 대한 HIV검사 여부가 불분명하기 때문에 질병 또는
사고 발생 시 외국으로 치료를 가야 한다.
* 이상증세 발견 시 신속 조치 필요. 감기 증세와 비슷한 아메바 등 현지 풍토병을 감
기로 판단하고 치료 적기를 놓칠 우려 있음. 초기에 전문병원인 스웨덴 병원(Swedish
Clinic, 전화 : 0113-710768) 또는 러시아 병원인 발차 병원(Balcha Hospital, 전화 :
0115-331938)에서 검진.
* 입국 시 황열병(yellow fever) 예방접종이 필요. 수도인 아디스 아바바는 해발고도
(약 2500m)가 높아 말라리아 예방약을 복용할 필요가 없으나, 지방의 저지대에서는
복용이 필요함.

(5) 화폐 단위와 환전

* 화폐 단위 에티오피아비르(ETB : Ethiopia Birr). 현재 국내의 외화사용을 금지하여
현지화폐로 환전하여 사용해야 함. 환전소는 은행과 호텔 환전소를 통해 환전. 신용
카드의 경우 사용이 가능하지만 수수료가 매우 높다.

(6) 대사관과 공관, 비자

* 주 에티오피아대사관 청사 주소 : P.O. Box 2047 Addis Ababa, Ethiopia.
관저 주소 : P.O.Box 2047 Old Airport Area, Jimma Road Addis Ababa, Ethiopia.
청사와 관사는 아디스 아바바 볼레공항에서 30~40분 거리.
전화 : (251-1) 728111. 팩스 : (251-1) 728115.
* 한국과 비자 면제협정이 체결되어 있지 않아 입국 시 비자 발급.
사증 발급은 아디스 아바바 공항 입국 심사대에서 발급. 한국에 에티오피아 대사관이
없어 에티오피아 대사관이 소재한 일본, 중국 등에서 사전 발급 가능.
* 공관 주소 : P.O.Box 2047, Addis Ababa.
전화 : (251)0113-728111~4. 팩스 : (251) 0113-728115.
이메일 : skorea.emb@ethionet.et.

(7) 치안

* 수도 아디스 아바바의 메르카토 시장은 많은 사람들이 운집하는 곳으로
외국인 상대 날치기 성행.
* 호텔 국제전화는 요금이 비싸므로 공중전화를 이용하는 편이 좋다.
한국으로 국제전화를 하려면 00+82(한국 국가번호)+0을 제외한
지역번호+상대방 전화번호를 차례로 누름.

(8) 전화와 통신

* 국제전화와 팩스는 아디스 아바바의 텔레커뮤니케이션센터를 이용.
에티오피아로 전화를 걸 경우 국가 번호는 251, 아디스 아바바의 지역 번호는 01.

(9) 기타

* 오랜 역사와 다양한 전통을 지님. 문화전통은 3000년 전으로 거슬러 올라감. 300
만 년 전으로 추정되는 최고 인류화석 루시(Lucy)가 발견됨. 기독교 문명이 일찍 전
래, 인구 절반이 에디오피아정교회 신자.

(10) 언어

* 공용어는 암하라 어, 영어.

(11) 긴급과 안내

* 적십자 앰뷸런스(전화 : 992), (전화 : 경찰 : 991),
여행 정보(전화 : 0115-512310)

14 - 이집트 Egypt

(1) 항공편과 교통

* 인천국제공항에서 카이로까지 1주일에 2번 대한항공에서 운행하는 직항기가 운행.
카이로국제공항은 2개의 청사로 되어 있는데 두 청사 간의 거리가 3km 정도 되고,
공항에서 운행하는 무료 셔틀버스가 두 청사 간을 연결.
* 버스는 밤에도 운행되며, 배차 간격은 약 30.
공항에서 카이로 시내로 들어가려면 택시나 버스를 이용할 수 있는데
공항버스인 400번 버스는 낮시간대에는 30분마다, 밤시간대에는 1시간마다
운행.
* 국내 노선망은 카이로에서 알렉산드리아, 엘 아리슈, 하루가이다, 샴엘샤크,
센토카스린, 룩소르르, 아스완, 아부심벨, 뉴발레에 이집트 항공 또는
에어 시나이가 운항. 소요 시간은 1~2시간 정도.
* 국내항공 요금은 외국인은 달러, 이집트 인은 £E로 받는 이중가격.
이집트 인 요금이 외국인 요금의 1/3.
항공권 예약 및 구입은 시내 여러 곳의 이집트항공 지점 또는 에어 시나이,
나일 힐튼호텔, 시내의 여행 에이전트를 통함.
* 국내 장거리 노선은 거의 카이로 타하힐광장에서 출발하며 카이로~알렉산드리아
는 하루 2~3시간 간격으로 운행. 그 밖에 수에즈, 이스마일리아 등을 연결. 시나이
반도, 이스라엘행 버스는 아바세이아에서 주 · 야간편 모두 운행.
* 카이로 시내에는 총 연장 50여 km에 달하는 지하철이 운행 중에 있는데, 1~2호선
(현재 3호선 공사중)이 있으며, 역 명칭이 영문 알파벳으로 표기되어 있어 초행자의
경우도 이용이 비교적 편리한 편.

(2) 숙소

* 호화 호텔에서부터 저렴한 유스호스텔까지 모든 종류의 숙박업소들을 선택할 수
있다. 호텔은 미리 예약을 하는 것이 좋으며 특히 겨울 성수기에 예약은 필수. 작은
규모의 호텔 또한 쾌적하며 시설도 좋은 편.
* 이집트 내 공식 야영지가 있다.
지역 여행가이드를 동반한다면 사막을 여행하는 것도 가능.

(3) 가볼 만한 곳

* 카이로(이집트박물관, 타흐리르 광장, 이집트 문명박물관, 모하메드 알리 사원), 나

일 강, 사막과 기제(피라미드), 룩소르(룩소르 신전, 카르나크 신전, 왕가의 계곡), 알
렉산드리아의 도서관과 로마의 원형극장.

(4) 의료

* 수돗물을 그냥 마시면 배탈이 나는 경우가 많음.
미네랄 워터를 사서 마셔야 함.
* 의료수준은 현대시설의 병원에서 낙후한 병원까지 다양하나
전반적으로 낙후한 편. 현지에서의 수술은 피하는 것이 좋으며, 수술과 장기치료 필
요 시 인근 국가(프랑스·독일 등 유럽 국가)에서 치료받는 것이 좋음.
* 일반 의약품이 수입품이어서 효능은 한국과 같으며 약국에서 의사의 처방전 없이
도 약을 구입. 외상, 골절 등의 경우에는 의사에게 치료를 받아야 한다.
콜레라, 황열병 등의 풍토병은 희소해 예방접종은 필요 없다.

(5) 화폐 단위와 환전

* 화폐 단위 이집트 파운드(E£). 현금을 선호.
호텔, 레스토랑, 상점에서 신용카드 사용 가능. 은행은 오전 8시 30분에서 오후 2시
까지 영업. 시내에 은행과 환전소가 있으며 환율은 은행이나 환전소가 비슷.

(6) 대사관과 공관, 비자

* 주이집트 한국대사관 주소 : 3 BOULOS HANNA ST. DOKKI, CAIRO, EGYPT.
전화 : (20-2) 761-1234~7. 팩스 : (20-2) 761-1238.
* 모든 방문객은 비자와 6개월 동안 유효한 여권을 가져야 함.
이집트 입국 시 도착비자, 국경비자 발급 가능. 사전 비자를 발급받으려면
주한 이집트대사관에 신청.
주소 : 서울특별시 용산구 한남동 46-1
전화 : (02)749-0787. 팩스 (02)795-2588.

(7) 치안

* 교통사고에 특히 주의. 이집트 전역에 걸쳐 운전 난폭함. 운전자와 보행자의 교통
안전 의식 희박, 교통 안전시설 부재 등 교통 무질서로 사고 빈발.
* 국교가 이슬람교이므로 음주 금지. 관광객에게 호텔과 레스토랑에서 술을 팔지만
취한 모습으로 공공장소에 다니면 안됨. 라마단 기간에 관광객도 공적 장소에서 음식
먹는 것도 삼가해야 함. 여성에게 말을 걸거나 함부로 사진을 찍어서는 안됨. 여성 여

행자는 지나친 노출을 삼가해야 함.

(8) 전화와 통신
* 가정용 전화는 국제전화가 불가능. 최근 핸드폰 사용자 증가중.

(9) 기타
* 관공서 및 공공기관 업무시간은 아침 8시부터 오후 2시까지고 금요일은 휴무.
* 공중화장실은 유료이며 대부분 아랍식 화장실이어서 화장지 준비는 필수. 고급 호텔, 레스토랑 등에는 수세식 화장실 많은 편.

(10) 언어
* 공용어는 아랍 어.

(11) 긴급과 안내
* 앰뷸런스 : (전화 : 123), 경찰 : 122, 여행 정보(전화 : 391 3454).

로또는 가라! 기회의 땅, 인생경영 스토리

아프리칸 드림

2010년 1월 25일 인쇄
2010년 1월 30일 발행

글 : 차준영
사진 : 최요한
일러스트 : 차예슬
편집 : 김현옥

펴낸이 : 이정일
펴낸곳 : 도서출판 **일진사**
www.iljinsa.com

140-896 서울시 용산구 효창동 5-104
대표전화 : 704-1616 / 팩스 : 715-3536
등록번호 : 제3-40호(1979. 4. 2)

값 20,000원

ISBN : 978-89-429-1135-6

＊이 책에 실린 글이나 사진은 문서에 의한 출판사의
동의 없이 무단 전재 · 복제를 금합니다.